10790 58,-

Hans Aschenbrenner
RAUHFUSSHÜHNER

Hans Aschenbrenner

RAUHFUSSHÜHNER

Lebensweise, Zucht, Krankheiten, Ausbürgerung

VERLAG M. & H. SCHAPER HANNOVER

Zum Titelbild:
Oben von links: Auerhahn, Haselhahn
Unten von links: Weißschwanzschneehuhn, Fichtenwaldhahn
Fotos: H. Aschenbrenner

CIP-Kurztitelaufnahme der Deutschen Bibliothek

Aschenbrenner, Hans:
Rauhfußhühner: Lebensweise, Zucht, Krankheiten, Ausbürgerung / Hans Aschenbrenner. – Hannover: Schaper, 1985.
ISBN 3-7944-0145-X

Das Werk ist urheberrechtlich geschützt. Die dadurch begründeten Rechte, insbesondere die der Übersetzung, des Nachdrucks, des Vortrags, der Entnahme von Abbildungen, der Funksendung, der Wiedergabe auf photomechanischem oder ähnlichem Wege und der Speicherung in Datenverarbeitungsanlagen, bleiben, auch bei nur auszugsweiser Verwertung, vorbehalten. Werden einzelne Vervielfältigungsstücke in dem nach § 54 Abs. 1 UrhG zulässigen Umfang für gewerbliche Zwecke hergestellt, ist an den Verlag die nach § 54 Abs. 2 UrhG zu zahlende Vergütung zu entrichten, über deren Höhe der Verlag Auskunft gibt.

© 1985 by Verlag M. & H. Schaper, Hannover   Printed in Western Germany

Herstellung: Dobler-Druck GmbH & Co KG, Alfeld (Leine)

ISBN 3-7944-0145-X

Inhaltsverzeichnis

Vorwort 9
Einleitung 11

Teil 1: Die Rauhfußhühner der Welt

Kapitel 1: Auerhuhn 16
Kapitel 2: Birkhuhn 25
Kapitel 3: Haselhuhn 30
Kapitel 4: Schwarzbrusthaselhuhn 38
Kapitel 5: Sichelhuhn 40
Kapitel 6: Steinauerhuhn 43
Kapitel 7: Kaukasisches Birkhuhn 47
Kapitel 8: Alpenschneehuhn 51
Kapitel 9: Moorschneehuhn 54
Kapitel 10: Schottisches Moorschneehuhn 57
Kapitel 11: Weißschwanzschneehuhn 59
Kapitel 12: Felsengebirgshuhn 62
Kapitel 13: Beifußhuhn 66
Kapitel 14: Spitzschwanzhuhn 70
Kapitel 15: Präriehuhn 74
Kapitel 16: Fichtenwaldhuhn 79
Kapitel 17: Kragenhuhn 85

Teil 2: Haltung – Zucht – Krankheiten der Rauhfußhühner

Kapitel 1: Probleme und Methoden der Rauhfußhuhnhaltung 92
1.1. Gehege 92
1.1.1. Wohin baut man ein Gehege? 92
1.1.2. Planung 92
1.1.3. Material 92
1.1.4. Fundament 94
1.1.5. Größe 94
1.1.6. Außen- und Zwischenwände 94
1.1.7. Boden 94
1.1.7.1. Naturboden 94
1.1.7.2. Auswechselbarer Boden 94
1.1.7.3. Sand- und Kiesboden 94
1.1.7.4. Betonboden 94
1.1.7.5. Bretterboden 95
1.1.7.6. Gitterboden 95
1.1.8. Dach 95
1.1.9. Einrichtung 95
1.2. Verschiedene Gehegetypen 96
1.2.1. Gehegetyp A: Standardgehege 96
1.2.2. Gehegetyp B: Volierenkombination 96
1.2.3. Gehegetyp C: Biotopvoliere 96
1.2.4. Gehegetyp D: Voliere mit Gitterboden 97
1.2.5. Gehegetyp E: Freigehege 97
1.3. Fütterung 97
1.3.1. Besonderheiten des Verdauungstrakts der Rauhfußhühner 97
1.3.2. Futter im Gehege 99
1.3.2.1. Getreide 99
1.3.2.2. Grünfutter 100
1.3.2.3. Tierische Nahrung 100
1.3.2.4. Industriefutter (Pellets) 100
1.3.2.5. Futterverbrauch für Balz und Legeleistung . . . 100
1.3.2.6. Vitamine und Mineralstoffe 101
1.3.2.7. Grit 102

Kapitel 2: Die Zucht 103
2.1. Balz- und Territorialverhalten 103
2.1.1. Kundgabe 103
2.1.2. Imponieren 103
2.1.3. Intensive Werbung (und Drohung) 103
2.1.4. Kopulation 103
2.1.5. Drohhaltung 103
2.1.6. Kampf 103
2.2. Brut 104
2.2.1. Behandlung der Eier 104
2.2.2. Naturbrut 104
2.2.3. Ammenbrut 105
2.2.4. Maschinenbrut 105
2.2.4.1. Meine Methode der Kunstbrut 105
2.2.4.2. Was ist für einen guten Schlupf alles notwendig? 106
2.3. Aufzucht der Küken 106
2.3.1. Künstliche Aufzucht 106
2.3.1.1. Grundforderungen der künstlichen Aufzucht . . 106
2.3.1.2. Vorteile der Aufzucht in getrennten Gesperren 106

2.3.1.3.	Aufzucht auf Draht- oder Naturboden?	106
2.3.1.4.	Praxis unserer künstlichen Aufzucht	107
2.3.2.	Natürliche Aufzucht	108
2.3.2.1.	Risiken der natürlichen Aufzucht	110
2.3.2.2.	Vorteile der natürlichen Aufzucht	110
2.4.	Fütterung der Küken	111
2.4.1.	Fütterungsanweisung	111
2.4.2.	Krankheitsvorbeugung	112
2.4.3.	Insektenfütterung	112
2.5.	Sandbad (Hudern)	112

Kapitel 3:	Transport von Rauhfußhühnern	113
3.1.	Dokumente für Ein und Ausfuhr	113
3.2.	Quarantäne	113

Kapitel 4:	Erkennen und Verhindern von Krankheiten in der Rauhfußhühnerhaltung	114
4.1.	Hygiene	114
4.2.	Desinfektion	114
4.2.1.	Desinfektionsverfahren	114
4.2.2.	Erregergruppen, gegen welche die Desinfektionsmittel wirksam sein müssen	115
4.3.	Bekämpfung von Ungeziefer, Ratten und Mäusen	116
4.4.	Kotuntersuchung	116
4.5.	Einsenden eines toten Vogels	116
4.6.	Resistenztest	117
4.7.	Untersuchung eines kranken Vogels	117
4.8.	Allgemeine Hinweise zur Behandlung eines kranken Vogels	118
4.9.	Gewichtskontrolle	118

Kapitel 5:	Das kranke Rauhfußhuhn	119
5.1.	Durchfall	119
5.1.1.	Durch Magen- und Darmparasiten bedingte Krankheiten	119
5.1.2.	Durch Protozoen bedingte Krankheiten	120
5.1.2.1.	Kokzidiose	120
5.1.2.2.	Schwarzkopfkrankheit (Typhlohepatitis, Blackhead)	121
5.1.3.	Durch Bakterien hervorgerufene Krankheiten	121
5.1.3.1.	Koliinfektion	122
5.1.3.2.	Salmonellose	122
5.1.3.3.	Ulcerative Enteritis (Wachtelkrankheit)	122
5.2.	Erkrankungen der Atmungsorgane	123
5.2.1.	Schnupfen (Coryza)	123
5.2.2.	Aspergillose	123
5.2.3.	Luftröhrenwürmer (Syngamus trachea)	124
5.3.	Stoffwechsel- und Mangelkrankheiten	124
5.3.1.	Gicht	124
5.3.2.	Avitaminosen	125
5.3.3.	Perosis	125
5.4.	Ektoparasiten	126
5.4.1.	Federlinge	126
5.4.2.	Milben	126
5.5.	Untugenden	126
5.5.1.	Federfressen	126
5.5.2.	Schnabelpicken	127
5.5.3.	Zehenpicken	127
5.6.	Verschiedenes	127
5.6.1.	Knochenbrüche	127
5.6.2.	Kropfanschoppung und Schlundverstopfung	128
5.6.3.	Spreizfüße	128
5.6.4.	Flugunfähigmachen	128
5.6.5.	Verhindern von Unglücksfällen im Gehege	128
5.7.	Apotheke für Rauhfußhühner	129

Teil 3: Ausbürgerung mitteleuropäischer Waldhühner

Kapitel 1:	Historischer Überblick	132
Kapitel 2:	Forderungen bei der Ansiedlung von Rauhfußhühnern	133
Kapitel 3:	Biotopsichernde und flankierende Maßnahmen	135
3.1.	Lebensräume der Rauhfußhühner	135
3.1.1.	Auerhuhn	135
3.1.2.	Birkhuhn	135
3.1.3.	Haselhuhn	136
3.2.	Biotoppflege	137
3.3.	Flankierende Maßnahmen	138

Kapitel 4:	Methoden der Waldhuhnausbürgerung	139		Kapitel 5:	Erkenntnisse aus den Aussetzaktionen mit Auer- und Birkwild seit 1978	143

Kapitel 4: Methoden der Waldhuhnausbürgerung 139

4.1. Wie bringen wir Küken in den neuen Lebensraum? 139
4.1.1. Offenes Ausbürgerungsgehege 139
4.1.2. Geschlossenes Ausbürgerungsgehege 139
4.1.3. Adoption 140

4.2. Wie werden erwachsene Waldhühner ausgebürgert? 140
4.2.1. Freilassen aus der Transportkiste 140
4.2.2. Freilassen über ein Ausbürgerungsgehege . . . 140
4.2.2.1. Ausbürgerungsgehege 140
4.2.2.2. Vorbereitung auf das Freilassen 141

4.3. Zeitpunkt des Aussetzens 141

Kapitel 5: Erkenntnisse aus den Aussetzaktionen mit Auer- und Birkwild seit 1978 143

5.1. Wanderungen 143
5.2. Erkennen von Feinden 143
5.3. Feinde 143
5.4. Verhalten gegen den Menschen 143
5.5. Krankheiten 144
5.6. Nachzuchten 144

Kapitel 6: Diskussion 145

Weiterführende Literatur 147

Stichwortverzeichnis 151

Danksagung 153

Vorwort

Die gegenwärtige Situation der Rauhfußhühner der Welt ist nicht einheitlich zu beurteilen. Treten in Nordamerika und Asien mit den meisten Arten noch keine Probleme auf, so müssen wir in Europa einen offenbar unaufhaltsamen Rückgang unserer Rauhfußhühner feststellen. Von den vielen Gründen, die für das Verschwinden dieser Wildvögel verantwortlich gemacht werden, sind die Zerstörung der Lebensräume und die Beunruhigung durch die Menschen an erster Stelle zu nennen.
Wenn es nicht gelingt, für unsere Rauhfußhühner Ruhezonen in einem geeigneten Habitat zu schaffen, kann nichts das Verschwinden dieser Vögel in Mitteleuropa mehr aufhalten. Werden hingegen die noch vorhandenen Biotope geschützt bzw. neue geschaffen, dann – und nur dann – haben wir mit der Zucht der bedrohten Rauhfußhühner vielleicht die einmalige Chance, zur Rettung der einen oder anderen Art beizutragen.
Damit ist auch die erste Antwort auf die Frage gegeben, warum ich dieses Buch schreibe. Der zweite Grund ist die wildbiologische Forschung. Einige Rauhfußhühnerarten führen ein so verborgenes Leben, daß es geradezu unmöglich ist, ihr Verhalten, ihre Lautäußerungen und viele andere Eigenheiten ihrer Biologie in freier Wildbahn zu studieren. Als Beispiel sei das Haselhuhn erwähnt. Die Beobachtung in geeigneten Gehegen hat viele interessante Kenntnisse über diese Art eingebracht, die in freier Wildbahn nicht zugänglich waren.
Zoologischen Gärten und privaten Züchtern möchte ich dringend empfehlen, Rauhfußhühner nur zu halten, wenn eine ausreichende Pflege möglich ist. Solche empfindlichen Tiere können nicht wie andere und mit anderen Vögeln gehalten werden. Zum Einsperren in einen Drahtkäfig sind Rauhfußhühner zu schade. Nur durch die artgerechte Unterbringung in einem naturnahen Gehege kommen die Tetraoniden mit ihrem interessanten Territorial- und Balzverhalten zur Wirkung.
Die Züchter haben schließlich die Verpflichtung, den Charakter dieser Wildvögel in Gefangenschaft nicht zu verfälschen. Eine fortschreitende Domestikation würde die Vögel für ein ferneres Leben in freier Wildbahn verderben. Daher muß die Erhaltung artspezifischer Merkmale der Gestalt und des Verhaltens angestrebt werden.

Moorschneehuhn. Foto: R. Taylor

Einleitung

Die Rauhfußhühner leben nur auf der Nordhalbkugel unserer Erde in gemäßigten und kalten Klimazonen. Körperbau und Verhalten sind bei einigen Arten in idealer Weise den extremen Lebensbedingungen in Tundra und Taiga angepaßt (Abb. 1).

Neben einem dichten Federkleid fällt vor allem die Befiederung der Läufe und sogar der Zehen (Schneehühner) auf (Abb. 2). Alpenschneehühner können wegen ihrer guten Isolation und weniger durch erhöhte Wärmeproduktion Temperaturen von −40 °C gut ertragen, während für den Jagdfasan −30 °C tödlich sind.

Hornige Stifte seitlich an den Zehen (Abb. 3) erleichtern das Gehen und Graben im Schnee („Schneereifen").

Mit einem kräftigen Schnabel zum Pflücken auch harter Nahrung (Zweige, Nadeln), mit einem großen Kropf als Nahrungsspeicher und zwei langen Blinddärmen zum Aufschließen zellulosereicher Nahrung ermöglichen die Verdauungsorgane das Überleben langer Wintermonate.

Auch ihr Verhalten passen die Rauhfußhühner der jeweiligen Jahreszeit an. Bietet ihnen die Vegetation im Frühling, Sommer und Herbst abwechslungsreiche Nahrung auf dem Boden, so verbringen die meisten Arten den Wintertag auf Bäumen zur Äsung und vergraben sich nachts im Schnee (Abb. 4), um extrem niedrige Temperaturen von −30 °C energiesparend zu überdauern.

Die verschiedenen Arten der Tetraoniden ergeben ein derart buntes Bild, daß man an eine Verwandtschaft zunächst gar nicht denken würde. Die waldbewohnenden Rauhfußhühner sind im allgemeinen dunkler gefärbt als die steppenbewohnenden. Die Schneehühner legen als einzige Vogelgruppe sogar ein weißes Winterkleid an. Sie sind auch sonst die meiste Zeit des Jahres in der Mauser. Einige Arten machen eine Schnabel- (z. B. Auerwild) und Krallenmauser (z. B. Schneehühner) durch.

Beim Präriehuhn, Kragenhuhn, Spitzschwanzhuhn und den Schneehühnern sind die Geschlechterunterschiede gering, bei Auerhuhn, Birkhuhn und Beifußhuhn fallen sie

Abb. 1: Wenn sie von Menschen nicht gestört werden, haben Rauhfußhühner in kalten und langen Wintern gute Überlebenschancen. Beim Fliegen und damit bei der Flucht steigt jedoch der Energieaufwand um das 10- bis 12fache.

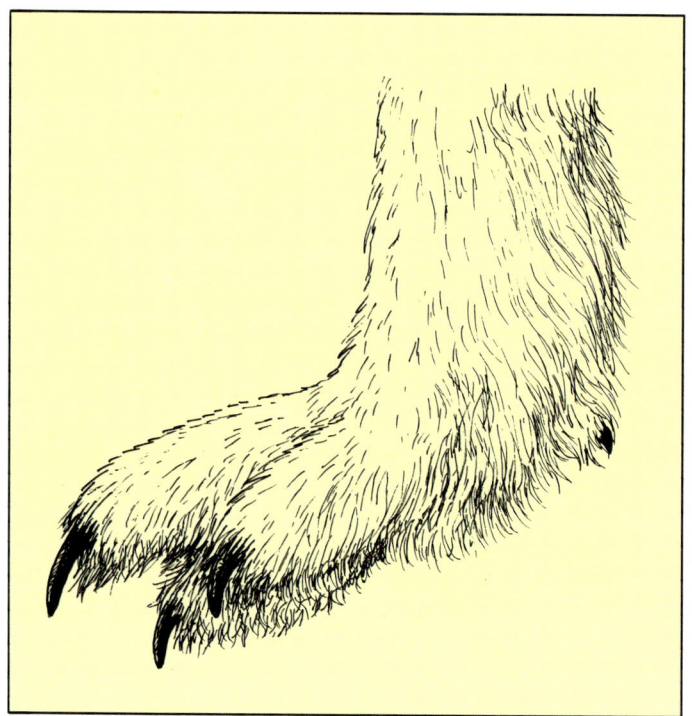

Abb. 2: Bei den Schneehühnern sind neben den Läufen auch die Zehen befiedert.

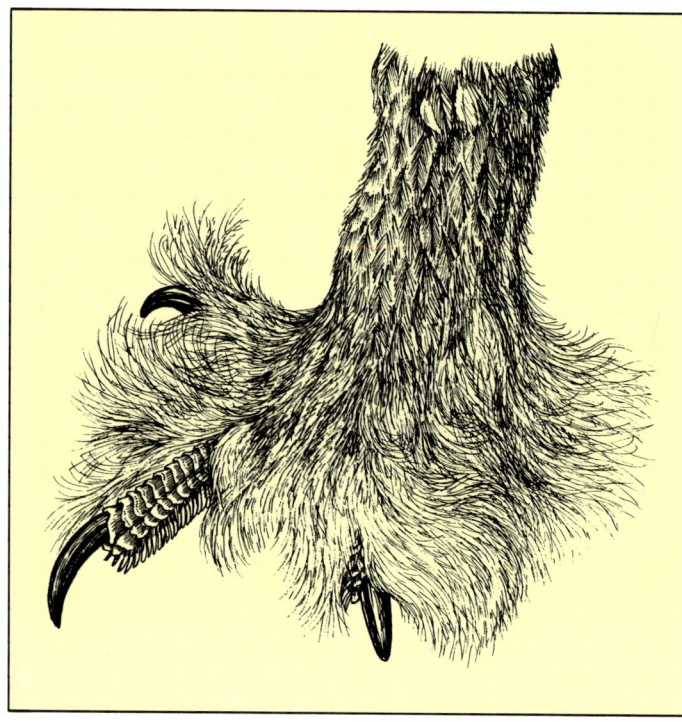

Abb. 3: Befiederte Läufe und Zehenstifte des Steinauerhuhns.

dagegen besonders deutlich ins Auge. Hier sind die Hähne nicht nur anders gefärbt, sondern auch viel größer. Sporen wie bei anderen Hühnervögeln fehlen den Rauhfußhühnern. Über den Augen haben die meisten Hähne nackte, schwellbare, rote oder orangefarbene Hautflecken, die „Rosen". Die meisten nordamerikanischen Rauhfußhühner können bei der Balz die Luftsäcke seitlich am Hals gewaltig aufblähen (Abb. 5) und in roten und gelben Farben leuchten lassen. Überhaupt ist das Balzverhalten der einzelnen Arten die faszinierendste Erscheinung an dieser Vogelgruppe. So verschieden der Fortpflanzungsritus auch sein mag, können wir trotz der Vielfalt an Tönen, Farben und Bewegungsweisen doch Parallelen zwischen den einzelnen Verhaltensmustern erkennen.

Die Nester der Hennen sind immer am Boden versteckt. Die sehr kälteempfindlichen Küken sind Nestflüchter und leben in den ersten Tagen vorwiegend von Insekten.

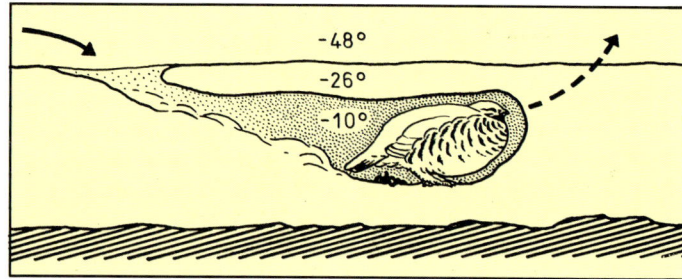

Abb. 4: Bei niedrigen Temperaturen übernachten Rauhfußhühner in Schneehöhlen.

Vor allem im dichtbesiedelten Mitteleuropa leiden die Rauhfußhühner sehr an der Zerstörung ihres Lebensraumes. Infolge Trockenlegung der Moore und Umwandlung der naturnahen Wälder in Monokulturen müssen wir einen erschreckenden Rückgang dieser wunderbaren Vögel feststellen.

Abb. 5: Aufgeblähte Luftsäcke von Felsengebirgshahn (oben links), Birkhahn (oben rechts), Präriehahn (unten links) und Beifußhahn (unten rechts).

Teil 1

Die Rauhfußhühner der Welt

Kapitel 1
Auerhuhn
(Tetrao urogallus LINNÉ*)*

Englisch: Capercaillie Französisch: Grand Tétras

1.1. Unterarten
- *Tetrao urogallus urogallus* (Nordskandinavien, Nordrußland, Nordsibirien, Halbinsel Kola)
- *Tetrao urogallus major* (Mitteleuropa bis Westkarpaten, von den Alpen bis Südskandinavien)
- *Tetrao urogallus aquitanicus* (Pyrenäen)
- *Tetrao urogallus rudolfi* (Süd- und Ostkarpaten)
- *Tetrao urogallus uralensis* (Südural, Südwestsibirien, Europ. Rußland)
- *Tetrao urogallus taczanowskii* (Mittelsibirien)
- *Tetrao urogallus cantabricus* (Kantabrisches Gebirge)

Tab. 1: Körpermaße des Auerhuhns

	Hahn	Henne
Gewicht	3000–6500 g	1400–2500 g
Gesamtlänge	960–1140 mm	600– 700 mm
Flügellänge	380– 425 mm	295– 323 mm
Stoßlänge	285– 355 mm	180– 207 mm

1.2. Verbreitung (Abb. 6)

Von Skandinavien (Nordgrenze etwa 70° n. Br.) und Mitteleuropa über die Alpen und Karpaten (Südgrenze etwa 35° n. Br.) bis Sibirien. Dazu Schottland und die Pyrenäen.

Abb. 6: Verbreitung des Auerhuhns.
Abb. 7: Auerhahn bei der Bodenbalz, Bayerischer Wald.
(Siehe Seite 17) Foto: H. Aschenbrenner

7

1.3. Lebensraum

Das Auerhuhn ist ursprünglich Taigabewohner. Es findet in Mitteleuropa in großen naturnahen Waldungen einen zusagenden Lebensraum. Dabei werden Nadel- und Mischwälder im Mittel- und Hochgebirge bevorzugt, wobei die Baumartenzusammensetzung weniger wichtig ist als Altersklassenaufbau und Struktur. Der Altholzanteil sollte nicht unter 30 % betragen. Nahrung (reiche Beerstrauchvegetation, Ameisenhaufen), Deckung (Naturverjüngungen) und die Möglichkeit der Magensteinaufnahme (Windwurf, Bachufer, Schotterweg) müssen auf engstem Raum zusammenliegen.

Balzplätze, meist auf Kuppen, Hochplateaus oder an Hängen gelegen, müssen für die Baumbalz weitkronige, ältere Bäume und für die Bodenbalz Lichtungen aufweisen (s. auch S. 135).

1.4. Lebensweise und Balz (Abb. 8)

Das tagaktive Auerhuhn lebt im Winter einzeln oder in kleinen Gruppen, meist nach Geschlechtern getrennt. Während der Territorialphase im Herbst und besonders im Frühjahr markieren und verteidigen die Hähne morgens und abends ihre Reviere durch den Gesang (die bekannten Strophen aus Knappen, Triller, Hauptschlag und Schleifen), Drohlaute (Worgen, Kröchen), Flattersprünge und Kämpfe.

Gewöhnlich wird diese Frühjahrsaktivität als „Balz" bezeichnet. Sie beginnt je nach Witterung um Mitte März

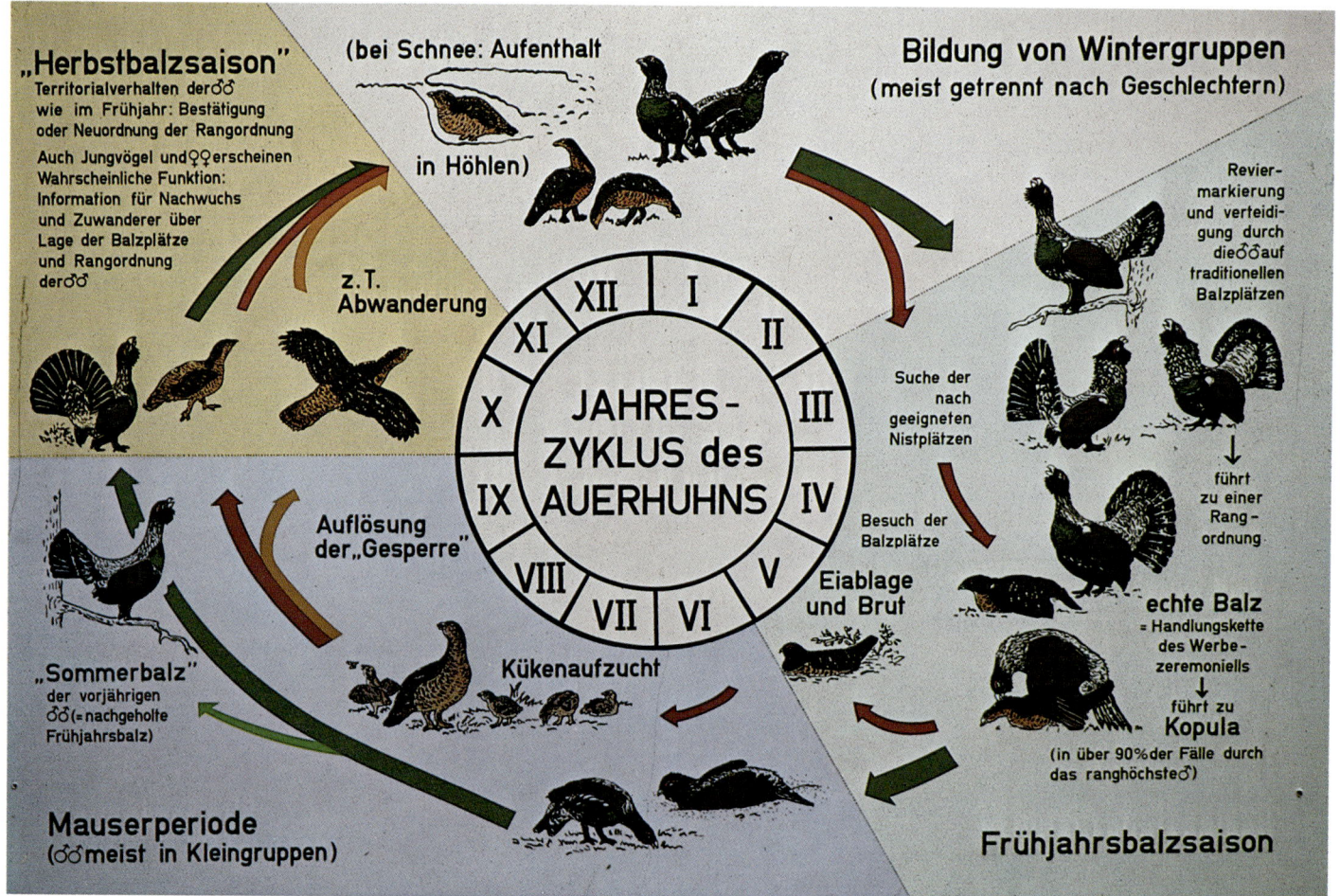

Abb. 8: Jahreszyklus des Auerhuhns nach F. Müller

und dauert bis in die zweite Maihälfte. In normaler Imponierhaltung, meist auf einem Baum, hält der Hahn die Flügel geschlossen und der Stoß ist nur wenig gehoben. Erst bei der eigentlichen Balz, der Werbung um die Hennen, schleifen die Flügel am Boden, und der voll aufgefächerte Stoß wird den Hennen zugeneigt, die sich zur Paarungsaufforderung ducken und beide Flügel abspreizen. Die Hennen bleiben nur einige Tage am Balzplatz und wählen meist (über 90 %) den Platzhahn als Geschlechtspartner. Dies ist ein älterer Hahn. Jüngere Hähne bis zum 3. Jahr kommen kaum zur Kopula.

Die Nester werden von den Hennen meist in guter Deckung an einem Baum oder Felsen mit Sicht hangabwärts angelegt. Die durchschnittlich 7–8 Eier werden im Abstand von 26–48 Stunden gelegt und 26 Tage bebrütet. Nach dem Schlupf bleiben die Küken noch einen Tag unter der Mutter, ehe sie als typische Nestflüchter das Nest verlassen und von der Henne alleine geführt werden. Nur ein trockener und warmer Frühsommer in den ersten 3 Lebenswochen verspricht eine gute Aufzucht.

Abb. 9: Auerhahn bei der Baumbalz, Schwarzwald.
Foto: R. Diemer

1.5. Nahrung

Die Winternahrung des Auerhuhns ist sehr einseitig und besteht fast nur aus Koniferennadeln (vorwiegend Nadeln der Kiefer). Im Sommer dagegen konnten bei üppiger Bodenvegetation und reichlichem Insektenangebot 62 verschiedene Pflanzenarten und 36 verschiedene Insektenarten nachgewiesen werden (Tab. 2).

Tab. 2: Kropf- und Magenanalysen bei 150 Auerhühnern in der UdSSR (LOBAČEV und ŠČERBAKOV)

Pflanzliche Nahrung	Verzehrte Teile	Zahl d. Individuen, bei denen diese Nahrung nachgewiesen wurde
Kiefer (*Pinus sylvestris*)	Nadeln	49
Lärche (*Larix decidua*)	Nadeln	8
Wacholder (*Juniperus communis*)	Früchte	7
Aspe (*Populus tremula*)	Blätter	7
Zimtrose (*Rosa cinnamomea*)	Hagebutten	6
Himbeere (*Rubus idaeus*)	Beeren	14
Steinbeere (*Rubus saxatilis*)	Beeren	8
Moltebeere (*Rubus chamaemorus*)	Beeren	4
Heidelbeere (*Vaccinium myrtillus*)	Beeren	21
Heidelbeere (*Vaccinium myrtillus*)	Schößlinge	16
Preiselbeere (*Vaccinium vitis-idaea*)	Beeren	15
Preiselbeere (*Vaccinium vitis-idaea*)	Blätter	7
Moosbeere (*Vaccinium oxycoccus*)	Beeren	12
Vogelknöterich (*Polygonum aviculare*)	Samen	10
Hainwachtelweizen (*Melampyrum nemorosum*)	Samen	9
Hügelklee (*Trifolium alpestre*)	Blätter	4
Kriechender Hahnenfuß (*Ranunculus repens*)	Samen	5
Wurmfarn (*Aspidium filix-mas*)	Blätter	6
Hundsveilchen (*Viola canina*)	Früchte	4
Waldschachtelhalm (*Equisetum silvaticum*)	Halme	12

Abb. 10: Auerhuhnküken, 1 Tag alt mit Eizahn. Foto: H. Aschenbrenner

Abb. 11: Porträt einer Auerhenne. Foto: H. Aschenbrenner

Abb. 12: Auerhahn bei der Bodenbalz, Kärnten. Foto: H. Ehrenkäufer

Abb. 13: Auerhahn, Jährling. Foto: H. Aschenbrenner

1.6. Altersbestimmung

Mit 5 Monaten ist das Alterskleid ausgebildet. Bis zum 2. Lebenssommer sind Jungvögel beider Geschlechter an den beiden spitzen, nicht vermauserten äußersten Handschwingen zu erkennen. Die Hähne haben im 1. Jahr viel kürzere und am Ende abgerundete Schaufeln (Abb. 14). Nach Schädelmerkmalen ist bei älteren Vögeln eine Altersangabe möglich.

1.7. Geschlechterunterschiede

Bereits einen Tag nach dem Schlupf kann meist an der Farbe des Schnabels das Geschlecht festgestellt werden. Beim männlichen Küken ist der ganze Schnabel schwarz, beim weiblichen dagegen ist er hell und hat einen schwarzen Rücken. Bei einigen kann der Schnabel zwar auch dunkel gefärbt sein, der Rücken aber ist immer dunkler (Abb. 15).

Die Armschwingen bei sechs- bis zwölftägigen männlichen Küken sind gleichmäßiger gefärbt als die der weiblichen, bei denen – je nach Alter – ein oder mehrere helle Querstreifen vorhanden sind.

Im Alter von 3 Wochen hat bei Hähnen der Scheitel ein grau meliertes und bei der Henne ein hellbraun geflecktes Färbungsmuster. Jetzt ist spätestens eine sichere Geschlechtsbestimmung möglich.

1.8. Züchterische Anmerkungen

Gehegetypen (Teil 2; 1.2.): A (4 × 8 × 2 m),
B (Abb. 15, 16)
E (etwa 3000 m²)

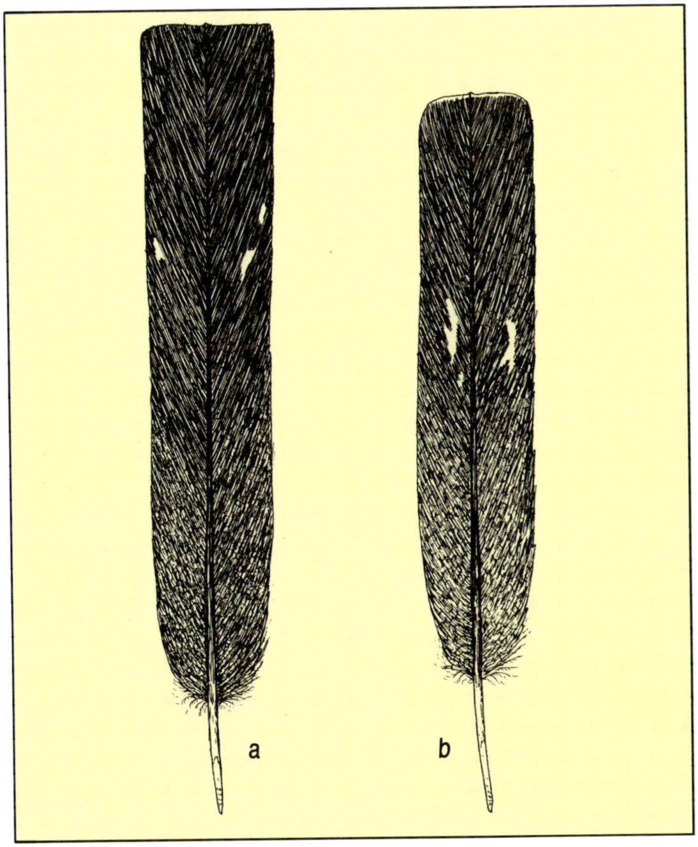

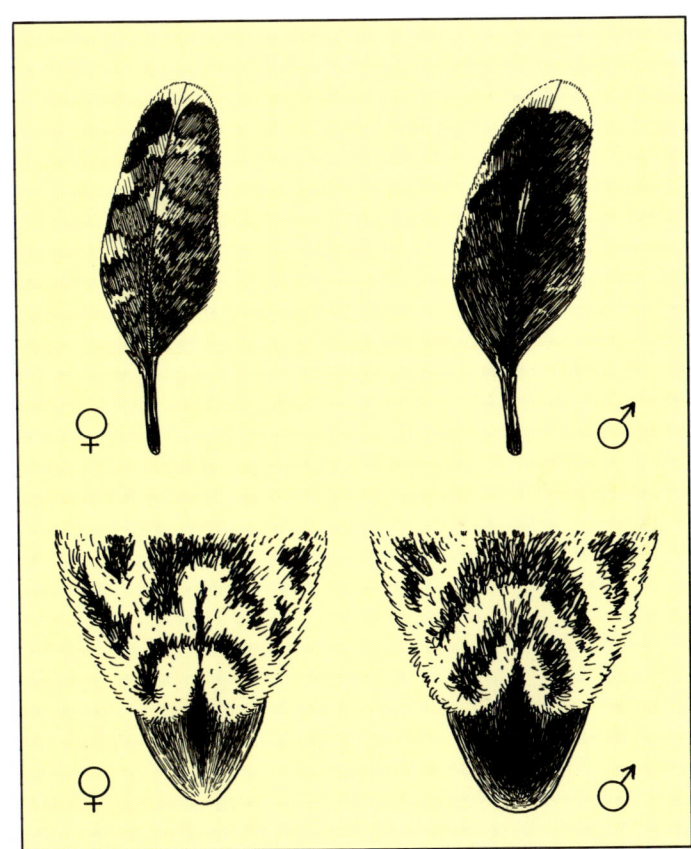

Abb. 14: Schwanzfedern eines mehrjährigen (a) und eines einjährigen (b) Hahnes.

Abb. 15: Schnabel (3. Tag) und Armfedern (7.–14. Tag) von Auerhuhnküken.

Mehrere Auerhühner werden zweckmäßig in Volierenkombinationen untergebracht.

Es ist bekannt, daß sich Auerhennen nicht von jedem Hahn treten lassen. In der freien Wildbahn ist es der hochrangige Platzhahn, der meist alle Hennen eines Balzplatzes tritt. Diese Situation kann man auch im Gehege nachvollziehen.

Solche Volierenkombinationen können in beliebiger Anzahl aneinandergereiht werden (Abb. 19).

Steht ein geeignetes Gelände zur Verfügung, ist es sehr reizvoll, Auerhühner flugunfähig in einem Freigehege mit

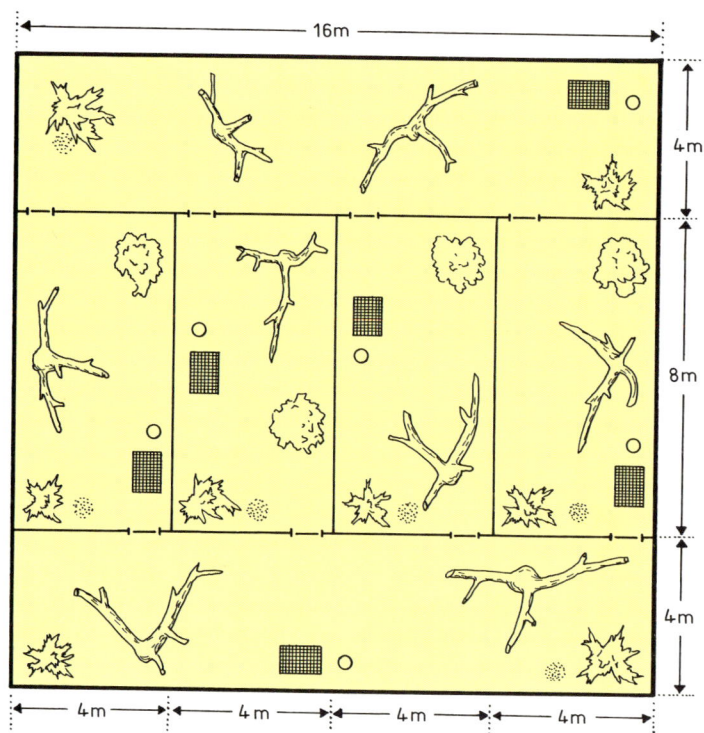

Abb. 17: Grundriß eines großen Zuchtgeheges.

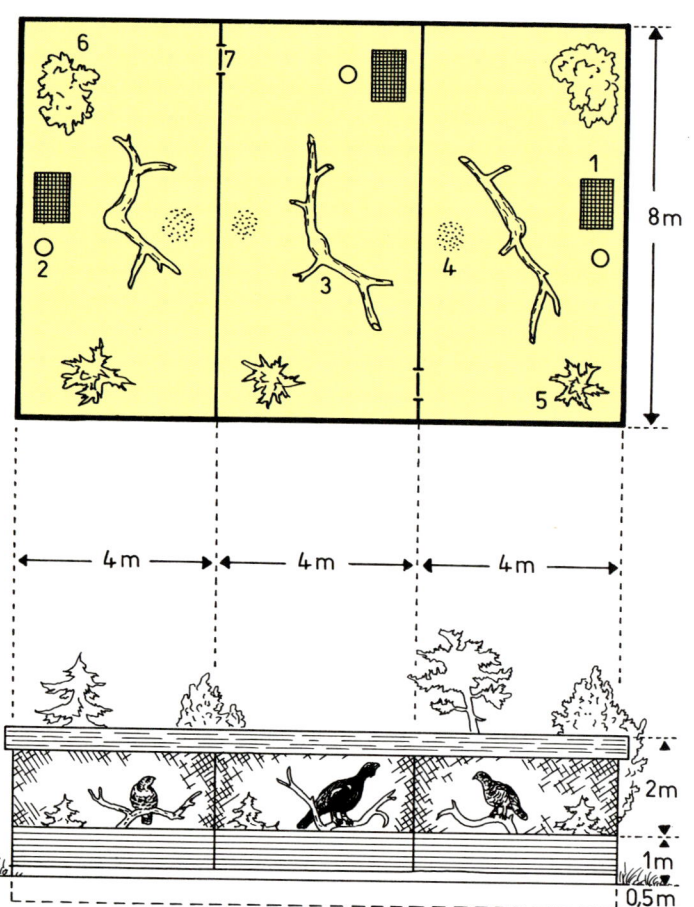

Abb. 16: Grundriß und Vorderseite eines kleinen Zuchtgeheges für Auerhühner. Bei 3 Tieren 1 Hahn innen, bei 4–5 Tieren je ein Hahn außen. 1 = Futterrost, 2 = Wasser, 3 = Sitzstange, 4 = Huderplatz, 5 = Bepflanzung, 6 = Nistplatz, 7 = Durchschlupf.

Abb. 18: Trennwand eines Zuchtgeheges.

natürlichem Biotop zu halten. In einer Anlage von mindestens 3000 m² steht ein Schutzraum (z. B. ein Standardgehege), in dem das Futter gereicht wird. Eine Überspannung mit Perlonnetz (3 cm) ist nur in schneearmen Gegenden möglich. Bei einem offenen Freigehege ist das Eindringen von Habicht und Marder nicht zu verhindern, auch stellen Nesträuber (Krähen, Elstern u. a.) eine große Gefahr dar.

Eine besondere Bedeutung kommt dem Freigehege für die Ausbürgerung von Auerwild zu. Hier erfolgt die Umstellung von der pflegeintensiven Aufzucht auf die freie Wildbahn.

Eine Zuchtgruppe kann im Herbst, aber auch noch im Winter oder im zeitigen Frühjahr zusammengestellt werden.

1.9. Gewichtsentwicklung

Das Schlupfgewicht ist bei beiden Geschlechtern gleich. Nach einem Tag kann sich das Gewicht um 2–3 g verringern. Bereits nach einer Woche sind die männlichen Küken um 4–7 g schwerer als die weiblichen, nach 3 Wochen beträgt der Unterschied schon 100 g.

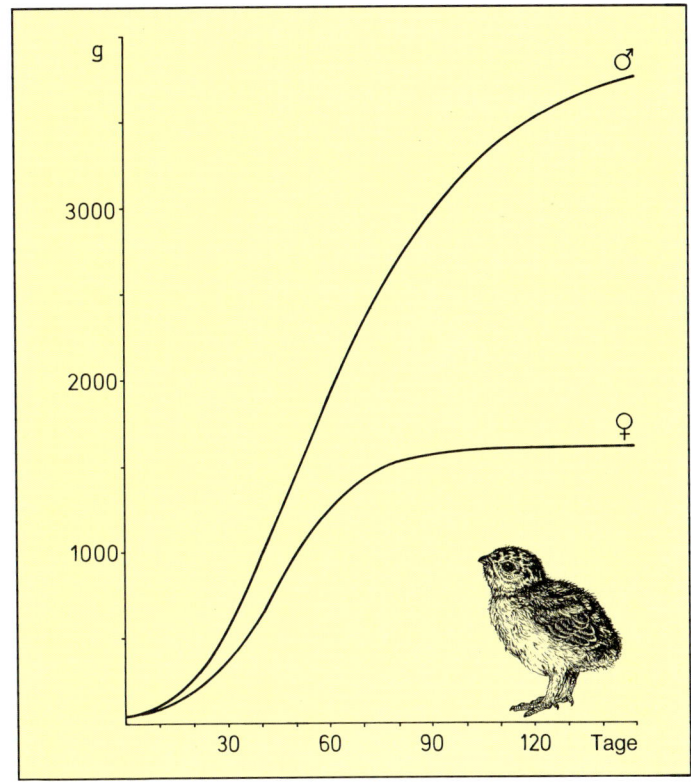

Abb. 19: Gesamtansicht der Sektion für 60 Auerhühner des Darwin'schen Naturschutzgebietes (UdSSR); Abdeckung mit Perlonnetz über den Ausläufen.

Abb. 20: Gewichtsentwicklung von Auerhühnern aus den Jahren 1978/79 (Lindén, 1981).

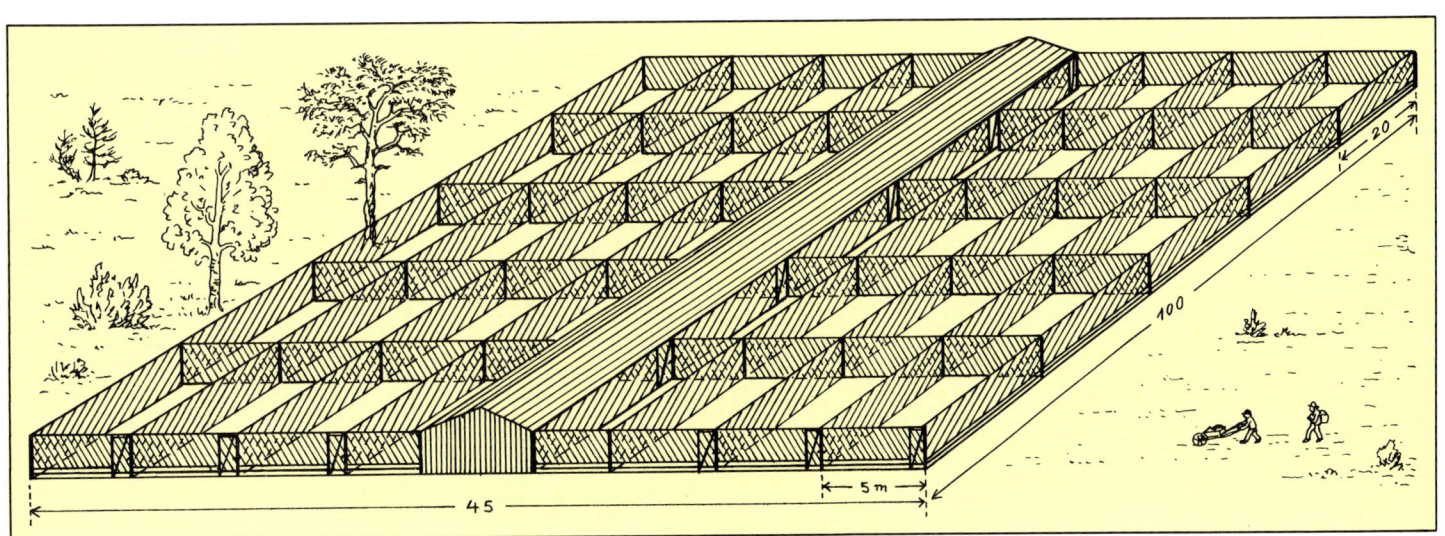

Tab. 3: Brutdaten

Eimaße	57 × 41 mm; 53 g (52−64) × (38−43) mm; 41−56 g
Anzahl der Eier im Normalgelege	7−8
Anzahl der Eier in Gefangenschaft	15
Anzahl der Eier in Ausnahmefällen	20−30
Bisher größte Eizahl	57
Kükengewicht	38 g
Brutdauer	26 Tage
Legebeginn	Anfang Mai; seltener Ende April
Geschlechtsreife	im Alter von 1 Jahr; züchten meist erst mit 2 Jahren
Höchstalter	
in der freien Wildbahn	13,5 Jahre
in Gefangenschaft	18 Jahre
Daten für Kunstbrut im Motorbrüter mit automatischer Wendevorrichtung (Linden 1981):	
Temperatur	37 °C
Relative Luftfeuchtigkeit	55 %
einige Tage vor dem Schlupf	70 %

Abb. 21: Auerhenne mit Küken. Foto: H. Aschenbrenner

Kapitel 2
Birkhuhn
(Tetrao tetrix LINNÉ)

Englisch: Black grouse Französisch: Coq de Bruyère, Petit Tétras

2.1. Unterarten
- *Tetrao tetrix britanicus* (Großbritannien)
- *Tetrao tetrix tetrix* (Westeuropa, Skandinavien, Nordrußland)
- *Tetrao tetrix viridanus* (Südrußland)
- *Tetrao tetrix jenisseensis* (Sibirien)
- *Tetrao tetrix mongolicus*
- *Tetrao tetrix baicalensis*
- *Tetrao tetrix ussuriensis*

Tab. 4: Körpermaße des Birkhuhns

	Hahn	Henne
Gewicht (Alpen)	1175–1560 g	800– 970 g
Gesamtlänge	580– 650 mm	450– 500 mm
Flügellänge	248– 291 mm	224– 244 mm
Stoßlänge	bis 222 mm	bis 123 mm

2.2. Verbreitung
Europäisches Festland über Skandinavien (69°30′ n. Br.), Halbinsel Kola und Norden der UdSSR, im Süden von den Pyrenäen, Alpen, Süd-Teil der UdSSR bis Mandschurei.

Abb. 22: Verbreitung des Birkhuhns.

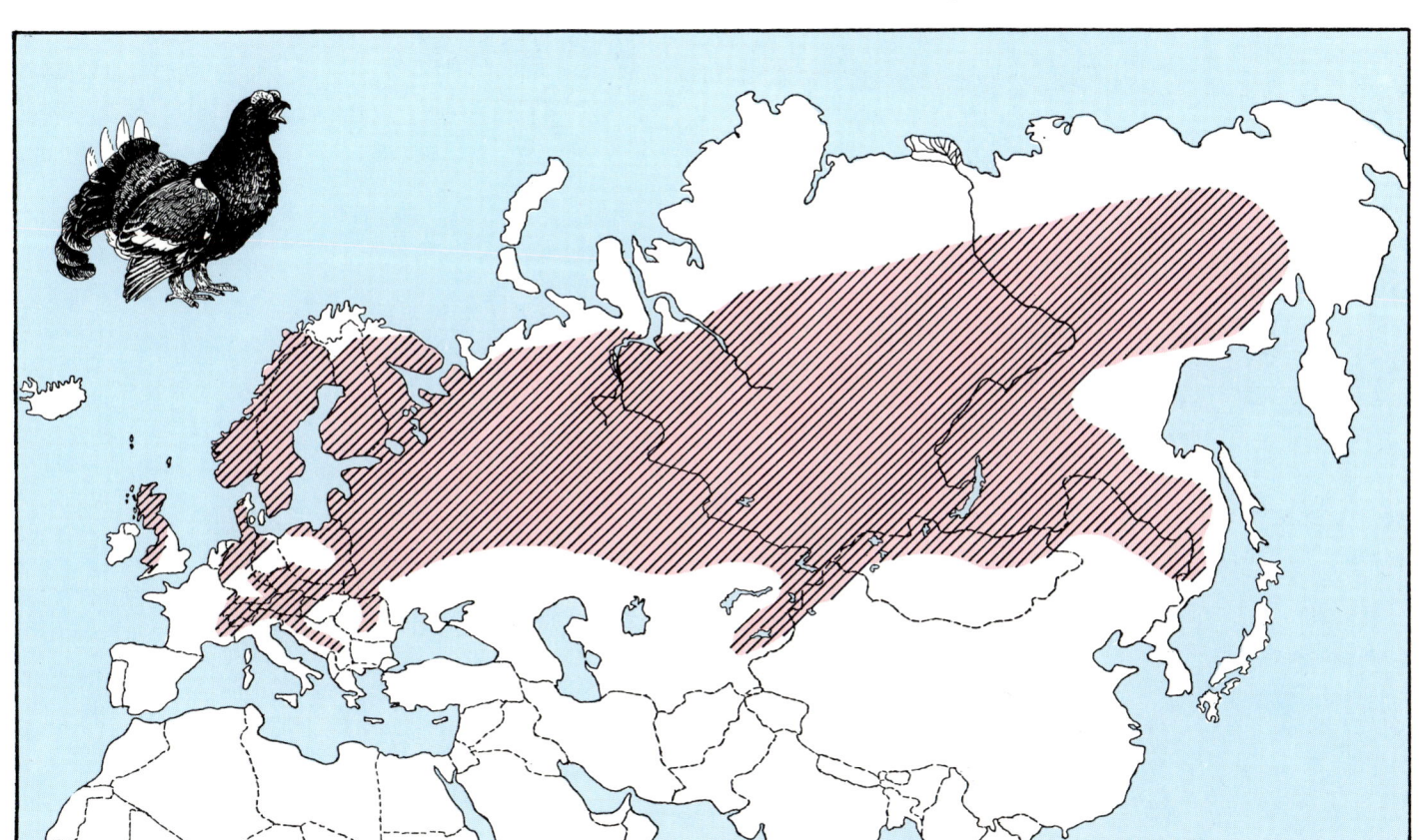

Abb. 23: Der Birkhahn balzt auf einer erhöhten Warte, um weithin sichtbar sein Revier zu markieren. Foto: U. Walz

Abb. 25: Birkhahn. Foto: U. Walz

Abb. 24: Birkhahn, sichernd während einer Balzpause. Foto: U. Walz

Abb. 26: Birkhähne, kampfbereit an der Reviergrenze. Foto: U. Walz

Flattersprung stoßen die Hähne das bekannte Zischen aus, das etwa 1 km weit zu hören ist.

Bei der eigentlichen Balz umkreist der Birkhahn in geduckter Haltung kullernd die Henne, bis sie durch Niederducken Paarungsbereitschaft erkennen läßt. Der Tretakt vollzieht sich innerhalb von 2–7 Sekunden. Im Gegensatz zum Auerhahn schlägt der Birkhahn dabei heftig mit den Flügeln.

In freier Wildbahn kommen Hähne selten vor dem 3. Jahr zur Fortpflanzung. Wie andere Rauhfußhühner, die eine Gesellschaftsbalz ausführen, kämpfen Birkhähne ausdauernd um günstige Territorien.

2.5. Nahrung

Tab. 5: Pflanzliche Nahrung des Birkhuhns, zusammengestellt aus verschiedenen Biotopen

Art der Pflanze	Vol. % im Untersuchungsgebiet		
	über 30	20–30	10–20
Heidelbeere (*Vaccinium myrtillus*)	×		
Rauschbeere (*Vaccinium uliginosum*)	×		
Preiselbeere (*Vaccinium vitis-idaea*)	×		
Moosbeere (*Vaccinium oxycoccus*)	×		
Krähenbeere (*Empetrum nigrum*)	×		
Wacholder (*Juniperus communis*)		×	
Erle (*Alnus spec.*)		×	
Weide (*Salix spec.*)	×		
Birke (*Betula spec.*)	×		
Lärche (*Larix spec.*)	×		
Kiefer (*Pinus spec.*)			×
Vogelbeere (*Sorbus aucuparia*)			×
Besenheide (*Calluna vulgaris*)		×	
Behaarter Ginster (*Genista pilosa*)			×
Rasenbinse (*Trichoforum caespitosum*)		×	
Segge (*Carex spec.*)			×
Sauerampfer – Fruchtstände (*Rumex*)	×		
Sauerampfer – Blätter (*Rumex*)		×	
Löwenzahn (*Taraxacum officinale*)	×		
Klee (*Trifolium spec.*)		×	
Hafer – Körner (*Avena sativa*)	×		
Scheidiges Wollgras (*Eriophorum vaginatum*)	×		
Rosmarienheide (*Andromeda polifolia*)			×

Abb. 27: Birkhahn.   Foto: H. Landvogt

2.3. Lebensraum

Birkhühner bevorzugen offenes Gelände wie Heiden und Moore, im Hochgebirge die Baum- bzw. Waldgrenze mit Zwergsträuchern und Krummholz. Als Nahrungs- und Ruheplätze dienen Laub- (Birke, Weide, Eberesche) und Nadelbäume (Lärche, Kiefer, Fichte) (s. auch S. 135).

2.4. Lebensweise und Balz

Den Winter verbringen die Vögel meist in größeren Gruppen, häufig nach Geschlechtern getrennt. Im zeitigen Frühjahr suchen die Hähne ihre traditionellen Balzplätze auf, die an den offensten und flachsten Stellen liegen, wo die Vegetation möglichst nicht höher als 10 cm ist. Meist sind dies ausgedehnte Moore, Wiesen, Heiden oder die Baumgrenze im Hochgebirge. Diesen weiten Flächen ist das Revier- und Balzverhalten des Birkhahns mit auffälligen akustischen und optischen Signalen angepaßt. Nach einem

Abb. 28: Birkhenne. Foto: H. Aschenbrenner

2.8. Züchterische Anmerkungen

Gehegetypen (Teil 2; 1.2.): A (4 × 8 × 2 m)
B
D (2 × 1,5 m)

Birkhühner können paarweise, aber besser in Zuchtgruppen von 1,2 oder 1,3 gehalten werden. Hähne aus Nachbarvolieren dürfen sich gegenseitig hören, sollen sich aber nicht sehen. Die Gruppen können im Herbst, aber auch noch im zeitigen Frühjahr zusammengestellt werden.

Birkhühner sind im Alter von 1 Jahr geschlechtsreif und züchten meistens im 1. Jahr. In der Fruchtbarkeit von ein- und mehrjährigen Hähnen besteht bei sachgemäßer Haltung und Fütterung kein Unterschied. Mit Beginn der Mauser läßt die Befruchtungsfähigkeit erheblich nach.

Wie aus Tabelle 6 hervorgeht, legen Birkhennen im Durchschnitt 7–10 Eier; werden die Eier entfernt, können im günstigsten Fall 20–30 erzielt werden. 50 einjährige Hennen legten 545 Eier, im Durchschnitt also 10,9 pro Tier. 11 mehrjährige Birkhühner legten 165 Eier, also 15,0 pro Tier (WIPPER).

2.6. Altersbestimmung

Die äußeren beiden Handschwingen (H9, H10) werden im ersten Herbst nicht vermausert. Sie sind an der spitzen Form erkennbar. Andere Eigenschaften wie Krümmung, Länge und Breite der Sicheln (Schwanzfedern) und schwarze Sprenkel auf weißem Unterstoß eignen sich nicht als zuverlässige Altersmerkmale.

2.7. Geschlechterunterschiede

Mit 30–35 Tagen erscheinen beim Hahn die ersten schwarzen Oberdeckfedern an den Flügeln, in den folgenden Tagen wird der Saum schwarz

2.9. Gewichtsentwicklung

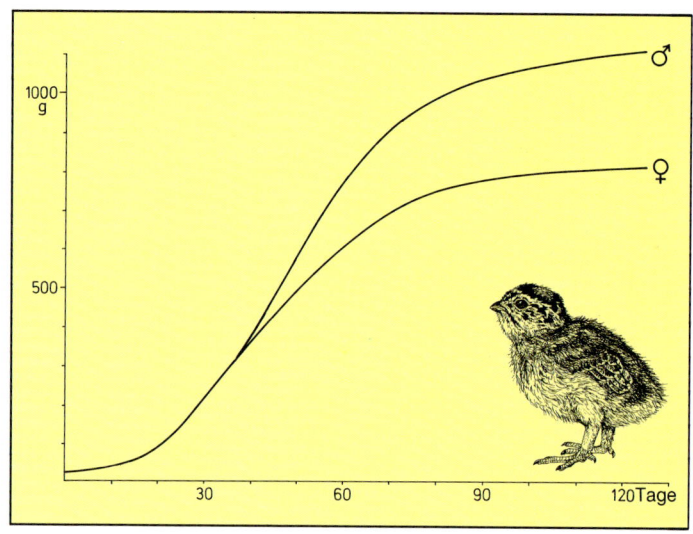

Abb. 29: Gewichtsentwicklung von 101 Birkhühnern (Wipper).

Tab. 6: Brutdaten

Eimaße	46−57 × 34−38 mm; 30−35 g
Anzahl der Eier im Normalgelege	7−10
Anzahl der Eier in Gefangenschaft	20−30
Brutdauer	25 Tage
Legebeginn	Mitte Mai
Geschlechtsreife	im Alter von 1 Jahr

Abb. 30: Birkhähne, kämpfend.
Foto: U. Walz

Kapitel 3
Haselhuhn
(Bonasa bonasia LINNÉ)

Englisch: Hazel grouse Französisch: Gélinotte des bois

3.1. Unterarten
- *Bonasa bonasia rupestris* (Mitteleuropa)
- *Bonasa bonasia bonasia* (Skandinavien, Baltikum, Westrußland)
- *Bonasa bonasia sibirica* (Etwa von der Wolga bis Ostsibirien)
- *Bonasa bonasia vicinitas* (Sachalin, Hokkaido, Nordmongolei bis zur Amurmündung)
- *Bonasa bonasia kolymensis* (Kolyma)

Tab. 7: Körpermaße des Haselhuhns

	Hahn	Henne
Gewicht	315–490 g	315–465 g
Gesamtlänge	340–360 mm	335–360 mm
Flügellänge	162–184 mm	161–180 mm
Stoßlänge	107–131 mm	103–118 mm

3.2. Verbreitung
Im Norden: Grenze verläuft entlang der Nadelwaldzone, von Skandinavien bis Ostsibirien (Lappland 69,5° n. Br.).
Im Süden: entlang der südlichen Taigagrenze, von den Alpen über die Karpaten bis nach Korea, Mongolei und die Mandschurei.

Abb. 31: Verbreitung des Haselhuhns.

Abb. 32: Haselhahn (Siehe Seite 31)

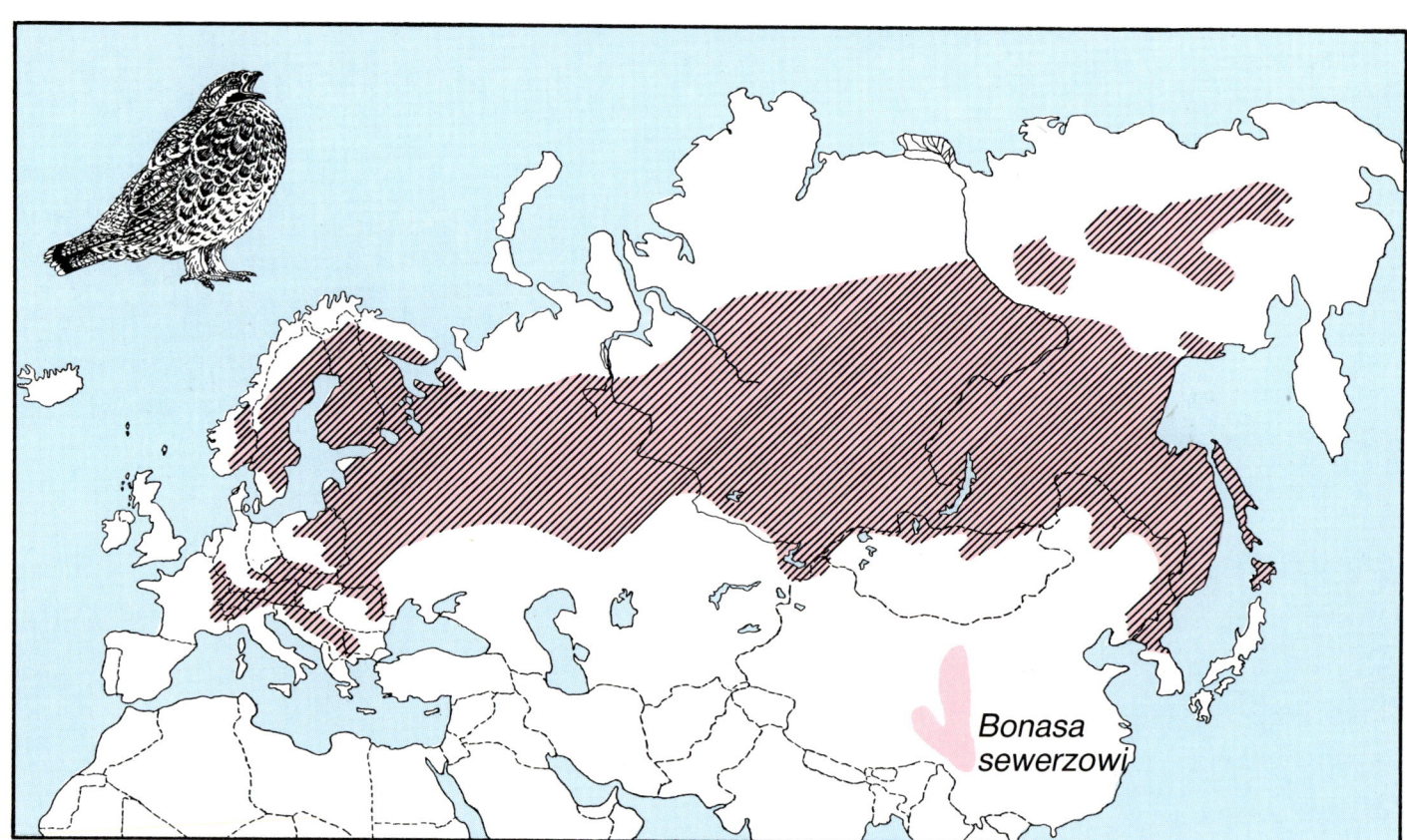

3.3. Lebensraum

Ein möglichst naturnaher Mischwald mit viel Unterholz und Bodenvegetation (Fichte, Birke, Erle, Weide, Hasel, Eberesche, Heidelbeere, Himbeere etc.). Wichtiger als die Baumartenzusammensetzung sind die Baumstruktur und der Altersklassenaufbau (s. auch S. 135).

3.4. Lebensweise und Balz

Im Herbst und Frühjahr markiert der Hahn mit akustischen Signalen sein Revier. Im unübersichtlichen Dickicht des Haselhuhnbiotops kommen diesen besondere Bedeutung zu. Mit „Spissen", Flattersprüngen und kurzen Schwirrflügen behauptet der Haselhahn sein Wohngebiet. In dieser Zeit ist er viel aktiver als im Sommer. Nähert sich ein Artgenosse, nimmt der Haselhahn eine markante Imponierhaltung ein: Er plustert rauh sein gesamtes Federkleid auf und wirkt dadurch fast doppelt so groß; mit seinem braun-weißen Gefieder, der weißgesäumten, tiefschwarzen Kehle und den roten Rosen wirkt der sonst unscheinbar getarnte Vogel wie ein bunter Federball. Der Hals wird besonders im Nacken extrem verdickt, der Kopf selbst ist schmal und glatt, nur der Kehlbart ist ruppig gesträubt. Niemals wird im Zusammenhang mit Balzverhalten die Federholle aufgestellt. In rasantem Imponierlauf rennt der Hahn in gestreckter Haltung mit gefächertem und leicht angehobenem Stoß an dem Eindringling vorbei. In der ausgeprägtesten Phase im Frühjahr läuft der Hahn auf die Henne zu, stoppt abrupt seinen Lauf, richtet den kleinen Kopf auf, plustert das gesamte Gefieder auf, läßt die Flügel am Boden schleifen und öffnet den Stoß blitzschnell zu einem Halbrad, wobei jede einzelne Feder sichtbar ist. Diese intensive Werbung dauert nur 1–2 Sekunden.

Die Begattung selbst ist weniger auffällig. Hahn und Henne geben ihre Paarungsbereitschaft durch seitliches Kopfschwenken kund, das Weibchen steht dabei meist eingeknickt. Nach dem Tretakt „zirkelt" der Hahn in rasantem Lauf um seine Henne.

Bereits zu Beginn der Balz zeigt der Hahn der Henne geeignete Nistplätze. Er beugt den Kopf zum Boden, bis er flach mit Hals und Kinn aufliegt. Der Stoß ist steil aufgerichtet. Diese ganze Zeremonie wird von eindringlichen Gesängen begleitet.

Die Henne legt in guter Deckung – an einem Baumstamm, einem Windwurf, unter einem Reisighaufen – ein Nest an. Während der Legezeit halten die Partner noch sehr engen Kontakt. Im Gehege habe ich beobachtet, daß der Hahn die Eier zudeckt und auch selbst brütet. Am Führen der Küken beteiligt er sich nicht. Ende August löst sich das Gesperre auf, und die jungen Hähne suchen eigene Territorien.

Abb. 33: „Zirkeln" des Haselhahns, der Stoß ist der Henne zugeneigt. Foto: H. Aschenbrenner

Abb. 34: Die intensive Werbung des Haselhahns dauert nur 1–2 Sekunden. Foto: H. Aschenbrenner

Abb. 35: Balz- oder Imponierlauf des Haselhahns. Foto: H. Aschenbrenner

Stimme: Haselhühner verfügen über ein reiches Stimminventar. SCHERZINGER (1981) konnte insgesamt 23 Laute gut abgrenzen. Die zahlreichen, meist sehr leisen Lautäußerungen dienen vorwiegend dem Paarzusammenhalt. Die akustischen Signale, wie auch das Balzverhalten, sind ganz auf kurze Distanz abgestimmt und damit der verborgenen Lebensweise im dichten Unterholz angepaßt.

Das „Spissen", das bekannteste und lauteste Signal des Haselhahns, ist für jeden Hahn charakteristisch und von Mitte Februar bis Ende Mai und von August bis Oktober am häufigsten zu hören.

3.5. Nahrung

Tab. 8: Analyse von 509 Kropfinhalten aus Schweden (nach AHNLUND und HELANDER, 1975) n = Zahl der Individuen

Nahrungspflanze	n	%
Beeren:		
Preiselbeere *(Vaccinium vitis-idaea)*	469	20,5
Heidelbeere *(Vaccinium myrtillus)*	339	14,7
Vogelbeere *(Sorbus aucuparia)*	19	0,8
Moosbeere *(Vaccinium oxycoccus)*	14	0,6
Rauschbeere *(Vaccinium uliginosum)*	11	0,5
Zwergsträucher:		
Heidelbeere *(Vaccinium myrtillus)*	58	2,5
Knospen und Triebe:		
Erle *(Alnus spec.)*	145	6,3
Birke *(Betula spec.)*	84	3,7
Aspe *(Populus tremula)*	30	1,3
Weide *(Salix spec.)*	27	1,1
Vogelbeere *(Sorbus aucuparia)*	10	0,4
Kätzchen:		
Birke *(Betula spec.)*	508	22,3
Erle *(Alnus spec.)*	436	19,2
Samen	63	2,7
Grit (Magensteinchen)	5	0,2

3.6. Altersbestimmung

Bis zum 14. Monat haben die Jungvögel an der 9. Handschwinge 8–11 helle Flecken, ältere dagegen nur 4–7 oder weniger (Abb. 43).

3.7. Geschlechterunterschiede

Den auffälligsten Geschlechterunterschied stellt der tiefschwarze Kehlfleck des Hahnes dar, der bis an den Unterschnabel reicht und von einer weißen Binde eingerahmt ist.

Abb. 36: Haselhahn, spissend.   Foto: H. Aschenbrenner

Abb. 37: Entwicklung des Kehlflecks beim Haselhahn: (A) 65, (B) 69, (C) 74, (D) 85 Tage.

Hennen haben in seltenen Fällen auch diesen Kehlfleck, er ist aber nie so einheitlich schwarz, sondern von braunen Federn durchsetzt. Bei Jungvögeln ist die Kehle weiß. Frühestens am 61. Tag zeigt sich im Zentrum ein schwarzer Punkt, der sich rasch vergrößert. 6 Tage später bilden sich seitlich 2 weitere schwarze Flecken aus, die in den folgenden Tagen zusammenwachsen (Abb. 44).

Den Revierruf des Hahnes haben wir frühestens am 65. Tag gehört.

3.8. Züchterische Anmerkungen

Gehegetypen (Teil 2; 1.2.): A (3 × 6 m)
B
C

Die Haselhennen beginnen Mittel April mit dem Legen der Eier, bei Insektenfütterung noch früher.
Haselhühner sind im Alter von weniger als 1 Jahr geschlechtsreif und züchten regelmäßig im ersten Jahr.

Die Gehege zweier Zuchtpaare müssen so weit voneinander getrennt sein, daß sich die Vögel nicht hören können. Neben einem Zuchtgehege sollen auch keine jungen Haselhühner untergebracht werden. In beiden Fällen hört der Hahn das Pfeifen und Flattern der Rivalen, sieht aber nur seine Henne und richtet ersatzweise seine Angriffe gegen sie.

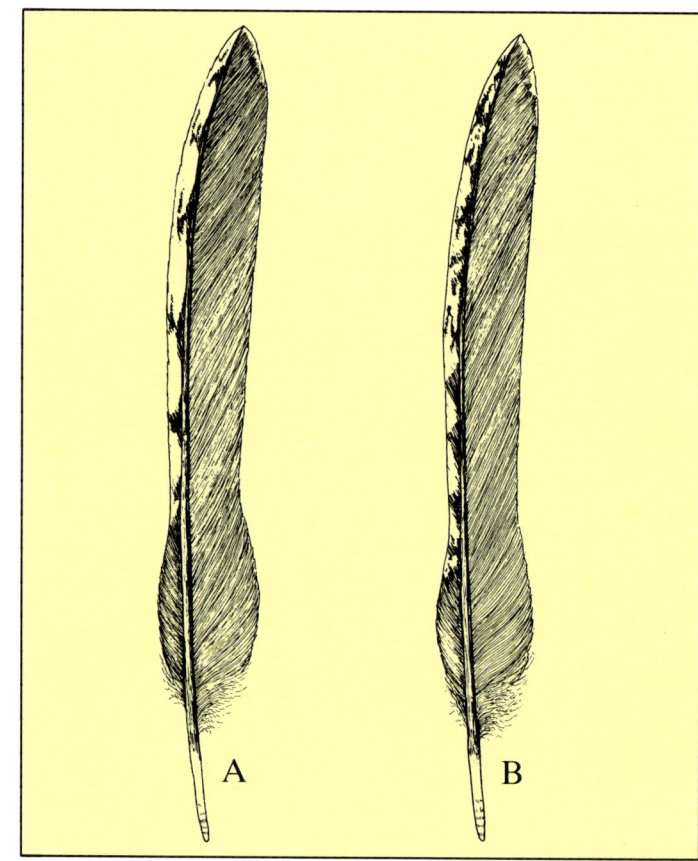

Abb. 38: Altersbedingte Unterschiede der 9. Handschwinge: (A) mehrjähriger Vogel, (B) bis zum Alter von 14 Monaten.

Hahn und Henne verpaaren sich normalerweise im Herbst; man kann aber noch im Frühjahr ein Zuchtpaar zusammenstellen. Größte Vorsicht ist geboten, wenn einem einzeln aufgezogenen Hahn eine Henne zugesetzt wird. Dieser Versuch mißglückt meistens. Der Hahn wird die Henne heftig attackieren und töten.

Eine Henne akzeptiert nicht jeden angebotenen Hahn. Nach der Brutperiode oder nach der Paarbildung im Winter kann es noch zu Unstimmigkeiten bei einem Zuchtpaar kommen. Meist ist es der Hahn, der plötzlich seine Henne nicht mehr duldet. Versteckt sich das Weibchen und läuft der Hahn in Drohhaltung durch das Gehege, müssen die Tiere vorübergehend getrennt werden. In einem derartigen Fall ist es günstig, wenn ein zweites Gehege daneben liegt oder wenn die Haselhühner von vornherein in einer kombinierten Voliere untergebracht werden.

3.9. Gewichtsentwicklung

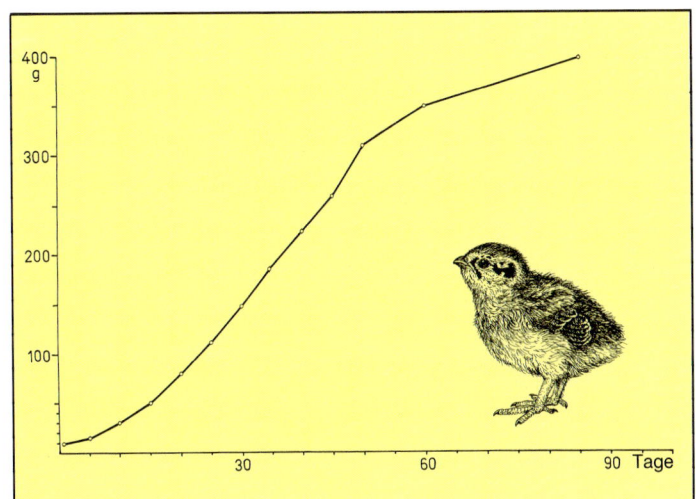

Abb. 39: Gewichtsentwicklung von 7 Haselhuhnküken.

Abb. 40: Haselhahn. Foto: H. Aschenbrenner
Abb. 41: Haselhahn und Henne sind vom Herbst an verpaart und haben ständig engen Kontakt. Foto: H. Aschenbrenner

Abb. 42: Haselhahn, aggressiv, sichernd. Foto: H. Aschenbrenner

Abb. 43: Haselhahn, beim Ruhen sind die Füße und Zehen im Bauchgefieder verborgen – ein Kälteschutz.
Foto: H. Aschenbrenner

Abb. 44: Die Holle richtet der Haselhahn bei Erregung auf, niemals bei der Balz. Foto: H. Aschenbrenner

Abb. 45: Haselhuhnküken; charakteristisch ist die kastanienbraune Färbung, Rücken und Kopfplatte sind am dunkelsten. Ein schwarzer Zügelstreifen um das Auge bis hinter die Ohrdecken ist individuell unterschiedlich. Foto: H. Aschenbrenner

Abb. 48: Haselhahn, brütend im Gehege; er baut gerade mit Zweigen das Nest aus. Foto: H. Aschenbrenner

Tab. 9: Brutdaten

Eimaße	41,5 × 29,8 mm; 18,5 g (17,5−19,6 g)
Anzahl der Eier im Normalgelege	8 (4−14)
Anzahl der Eier in Gefangenschaft	30
Kükengewicht	13,7 g
Brutdauer	25 Tage
Legebeginn	Mitte April
Geschlechtsreife	im Alter von 1 Jahr
Höchstalter	
in der freien Wildbahn	4 Jahre
in Gefangenschaft	8 Jahre

Abb. 46: Haselhahn, imponierend. Foto: H. Aschenbrenner

Abb. 47: Haselhahn, auf erhöhter Warte imponierend. Foto: H. Aschenbrenner

Kapitel 4
Schwarzbrusthaselhuhn
(Bonasa sewerzowi PRZEWALSKI)

Englisch: Blackbreasted Hazel grouse

Französisch: Gélinotte de Severtzov

Tab. 10: Körpermaße des Schwarzbrusthaselhuhns

	Hahn	Henne
Gewicht	370 g	313–480 g
Gesamtlänge	356 mm	356 mm
Flügellänge	169–183 mm	167–176 mm
Stoßlänge	115–153 mm	88–136 mm

4.1. Verbreitung

Mittelchina, von Tschangtu bis an die Grenze der Inneren Mongolei.

4.2. Lebensraum

Es bewohnt dichte Koniferenwaldungen und bergige Mischwälder mit Wacholder, Birke, Rhododendron und Kiefer im nördlichen Himalaja und lebt gerne an Bachläufen.

4.3. Lebensweise

Bonasa sewerzowi ist das am wenigsten erforschte Rauhfußhuhn. Unser derzeitiges Wissen beruht auf wenigen Einzelbeobachtungen.
In Sikang brütet es bis 4000 m Höhe, gewöhnlich lebt es dort aber tiefer (3200–3800 m). In anderen Provinzen wird es über 1000 m angetroffen. Im Frühjahr beobachtete man es in reicher Beerkrautvegetation; im Winter wurden die Schwarzbrusthaselhühner paarweise in Mischwäldern oder Waldungen mit überwiegend Wacholder beobachtet. In der Nähe führender Hennen war kein Hahn zu sehen. Nach den gefundenen Gelegen und Gesperren zu urteilen, dürften Eiablage und Brut vom 2. Maidrittel bis Ende Juni dauern.

Tab. 11: Brutdaten

Eimaße	44,0 x 30,8 mm
Anzahl der Eier	7

Abb. 49: Schwarzbrusthaselhuhn *(Bonasa sewerzowi)*, gezeichnet nach Bälgen des Zoologischen Museums Moskau (F. Müller). (Siehe Seite 39)

Kapitel 5
Sichelhuhn
(Falcipennis falcipennis HARTLAUB)

Englisch: Sickelwing grouse Französisch: Tétras de Sibérie

Tab. 12: Körpermaße des Sichelhuhns

	Hahn	Henne
Gewicht	600 g	600 g
Gesamtlänge	360 mm	360 mm
Flügellänge	185–200 mm	175–195 mm
Stoßlänge	105–137 mm	88– 95 mm

5.1. Verbreitung
Kleines Verbreitungsgebiet in Ostasien.

5.2. Lebensraum
Fichten- und Lärchenwälder unterschiedlicher Struktur, z. T. auch Mattengürtel oberhalb der Baumgrenze.

5.3. Lebensweise und Balz
Die Kenntnisse über das Sichelhuhn sind sehr lückenhaft. Im Winter wurden kleinere Gruppen von 5–10 Vögeln beobachtet, die tiefere Lagen und Flußtäler aufsuchten. Diese Wanderungen der standorttreuen Vögel sind jahreszeitlich bedingt. Im Herbst verlassen sie die höher gelegenen Koniferenwälder und konzentrieren sich in beerenreichen Gebieten. Im Winter kehren sie wieder in die reinen Nadelwaldungen zurück. Die Hähne balzen allein, die Hennen sind nur kurze Zeit in ihrer Nähe. Es gibt keine Herbstbalz.

Abb. 50: Sichelhuhn. Foto: B. Veprinzev

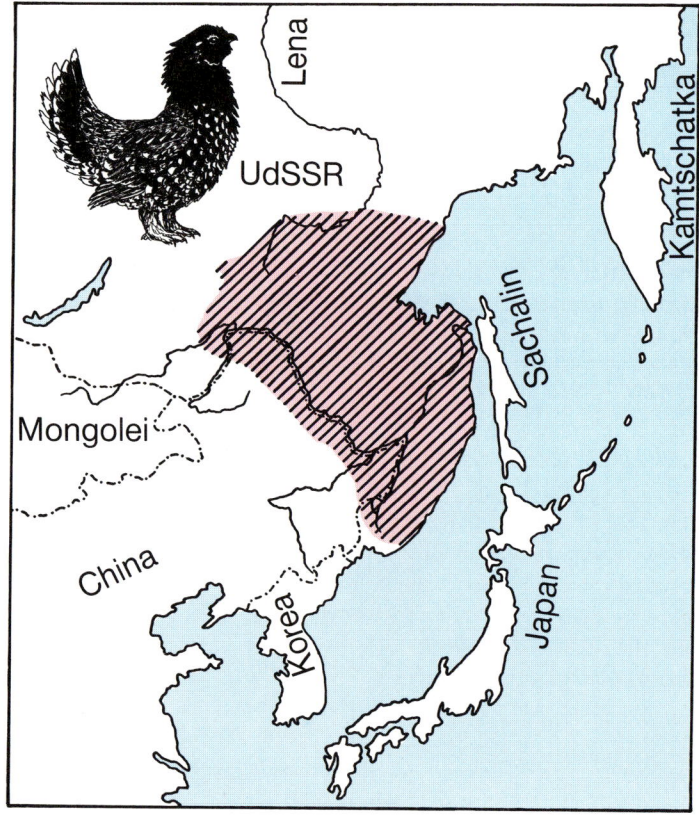

Abb. 51: Verbreitung des Sichelhuhns.

Abb. 52: Sichelhuhn, Henne auf Gelege. Foto: Y. Pukinsky

Abb. 53: Sichelhuhn, Hahn äsend. Foto: Y. Pukinsky

Balzbeobachtungen sind bei diesem Rauhfußhuhn spärlich, das Verhalten ist aber dem des Fichtenwaldhuhns ähnlich. POTAPOV (1969) beobachtete einen Hahn, der in einem Fichtenwald kreisförmige Bewegungen immer wieder unterbrach, um eine aufgerichtete Position mit anliegendem Halsgefieder einzunehmen. Nach einer Stunde beschleunigte er seine Schritte und richtete das Halsgefieder schuppenförmig auf, erhob die Schwanzfedern und ließ die Flügel leicht hängen. Gelegentlich wurde der Schwanz blitzschnell aufgefächert und wieder geschlossen; dabei erzeugten die Federn ein wetzendes Geräusch. Nach einem gurrenden Ton sprang der Hahn aus einer Imponierhaltung heraus zweimal etwa 30–100 cm in die Luft und 1 m weit. Beim ersten Sprung führte er eine Drehung um 180° aus und erzeugte dabei mit den für diese Art charakteristischen spitzen Handschwingen ein Geräusch, das etwa 100 m weit zu hören war. Nach der zweiten Landung hüpfte der Vogel aus einer Hockstellung mit leicht ausgebreiteten Flügeln vorwärts.

Die Imponierstellung mit aufgespreiztem Halsgefieder und die intensive Werbung mit blitzschnellem Auffächern des Stoßes wurde auch schon auf einem Stubben und bei einem aufgebaumten Hahn beobachtet. Diese Aktivitäten erinnern sehr an das Fichtenwaldhuhn.

Die Brutsaison fällt in die Zeit von Mai bis Juli, die Hennen legen meist an einem Baumstamm in dichter Bodenvegetation ihre Nester an. Es gibt keine Beobachtungen, daß der Hahn an einer Nestbewachung oder an der Führung des Gesperres teilnimmt.

5.4. Beschreibung

Das Sichelhuhn ist mit *Dendragapus canadensis franklinii* nahe verwandt und ebenso zahm. Es hat nahezu das gleiche

Abb. 54: Sichelhuhn, Hahn imponierend. Foto: Y. Pukinsky

Aussehen. Die Spitzen der sichelförmigen Handschwingen sind einmalig unter den Tetraoniden, und der wissenschaftliche Name wird davon abgeleitet. Die Zehen sind befiedert, der Stoß hat 16 Federn.

5.5. Nahrung

Die Hauptnahrung besteht aus Lärchen-, aber auch aus anderen Koniferennadeln, ferner Beeren, Riedgrassamen u. a.

Tab. 13: Brutdaten

Eimaße	(43–48) × (31–32) mm; 26 g
Anzahl der Eier im Normalgelege	8
Brut	Mai, Juni
Geschlechtsreife	ungewiß, wahrscheinlich 1 Jahr

Kapitel 6
Steinauerhuhn
(Tetrao urogalloides MIDDENDORF)

Englisch: Black-billed Capercaillie
Französisch: Tétras à bec noir

6.1. Unterarten
- *Tetrao urogalloides kamtschaticus* (Kamtschatka)
- *Tetrao urogalloides urogalloides* (Ostsibirien, Mongolei, Mandschurei)

Tab. 14: Körpermaße des Steinauerhuhns

	Hahn	Henne
Gewicht	3131–4000 g	2050 g
Gesamtlänge	762 mm	508 mm
Flügellänge	382–402 mm	298–324 mm
Stoßlänge	248–345 mm	210–235 mm

6.2. Verbreitung
Sibirien östlich des Jenissei bis Sachalin und Kamtschatka, N.-Mongolei, Mandschurei.

6.3. Lebensraum
Lärchen- und Birkenwälder der Taiga. Der Balzplatz gleicht dem des Auerhuhns, liegt aber zuweilen etwas offener.

6.4. Lebensweise und Balz
Bei diesen Rauhfußhühnern gibt es eine Gesellschaftsbalz von April bis Juni. Das ruhige, aber kalte Wetter (bis −20 °C) bietet gute Voraussetzungen für visuelle und akustische Kontakte. Im Unterschied zu *Tetrao urogallus* balzt

Abb. 55: Steinauerhahn, bei der Balz ist der Schnabel ständig geöffnet.   Foto: A. Andreev

Abb. 56: Steinauerhahn, Ruhestellung.   Foto: A. Andreev

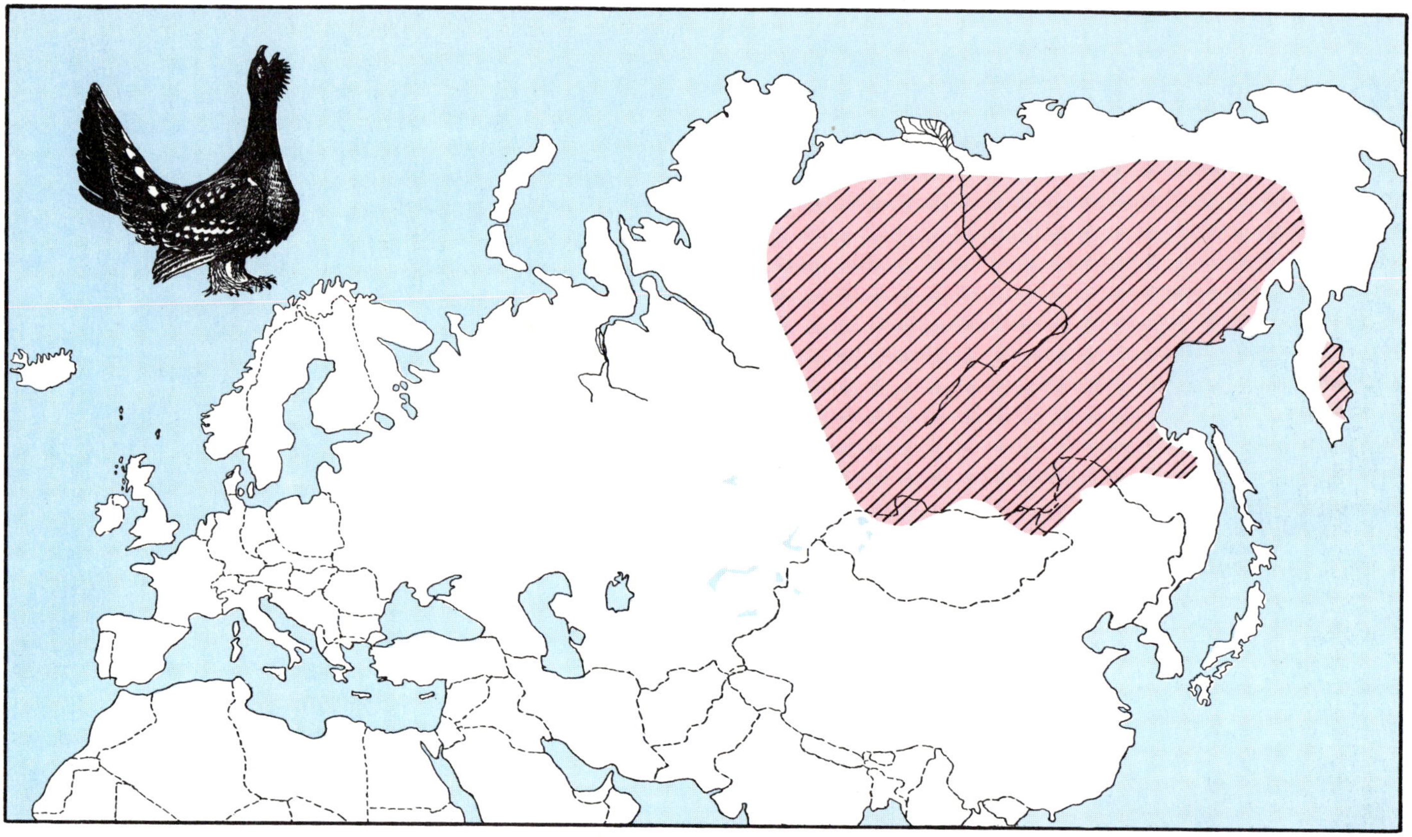

Abb. 57: Verbreitung des Steinauerhuhns.
Abb. 58: Steinauerhahn.   Foto: A. Andreev

Tetrao urogalloides mit ständig offenem Schnabel. Die größeren Luftsäcke an Hals und Brust ermöglichen eine viel lautere Balzstrophe, die über 500 m weit zu hören ist. Weiße Flecken an den Flügeldecken und besonders an den Oberschwanzfedern lassen den Vogel sehr gemustert erscheinen. Diese optischen Merkmale kommen in der offenen Landschaft mit Lärchen und Birken zur Wirkung.

6.5. Nahrung

Nadeln, Zweige und Triebe der Lärche, Kätzchen, Knospen und Triebe der Steinbirke, Weiden, Wacholderbeeren; verschiedene Beeren und Blätter der Bodenvegetation, vor allem der Heidelbeere.

Abb. 59: Steinauerhenne mit Küken. Foto: A. Andreev

Abb. 60: Steinauerhahn, bei der Balz wird der Kehlsack hervorgewölbt. Foto: A. Andreev

Abb. 61: Steinauerhahn, Vorwölbungen im Hals- und Brustbereich während der Balzstrophe. Foto: A. Andreev

Abb. 62: Steinauerhahn. Foto: A. Andreev

6.6. Altersbestimmung

Die Unterschwanzfedern der alten Hähne sind ganz schwarz, bei jüngeren weiß gepunktet.

6.7. Züchterische Anmerkungen

Das Steinauerhuhn wurde bisher noch nicht in Gefangenschaft gezüchtet (ANDREEV, briefl.).

Tab. 26: Brutdaten

Eimaße	61 × 42 mm; 54 g
Anzahl der Eier im Normalgelege	8
Kükengewicht	40 g
Brutbeginn	nach dem 22.–25. Mai
Brutdauer	24 Tage

Kapitel 7:
Kaukasisches Birkhuhn
(Tetrao mlokosiewiczi TACZANOWSKI)

Englisch: Caucasian Black grouse   Französisch: Tétras du Caucase

Schutzbestimmungen: Washingtoner Artenschutzabkommen Anhang II

Tab. 16: Körpermaße des Kaukasischen Birkhuhns

	Hahn	Henne
Gewicht	865–1005 g	766–820 g
Gesamtlänge	508 mm	460 mm
Flügellänge	180– 220 mm	196–211 mm
Stoßlänge	151– 171 mm	144 mm

7.1. Verbreitung
Unterschiedlich über die alpine Region des Kaukasus verteilt. Es kommt auch im NE der Türkei und an der Nordhängen des Kardag im NW des Iran vor.

7.2. Lebensraum
Baumgrenze zwischen 1000 und 2000 m ü. d. M., alpine Grasflächen mit reicher Vegetation, Rhododendrondikkicht und kleinen Birken. Tiefere Lagen (700 m) suchen die Vögel in schneereichen Wintern auf. Im Sommer leben sie vorwiegend oberhalb der Baumgrenze auf alpinen Matten, besonders dort, wo sie nicht von weidendem Vieh, den Hirten und ihren Hunden gestört werden. Bei schönem Wetter werden auch steile Felsabhänge aufgesucht, die 1000 bis 2000 m über der Baumgrenze liegen.

7.3. Lebensweise und Balz
Den Winter verbringen die Kaukasischen Birkhühner nach Geschlechtern getrennt in Gruppen. Lediglich junge Hähne vergesellschaften sich mit Hennen. Die Ansammlungen sind aber kleiner als beim Birkhuhn, es werden selten mehr als 8 Vögel zusammen beobachtet. Zwischen den Geschlechtern gibt es keine Bindungen, die Hennen suchen die Hähne nur zur Kopulation auf. Kaukasische Birkhühner sind standorttreu; ihre Wanderungen sind nur jahreszeitlich bedingt, indem sie in den schneereichen Wintern die alpinen Lagen verlassen und mehr in die bewaldeten Täler gehen. Wie auch bei anderen Tetraoniden werden im Winter Schneehöhlen gegraben. Die Vögel leben hauptsächlich auf dem Boden, sie haben kein Bedürfnis, viel zu fliegen oder aufzubaumen. Sie übernachten auch in der dichten Bodenvegetation und nur selten auf Bäumen.

Abb. 63: Kaukasisches Birkhuhn, aus J. Goulds "Birds of Asia".

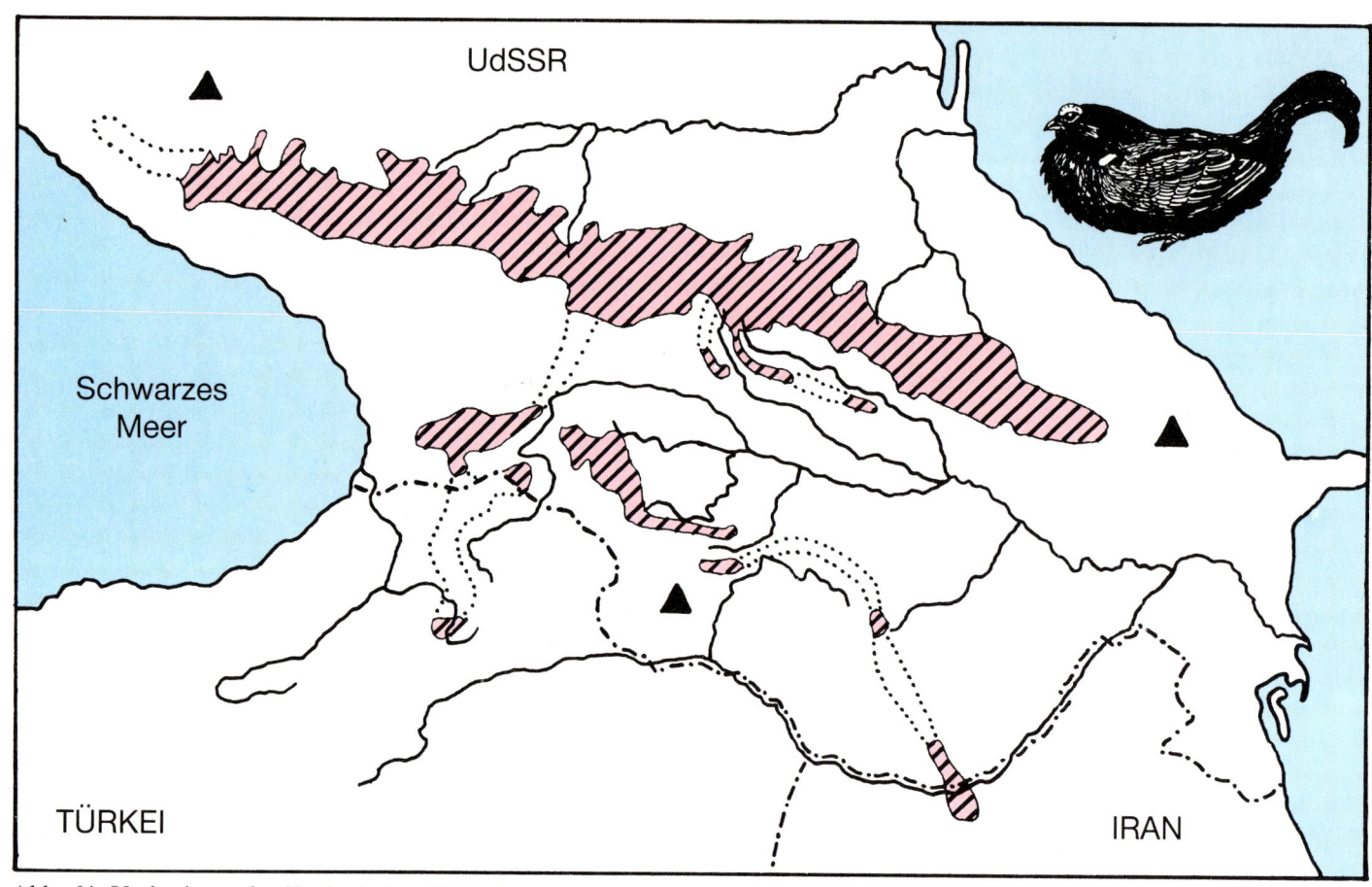

Abb. 64: Verbreitung des Kaukasischen Birkhuhns.

Die Balz findet im Frühjahr morgens und abends statt, im Herbst nur morgens. Die Früh- und Abendbalz ist gleich intensiv, ein einmaliger Vorgang unter den Rauhfußhühnern. Mitte April versammeln sich die Hähne auf den Balzplätzen, die Balzaktivität erreicht in den ersten Maiwochen ihren Höhepunkt. Die Hennen erscheinen nach Sonnenaufgang. Das eigentliche Balzverhalten weicht erheblich von dem anderer Rauhfußhühner ab. Außer einigen Fluggeräuschen verläuft die Balz völlig still und der Stoß wird nur für wenige Augenblicke als Signal eingesetzt. Nach der Ankunft am Balzplatz (Abb. 66) schreitet der Hahn zunächst sichernd, dann schnell mit aufgerichtetem Hals und Stoß hangauf und -ab. Zum Imponieren schwillt die Brust langsam an und ist nach vorne und oben gewölbt. Der Nacken wird soweit rückwärts gezogen, daß die Augen über den Schultergelenken liegen. Die Brustfedern sind aufgeplustert, und der Schwanz erhebt sich in höchster Erregung, wenn sich eine Henne nähert. Durch das Senken der Flügel werden die weißen Schulterflecken sichtbar. Aus dieser Situation heraus vollführen die Hähne ihre typischen Flattersprünge, indem sie mit 3 bis 4 Flügelschlägen etwa 1–1,5 m aufwärts fliegen (Abb. 65). Fast am höchsten Punkt macht der Hahn eine Drehung um 180°, dabei öffnet er den Schwanz voll und gleitet zum Ausgangspunkt zurück. Das mit den Flügeln erzeugte Geräusch ist etwa 150 m weit zu hören.

Zwischen den Hähnen kommt es fast nie zu Kämpfen. Die Henne zieht die Küken alleine auf.

Abb. 65: Kaukasisches Birkhuhn; der Flattersprung des Hahnes ist die bekannteste Fortpflanzungsaktivität.

Abb. 66: Kaukasisches Birkhuhn, Hahn nach der Landung auf dem Balzplatz. Foto: O. Vitovitsch

Abb. 67: Kaukasischer Birkhahn, Ausgangsposition zum Flattersprung. Foto: O. Vitovitsch

7.4. Beschreibung

Das Kaukasische Birkhuhn ist kleiner als *Tetrao tetrix*, hat aber einen deutlich längeren Stoß. Die Sicheln sind mehr abwärts als seitlich gebogen. Bis auf einen weißen Schulterfleck ist der Hahn völlig schwarz, sogar die Unterschwanzfedern. Beim Flattersprung zeigt er noch weiße Unterflügelfedern. Im ersten Jahr ist das Gefieder des Hahnes dem alter Hennen ähnlich, die sich von *Tetrao tetrix* nicht deut-

Abb. 68: Kaukasisches Birkhuhn; Henne auf Nest.
Foto: O. Vitovitsch

lich unterscheiden. Besonders auffällig sind beim Kaukasischen Birkhuhn die langen Beine. Das Leben im langen Gras alpiner und subalpiner Vegetation hat diese Entwicklung begünstigt.

7.5. Nahrung

Knospen und Kätzchen der Birke, Wacholdernadeln und -beeren, Hundsrosenfrüchte, Weidenknospen und -triebe, Rhododendronblätter, Sträucher, Beeren, Eicheln und Bodenvegetation.

Tab. 17: Brutdaten

Eimaße	52,8 × 35,6 mm; 30,9 g
Anzahl der Eier im Normalgelege	2–10
Kükengewicht	21,8–23,5 g
Brutbeginn	Ende Mai
Brutdauer	20–25 Tage (nicht genau bekannt)
Legebeginn	Mai
Geschlechtsreife	2 Jahre

Kapitel 8
Alpenschneehuhn
(Lagopus mutus MONTIN)

Englisch: Rock ptarmigan   Französisch: Lagopède alpin

8.1. Verbreitung
Größtes circumpolares Verbreitungsgebiet aller Rauhfußhühner. Die vielen Rassen teilt VAURIE (1965) in 2 Gruppen:
– Die *mutus*-Gruppe (Herbstkleid grauer) bewohnt das europäische Festland, Skandinavien bis zur Halbinsel Kola und Schottland.
– Die *rupestris*-Gruppe bewohnt das nördliche Sibirien, Alaska, das nördliche Yukongebiet und die Aleuten.
Lagopus mutus japonicus lebt in den Alpen der Insel Honschu (Japan).

8.2. Lebensraum
Alpenschneehühner leben auf Geröllhalden und Grasflächen des Hochgebirges, in den Alpen über 1800–2000 m, und bewohnen auch die Region des ewigen Schnees. Die nördlichen Formen kommen aber auch in tieferen Lagen auf felsiger Tundra mit niederem Gestrüpp vor und erreichen sogar die Meeresküste (Hudson Bay).

Tab. 18: Körpermaße von *Lagopus mutus helveticus*

	Hahn	Henne
Gewicht	375–610 g	347–475 g
Gesamtlänge	325–393 mm	325–393 mm
Flügellänge	139–213 mm	184–206 mm
Stoßlänge	103–131 mm	97–113 mm

Körpermaße der nordamerikanischen Rassen

Gewicht	466–536 g	427–515 g
Flügellänge	172–202 mm	163–195 mm
Stoßlänge	87–120 mm	85–115 mm

8.3. Lebensweise und Balz
Die Schneehühner in Schottland, Japan sowie in den Alpen und den Pyrenäen sind Standvögel, die zwar im Winter etwas tiefere Lagen aufsuchen, aber auch zur kalten Jahreszeit noch über der Baumgrenze in Gruppen leben. Die nördlichen Alpenschneehühner in Island, Grönland und Kanada führen größere Wanderungen durch. In Grönland überwintern sie weit nördlicher als jede andere Vogelart. Die territorialen Hähne rufen im Frühjahr meist von einer Bodenerhebung ein schnarrendes „oh–wä-a-a-a..." und beugen dabei den ausgestreckten Hals nach vorne. Bei seinen Schauflügen steigt der Hahn bis zu 80 m in die Luft und rennt nach der Landung in Imponierhaltung mit hängenden Flügeln und gefächertem Stoß unter lautem Rufen

Abb. 69: Verbreitung des Alpenschneehuhns.

Abb. 70: Alpenschneehahn im Frühjahr (Alpenzoo Innsbruck).
Foto: E. Thaler

Mit der kürzesten Brutzeit (21 Tage) und der schnellsten Jugendentwicklung (2 Monate) aller Rauhfußhühner haben sich die Alpenschneehühner den frühwinterlichen Verhältnissen des Hochgebirges angepaßt.

8.4. Nahrung

Tab. 19: Hauptnahrung des Alpenschneehuhns aus verschiedenen Untersuchungsgebieten

Pflanzliche Nahrung	Oktober–April % des Gewichts	Mai–September % des Gewichts
Besenheide (*Calluna vulgaris*)	32	13
Krähenbeere (*Empetrum spec.*)	39	27
Heidelbeere (*Vaccinium myrtillus*)	22	22,7
Birke – Knospen, Blüten (*Betula*)	79	46
Rauschbeere (*Vaccinium uliginosum*)	2	24
Weide – Knospen, Zweige (*Salix*)	13	7
Preiselbeere (*Vaccinium vitis-idaea*)	—	29
Schachtelhalm – Spitzen (*Equisetum*)	—	22
Segge – Samen (*Carex*)	—	12
Tierische Nahrung	—	12

noch ein Stück. Bei der Werbung um die Henne wird der gefächerte Schwanz und der Kopf zu ihr hingeneigt, und der Hahn trippelt im Halbkreis um die Henne. Zur Paarung duckt sie sich unter Kopfschwenken nieder.

Hahn und Henne scharren mehrere Nestmulden aus. Nach der Eiablage wird das Nest von der Henne sehr sorgfältig zugedeckt; sie braucht dazu oft eine halbe Stunde oder mehr. Außer zur Tarnung werden die Eier so auch vor zu starker Abkühlung geschützt. Im Brutgebiet sind Temperaturen von −10 °C zur Brutzeit noch möglich.

Der Hahn bleibt in der Nähe der brütenden Henne und lenkt bei Gefahr die Aufmerksamkeit auf sich. Die Küken zieht die Henne alleine auf. Der Hahn gesellt sich erst wieder zu ihr, wenn die Jungen gut fliegen können.

8.5. Altersbestimmung

Im ersten Brutkleid ist die 9. Handschwinge stärker pigmentiert als die 8.; bei Altvögeln hat diese Feder gleich viel oder weniger Pigment als die 8.

8.6. Geschlechterunterschiede

Der Geschlechtsdimorphismus ist bei Schneehühnern gering ausgebildet. Beide sind im Winter weiß; der Hahn hat schwarze Zügelstreifen, die bis hinter die Augen reichen. Die Rosen sind beim Hahn kräftig, bei der Henne nur schwach ausgebildet.

Bei den Küken zeigen die Männchen ab 10.–14. Tag (vielleicht schon ab 6./7. Tag) deutliche Rotfärbung der Rosen (THALER, 1982).

8.7. Züchterische Anmerkungen

Gehegetypen (Teil 2; 1.2): A (3 × 6 × 2 m)
                                  B und C (Alpinum)
                                  kombiniert

Alpenschneehühner sind in Gefangenschaft Problemvögel. Wahrscheinlich liegt es an den Bedingungen des hochalpinen Lebensraumes (Sonneneinstrahlung, Kälte, Schnee, keimarme Luft etc.), die nur schwer zu erfüllen sind. Wegen der schnellen Gewichtsentwicklung ist ein eiweißreicheres Futter als bei anderen Rauhfußhühnern nötig.

Tab. 20: Brutdaten

Eimaße	42 × 30 mm; 21 g
Anzahl der Eier im Normalgelege	3–11
Anzahl der Eier in Gefangenschaft	20
Brutdauer	(20) 21 Tage
Legebeginn	Mitte Mai
Legebeginn in den alpinen Regionen	ab Mitte Juni
Geschlechtsreife	im Alter von 1 Jahr
Höchstalter in Gefangenschaft	5 Jahre

8.8. Gewichtsentwicklung

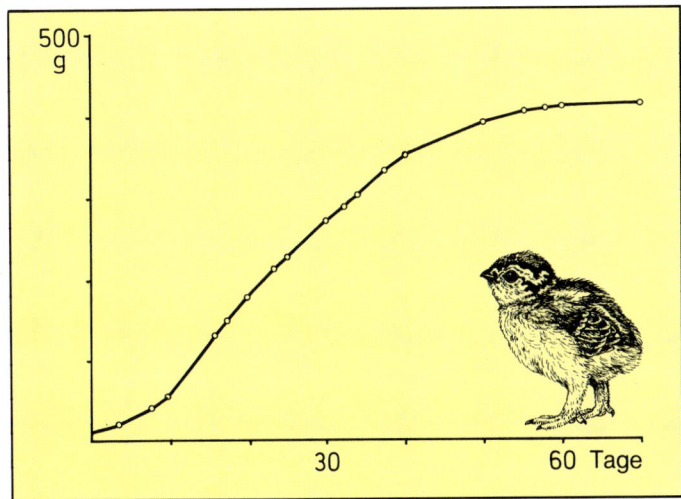

Abb. 71: Alpenschneehahn im Winter, Kanada.
                                                           Foto: S. D. MacDonald

Abb. 72: Alpenschneehenne.   Foto: H. Aschenbrenner

Abb. 73: Gewichtsentwicklung von 12 Alpenschneehuhnküken (E. Thaler, Alpenzoo Innsbruck, 1983).

Kapitel 9
Moorschneehuhn
(Lagopus lagopus LINNÉ)

Englisch: Willow ptarmigan   Französisch: Lagopède des Saules

9.1. Verbreitung
In 14 Unterarten circumpolare Verbreitung von Skandinavien bis Ostsibirien, von Alaska quer durch Kanada bis zum Atlantik.

9.2. Lebensraum
Tundren, Moore und Heideflächen mit Weiden und Birken.

9.3. Lebensweise und Balz
Das Moorschneehuhn sitzt oft auf Sträuchern, Weiden und Birken, das schottische Moorschneehuhn dagegen hält sich nur auf dem Boden auf (vgl. 9.4.). Unter den Schneehühnern kümmert sich der Moorschneehahn am besten um die Verteidigung des Nestes und der Küken.

Tab. 21: Körpermaße des Moorschneehuhns

	Hahn	Henne
Gewicht	535–696 g	525–652 g
Gesamtlänge	355–431 mm	238–353 mm
Flügellänge	192–215 mm	185–205 mm
Stoßlänge	108–135 mm	94–139 mm

9.4. Nahrung

Tab. 22: Nahrung des Moorschneehuhns in Alaska (WEEDEN)

| Pflanzliche Nahrung | Inhalt nach Volumen in % | | | |
	Winter	Frühling	Sommer	Herbst
Weide – Knospen, Ästchen *(Salix)*	79	41	5	36
Weide – Blätter *(Salix)*	—	—	26	23
Rauschbeere *(Vaccinium uliginosum)*	—	—	28	31
Schachtelhalm – Spitzen *(Equisetum)*	—	19	12	7
Birke – Knospen, Blüten *(Betula)*	12	—	3	4
Birke – Blätter *(Betula)*	—	2	—	—
Preiselbeere *(Vaccinium vitis-idaea)*	2	—	6	4
Krähenbeere *(Empetrum nigrum)*	—	—	4	7
Segge – Spitzen, Samen *(Carex)*	—	—	1	7

Im Gehege ernährt man Moorschneehühner mit verschiedenen Beeren, ferner mit Blättern und Knospen von Weiden, Birken und Erlen. Von den Weiden wird auch die Rinde gerne genommen. Man findet eine ausgeprägte Vor-

Abb. 74: Verbreitung des Moorschneehuhns.

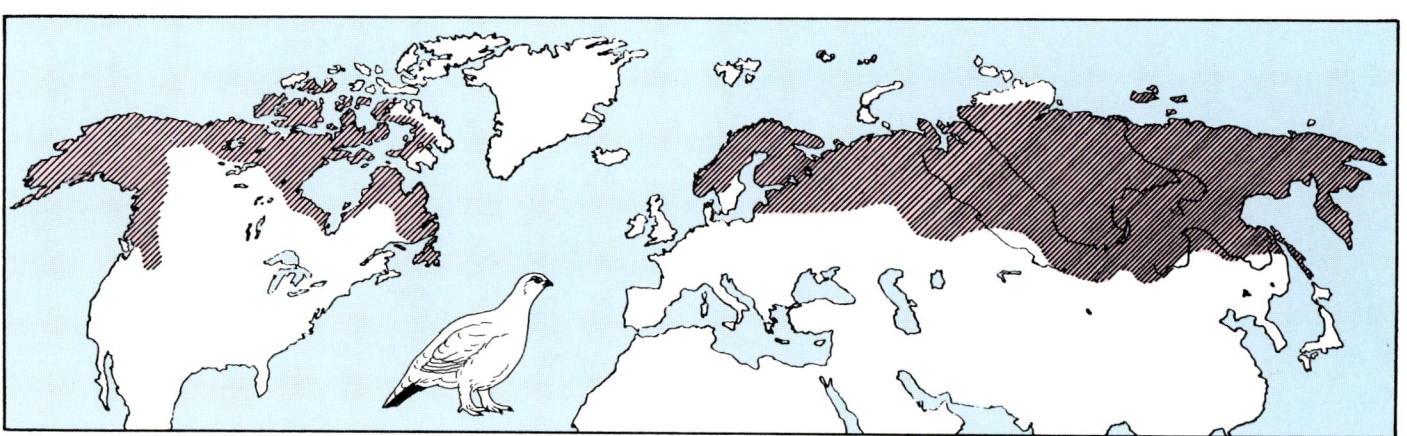

Abb. 75: Moorschneehuhn *(L. lagopus alleni)*, Neufundland. Foto: P. A. Johnsgard

Abb. 76: Moorschneehuhn im Winter. Foto: H. Aschenbrenner

Abb. 77: Moorschneehuhn, Norwegen. Foto: F.-U. Schmidt

liebe für Weiden, während das Schottische Moorschneehuhn Heidekraut bevorzugt.

9.5. Altersbestimmung

Tab. 23: Alter der Küken bis zur 9. Woche nach Mauser der Handschwingen von innen zur Flügelspitze (WESTERKOV)

Feder	1	2	3	4	5	6	7	8
Tag	18.	25.	30.	35.	40.	46.	53.	65.

Alte Vögel weisen im Winter auf den äußeren Handschwingen einen einheitlichen Glanz auf, wogegen bei Jungtieren im ersten Winter die äußeren beiden Federn weniger glänzen als die 8. Außerdem ist die Pigmentierung der 8. und 9. Handschwinge nahezu gleich, während bei den Juvenilen die 9. besser pigmentiert ist als die 8.

9.6. Geschlechterunterschiede

Im Winter sind beide Geschlechter weiß. Den Hahn erkennt man an den längeren Flügeln, dem schwarz-weißen

Stoß, den deutlich ausgebildeten Rosen und an der Stimme. Bei der Henne ist der Schwanz bräunlich, die versteckte Basis der Scheitelfedern ist gräulich, und die Rosen sind nur schwach ausgebildet.

9.7. Züchterische Anmerkungen

Gehegetypen (Teil 2; 1.2.): A (3 × 6 × 2 m)
                             D

In den Gehegen sind mehrere Versteckmöglichkeiten aus Fichtenzweigen vorzusehen. Die Aggressivität des Hahnes gegen die Henne ist oft ein Problem. Besonders hartnäckig verfolgt der Hahn die Henne, wenn man sich dem Gehege nähert. Was ist in einer solchen Situation zu tun?

Tab. 24: Brutdaten

Eimaße	42,7 × 30,9 mm; 22 g
Anzahl der Eier in Gefangenschaft	30
Anzahl der Eier in Amerika	7–10
Anzahl der Eier in Finnland	7–10
Brutdauer	23 Tage
Legebeginn	Mitte Mai
Geschlechtsreife	im Alter von 1 Jahr
Höchstalter	
in der freien Wildbahn	4 Jahre
in Gefangenschaft	7 Jahre
Daten für Kunstbrut im Brutapparat mit automatischer Wendevorrichtung (Ch. v. Bronsart)	
Temperatur	37,5 °C
Relative Luftfeuchtigkeit	60 %

– Dem Hahn werden beide Handschwingen so beschnitten, daß er nicht mehr fliegen kann. Die Henne kann sich dann auf eine Sitzstange oder einen Baum retten.
– Das Gehege wird mit Maschendraht abgeteilt, so daß die Tiere nur Sichtkontakt haben. In der Balzzeit wird die Henne unter Kontrolle zum Hahn gelassen und nach dem Treten wieder entfernt.

9.8. Gewichtsentwicklung

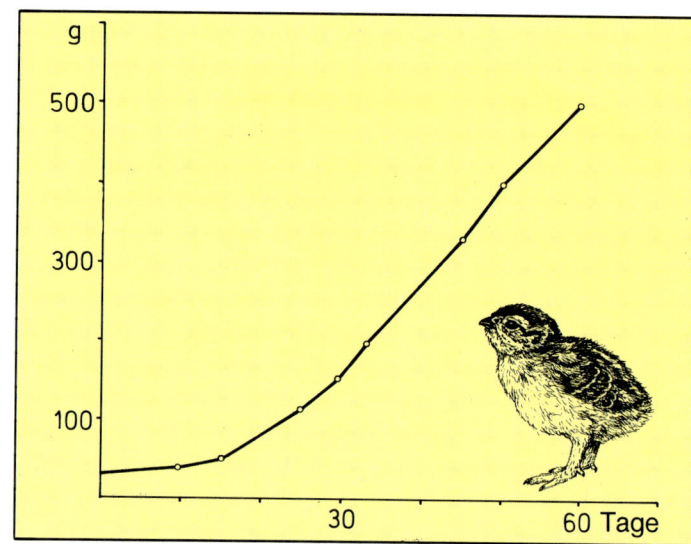

Abb. 78: Gewichtsentwicklung von Moorschneehuhnküken.

Kapitel 10
Schottisches Moorschneehuhn
(Lagopus lagopus scoticus)

Englisch: Red grouse Französisch: Lagopède d'écosse

Das Moorhuhn, wie es auch genannt wird, ist eine Unterart des Moorschneehuhns. Es hat sich den geographischen Verhältnissen auf den britischen Inseln so angepaßt, daß es im Winter nicht mehr weiß wird.

10.1. Unterarten
- *Lagopus lagopus scoticus* (Schottland, Shetland- und Orkneyinseln, Äußere Hebriden, Wales, England)
- *Lagopus lagopus hibernicus* (Irland)

Tab. 25: Körpermaße des Schottischen Moorschneehuhns

	Hahn	Henne
Gewicht	660–706 g	578–614 g
Gesamtlänge	360–431 mm	330–360 mm
Flügellänge	200–214 mm	190–208 mm

10.2. Verbreitung (Abb. 79)

10.3. Lebensraum
Das Schottische Moorschneehuhn lebt von Seehöhe bis etwa 800 m ü. d. M. auf den Hochmooren der britischen Inseln. Heidekraut ist auf den baumlosen Hügeln die vorherrschende Pflanzenart. Ein durchdachtes Moormanagement (mosaikartiges Abbrennen, Regelung des Wasserstandes) und eine Bejagung der Feinde (Fuchs, Rabenvögel) ist der Schlüssel für eine hohe Populationsdichte. Die Moorhühner sind ein beliebtes und sehr exklusives Jagdwild in Großbritannien.

10.4. Lebensweise und Balz
Das Schottische Moorschneehuhn lebt immer auf dem Boden und ist sehr standorttreu. Bei Beringungen wurden 97 % in einem Umkreis von 1,5 km wiedergefunden.

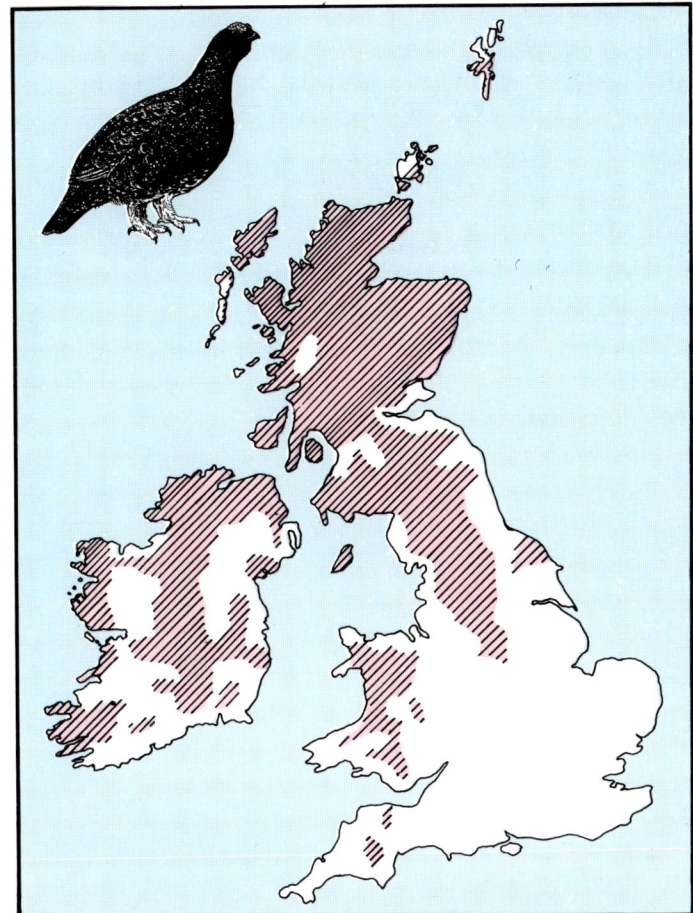

Abb. 79: Verbreitung des Schottischen Moorschneehuhns.

Die Hähne besetzen schon im Herbst ein Revier, das sie den Winter über in den Morgenstunden und ab Februar dauernd verteidigen. Weibchen binden sich locker ab Herbst und fest ab Februar an das Männchen.
Hähne mit großen Revieren werden gelegentlich mit zwei Hennen beobachtet. Die Balz verläuft ähnlich wie bei den Alpenschneehühnern. Der Hahn steigt bei seinen Schauflügen bis 8 m hoch in die Luft.
Die Eier werden in 24–48stündigem Abstand in ein einfaches Nest gelegt, das fast immer im Heidekraut liegt. Beide Eltern führen die Küken.

10.5. Nahrung

Blätter, Früchte und Samen des Heidekrauts *(Calluna vulgaris)* bilden etwa ¾ der Nahrung. ¼ der Nahrung setzt sich aus Moos- *(Vaccinium oxycoccus)* und Heidelbeeren *(Vaccinium myrtillus)*, Kleinem Klee *(Trifolium dubium)*, Knöterich *(Polygonum)*, Zwergweide *(Salix repens)* und verschiedenen Gräsern und Binsen zusammen.

10.6. Geschlechterunterschiede

Die Farbe der Henne ist gelblicher als beim Hahn und die Querstreifung etwas gröber. Die kräftigen roten Rosen fehlen dem Weibchen, bei ihm sind sie kleiner und mehr rosafarben.

10.7. Züchterische Anmerkungen

Siehe Moorschneehuhn.

Tab. 26: Brutdaten

Eimaße	45–50 × 30–34 mm; 22 g
Anzahl der Eier im Normalgelege	(5) 7–8 (11)
Anzahl der Eier in Gefangenschaft	bis zu 30
Brutdauer	22 Tage
Legebeginn	Ende April, Anfang Mai
Geschlechtsreife	im Alter von 1 Jahr

Abb. 80: Schottisches Moorschneehuhn, Hahn.
Foto: H. Aschenbrenner

Kapitel 11
Weißschwanzschneehuhn
(Lagopus leucurus RICHARDSON)

Englisch: White-tailed ptarmigan
Französisch: Lagopède à queue blanche

Tab. 27: Körpermaße des Weißschwanzschneehuhns

	Hahn	Henne
Gewicht	295–399 g	295–400 g
Gesamtlänge	290–342 mm	290–342 mm
Flügellänge	164–194 mm	155–192 mm
Stoßlänge	85–109 mm	83– 98 mm

11.1. Verbreitung
In 5 Unterarten besiedelt das Weißschwanzschneehuhn nur den Westen Nordamerikas von Alaska bis Neumexiko.

11.2. Lebensraum
Alpine Pflanzenzone über der Baumgrenze mit Grashängen, Moosen, Heidekraut, niederen Weiden und Gestrüpp. Im Inneren Alaskas, wo alle 3 Schneehuhnarten vorkommen, besiedelt das Weißschwanzschneehuhn die höchsten Lagen.

11.3. Lebensweise und Balz
Im Winter leben die Weißschwanzschneehühner in Gruppen unterhalb der Baumgrenze. In Colorado werden sie aber nicht unter 2500 m ü. d. M. angetroffen. In diesen Wintereinständen gibt es keine Fortpflanzungsaktivität. Sie setzt erst ein, wenn im späten Frühjahr die Vögel ihre Territorien oberhalb der Baumgrenze, meist über 3500 m ü. d. M., bezogen haben. Die Hähne erscheinen hier Ende

Abb. 81: Weißschwanzschneehuhn, Hahn in den Rocky Mountains. Foto: H. Aschenbrenner

Abb. 82: Weißschwanzschneehuhn in niederen Weiden. Foto: H. Aschenbrenner

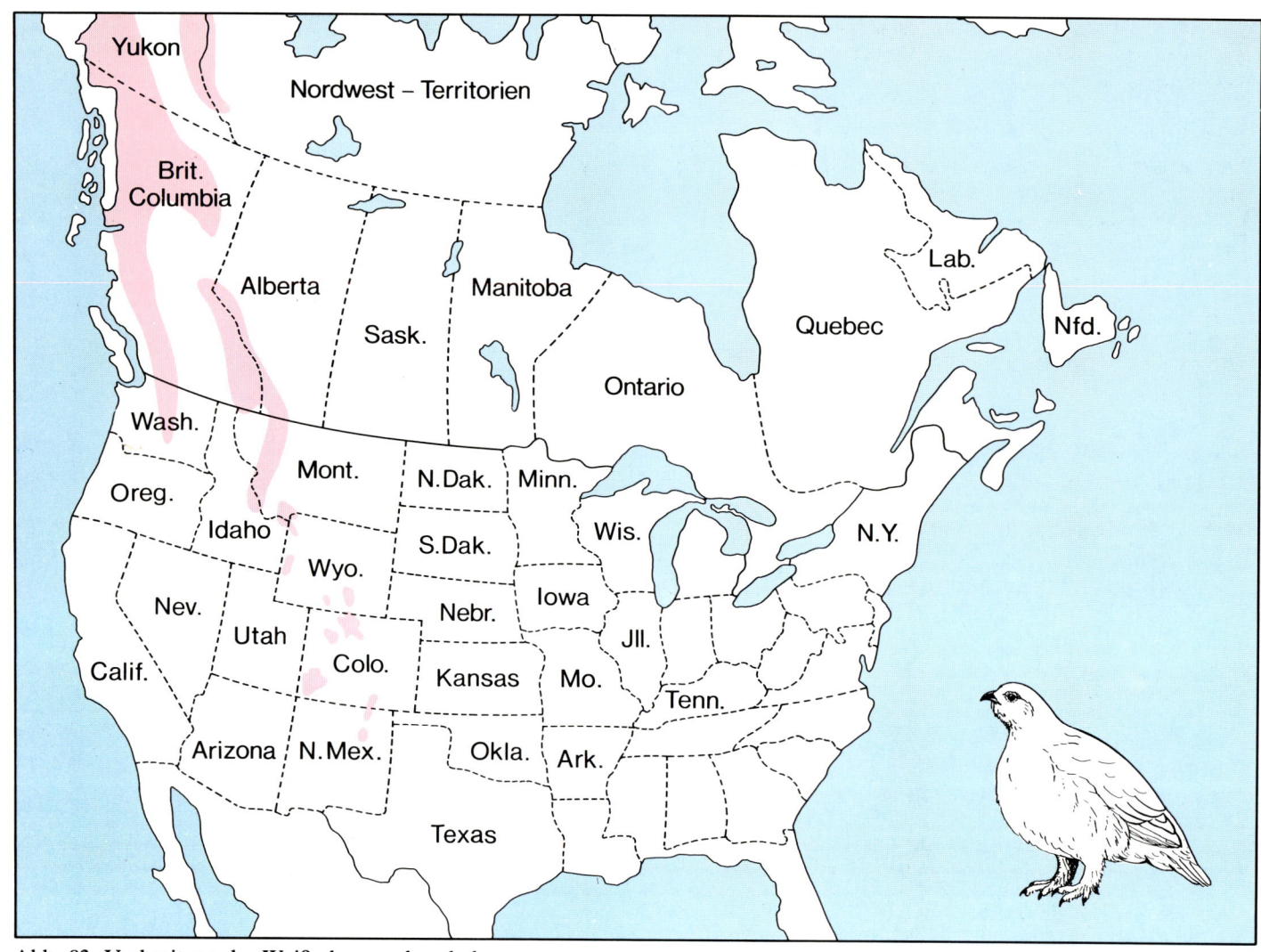

Abb. 83: Verbreitung des Weißschwanzschneehuhns.

April und verteidigen jeweils ein Gebiet von ca. 6–18 ha. Die Hennen kommen Anfang bis Mitte Mai. Gewöhnlich kehren die Hähne in ihr altes Revier und die Hennen zum selben Hahn zurück. Die Vögel leben in Einehe, gelegentlich wird ein Hahn mit 2 Hennen beobachtet.
Die Balz verläuft ähnlich der des Alpenschneehuhns mit der Ausnahme, daß die Hähne bei den Balzflügen nicht hoch in die Luft steigen, sondern dicht über dem Boden von Warte zu Warte in ihrem Territorium fliegen. Die Nester werden windgeschützt an schneefreien Stellen im dichten Gestrüpp der Bodenvegetation oder an einem größeren Steinbrocken meist am Rande des Territoriums angelegt. Der Legeabstand beträgt weniger als 1,5 Tage. Die Hauptschlupfzeit liegt zwischen 5. und 20. Juli (Colorado), nur die Henne führt das Gesperre. Mit 8 Wochen erreichen die Küken das Adultgewicht. Sie weisen, bedingt

durch den kurzen Bergsommer, zusammen mit den Alpenschneehühnern die kürzeste Entwicklungszeit aller Rauhfußhühner auf.

11.4. Nahrung

Im Frühjahr und Sommer bilden Weiden, Hahnenfuß und Silberwurz *(Dryas octopetala),* Samen von Gräsern und Seggen die Hauptnahrung. In Colorado ist die Weide mit 85–90 % die Nahrung im Frühjahr und Winter, während in Alaska die Hälfte der Nahrung aus Erlenknospen und -blüten, die andere Hälfte aus Weiden- und Birkenknospen besteht. Beeren fehlen in der Nahrung dieser Art, weil sie wahrscheinlich in ihren Biotopen meist nicht vorkommen.

11.5. Altersbestimmung

Die 2 äußersten Handschwingen (H9, H10) sind bis zum 14. Monat pigmentiert, später weiß.

11.6. Geschlechterunterschiede

Das Geschlecht alter Vögel kann durch Gefiedermerkmale nur von Mitte Mai bis Mitte September bestimmt werden. Bisher ist keine Methode bekannt, Küken und Jungvögel bis zum nächsten Frühjahr am Gefieder nach dem Geschlecht zu unterscheiden.

11.7. Züchterische Anmerkungen

Weißschwanzschneehühner wurden bisher nur vereinzelt für wissenschaftliche Zwecke in Gefangenschaft gehalten. Die Aufzucht gefangener Küken verlief nicht befriedigend. Für diese Art, wie für Alpenschneehühner, sind offenbar die hochalpinen Lebensbedingungen (Sonneneinstrahlung, Kälte, geringe Belastung durch Krankheitserreger etc.) in Gefangenschaft nur schwer nachzuvollziehen.

Tab. 28: Brutdaten

Eimaße	43 × 29,5 mm; 21 g
Anzahl der Eier im Normalgelege	4–8
Brutdauer	22–23 Tage
Legebeginn	Mitte Juni
Geschlechtsreife	im Alter von 1 Jahr
Höchstalter in der freien Wildbahn	5 Jahre

Kapitel 12
Felsengebirgshuhn
(Dendragapus obscurus SAY)

Englisch: Blue grouse   Französisch: Tétras sombre

12.1. Unterarten
- *Dendragapus obscurus obscurus,* Dusky blue grouse Wyoming, Utah, Colorado, Arizona, New Mexico
- *Dendragapus obscurus sitkensis.* Sitkan blue grouse (Alaska, British Columbia, einige Inseln)
- *Dendragapus obscurus fuliginosus,* Sooty blue grouse (Alaska, Yukon, Küste von British Columbia, Kalifornien, Washington, Oregon)
- *Dendragapus obscurus sierrae,* Sierra blue grouse (Cascade mountains of Washington, Kalifornien, Oregon, Sierra Nevada)
- *Dendragapus obscurus oreinus,* Mount Pinos blue grouse (Sierra Nevada)
- *Dendragapus obscurus richardsonii,* Richardson's blue grouse (Yukon, Alaska, British Columbia, Alberta, Idaho, Montana, Wyoming)
- *Dendragapus obscurus pallidus,* Oregon blue grouse (Washington, British Columbia, Oregon)

Tab. 29: Körpermaße des Felsengebirgshuhns

	Hahn	Henne
Gewicht	1150–1275 g	850–900 g
Gesamtlänge	470– 570 mm	437–477 mm
Flügellänge	196– 248 mm	178–235 mm
Stoßlänge	131– 201 mm	111–159 mm

Abb. 84: Felsengebirgshahn *(D. o. fuliginosus).*   Foto: D. J. Low
Abb. 85: Felsengebirgshahn.   Foto: J. Bendell

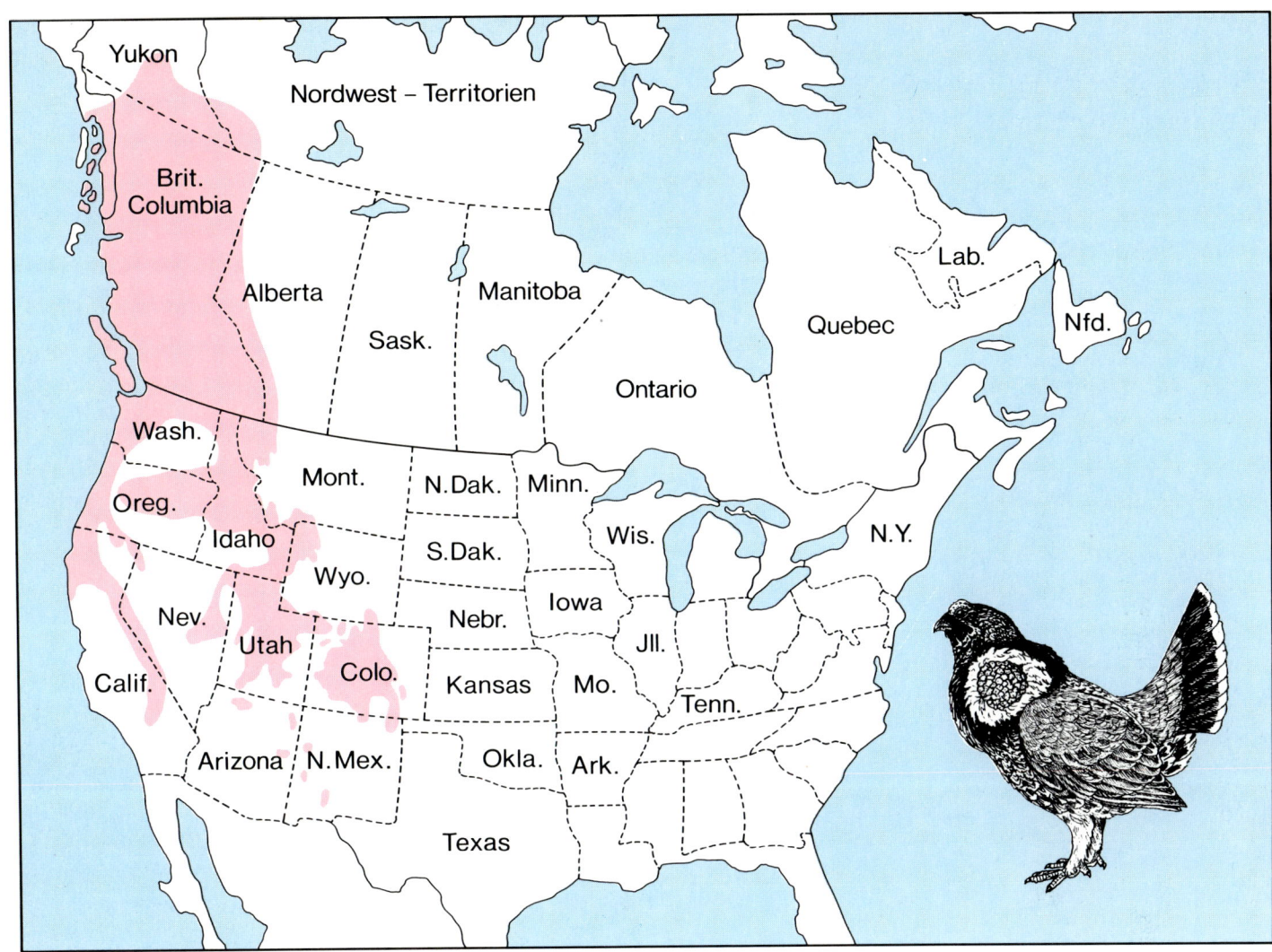

Abb. 86: Verbreitung des Felsengebirgshuhns.

12.2. Verbreitung

Das Felsengebirgshuhn hat eines der kleinsten Verbreitungsgebiete aller Tetraoniden. Es wird in den Berg- und Küstenregionen des westlichen Nordamerika gefunden.

12.3. Lebensraum

Das Vorkommen der Art in den westlichen Staaten Nordamerikas ist eng mit der Verbreitung der Douglasfichte verbunden. Sie lebt in subalpinen Bergwäldern zwischen 1000 und 2300 m ü. d. M. und auch höher (z. B. Colorado). Den Winter verbringen diese Vögel in Koniferenwäldern und wandern im Frühjahr in nahe gelegene offene Biotope. Obwohl Koniferen für Felsengebirgshühner vor allem wegen der Winternahrung unerläßlich sind, lieben sie im Frühjahr und Sommer Laubbäume und Stauden als Futter- und Deckungspflanzen.

Abb. 87: Felsengebirgshuhn, Henne.   Foto: H. Aschenbrenner

Baumstümpfe und entwurzelte Bäume. Die Hähne balzen auch auf den Bäumen, manchmal sogar in der Beifußsteppe oder in Weizenfeldern.

Die gelben Augenwülste des Hahnes werden bei besonderer Erregung durch das durchströmende Blut rot gefärbt. Öffnet der Hahn seine seitlichen Halsfedern, erscheint in einer weißen Rosette eine wellige, gelbe (Sooty grouse) oder rote (Dusky grouse) Hautpartie. Der Balzgesang des Felsengebirgshahnes wird in Amerika „Hooting" genannt, das heißt so viel wie Tuten oder Brummen. Der Ton klingt sehr tief (50–70 Hz, d. h. 3 Oktaven tiefer als a') und ist bei den Binnenrassen nur etwa 50 m zu hören, während er bei den Küstenformen bis zu 1000 m weit trägt. Mit steil bis über den Rücken aufgerichtetem Stoß, mit aufgerichtetem Hals und Kopf und offener Rosette schreitet der Hahn langsam durch sein Territorium. Trifft er auf eine Henne, senkt und dreht er den Kopf und neigt ihr den fächerförmig geöffneten Stoß entgegen. Etwa einen halben Meter vor der Henne führt der Hahn blitzschnelle Haltungsveränderungen aus und läuft auf die Henne zu.

An der Brut und Aufzucht beteiligen sich nur die Hennen, auch solche vom Vorjahr. Im Abstand von 1,5 Tagen legen sie ihre Eier.

12.5. Nahrung

Douglasfichte ist die Hauptnahrung im Winter, daneben Kiefern und Tannen. Knospen, Kätzchen und Blätter von Laubbäumen und Sträuchern bilden neben verschiedenen Gräsern und Beeren die Sommernahrung.

12.4. Lebensweise und Balz

Felsengebirgshühner leben die meiste Zeit allein. Jährlingshähne beteiligen sich kaum am Fortpflanzungsgeschehen. Entweder sie bleiben in den Wintereinständen oder verhalten sich auf den Balzplätzen ruhig. Die Hennen sind nicht so reviertreu wie die Hähne, sie wechseln häufig ihre Brutgebiete.

Die Balzplätze sind meist offene Mischwälder mit Koniferen, Pappeln, Stauden, dazwischen Erdhügel, Felsen,

12.6. Züchterische Anmerkungen

Gehegetypen (Teil 2; 1.2.): A
                                                                      B
                                                                      C
                                                                      D
                                                                      E

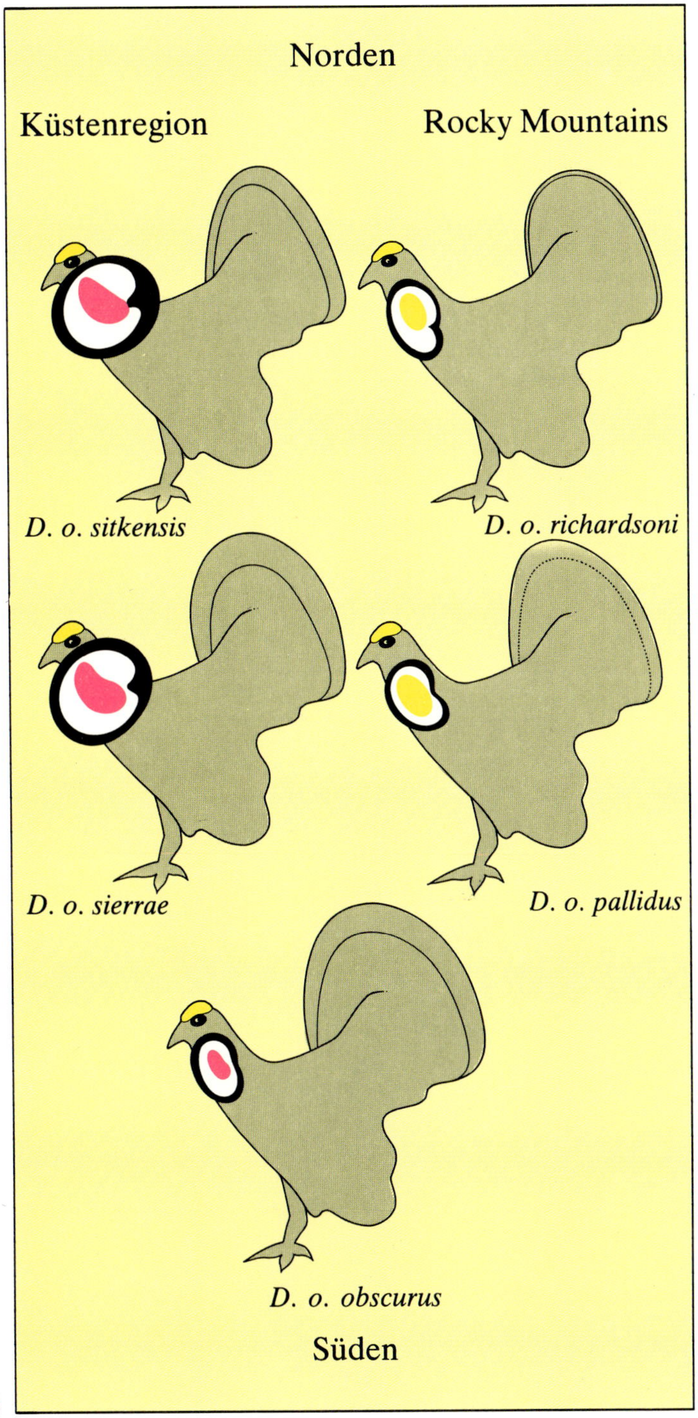

Abb. 88: Unterarten des Felsengebirgshuhns, angeordnet von Süden nach Norden und von Osten nach Westen (J. Bendell).

Tab. 30: Brutdaten

Eimaße	48,5 × 35,0 mm; 33 g
Anzahl der Eier im Normalgelege	6–12
Anzahl der Eier in Gefangenschaft	16 (wenige Daten)
Brutdauer	25 Tage
Legebeginn	Anfang Mai
Geschlechtsreife	im Alter von 1 Jahr

12.7. Gewichtsentwicklung

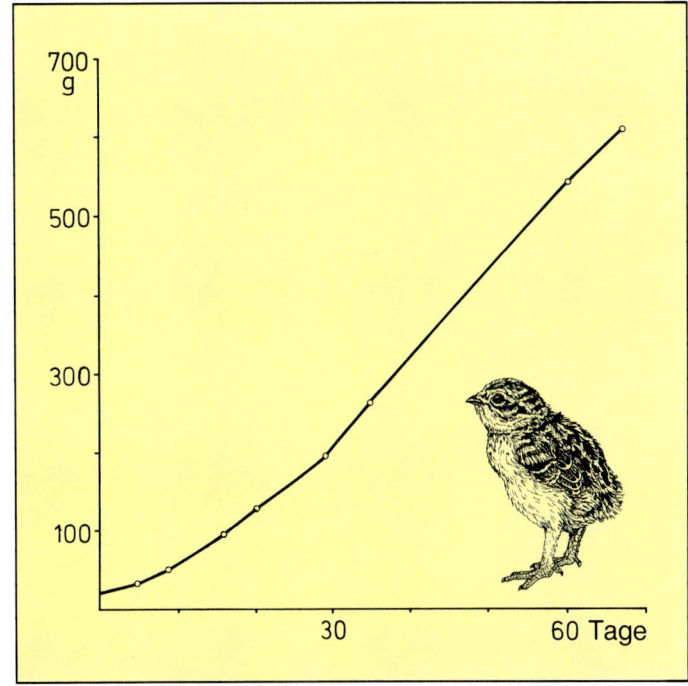

Abb. 89: Gewichtsentwicklung von Felsengebirgshuhnküken.

Kapitel 13:
Beifußhuhn
(Centrocercus urophasianus BONAPARTE)

Englisch: Sage grouse   Französisch: Tétras des armoises

13.1. Unterarten

- *Centrocercus urophasianus urophasianus*, Eastern Sage grouse
- *Centrocercus urophasianus phaios*, Western Sage grouse (Washington, Oregon)

Abb. 90: Verbreitung des Beifußhuhns.
Abb. 91: Beifußhuhn, Hahn in Colorado. (Seite 67)
Foto: H. Aschenbrenner

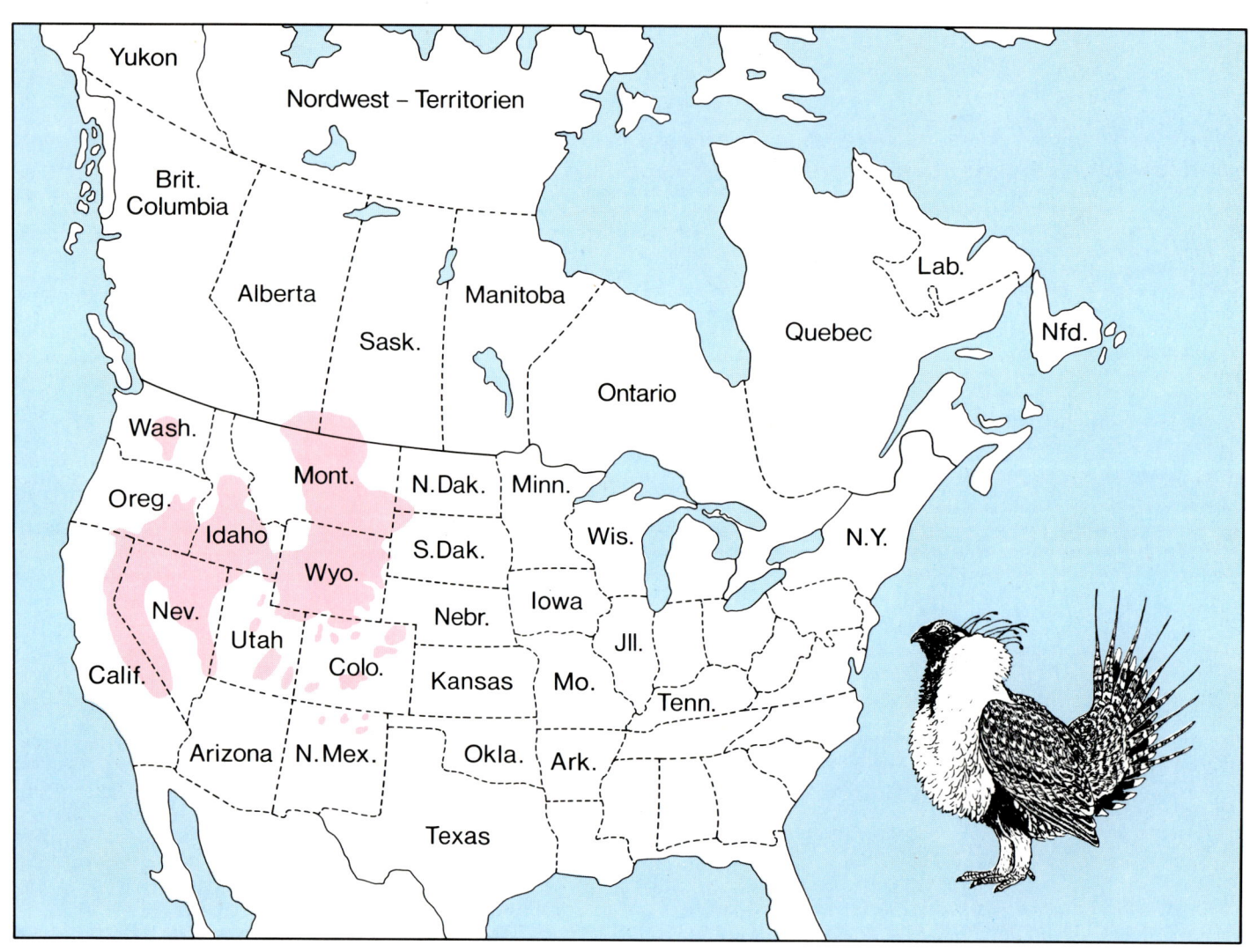

Abb. 92: Beifußhuhn, Hahn und Hennen.
Foto: H. Aschenbrenner

Abb. 93: Beifußhuhn, intensive Werbung des Hahnes.
Foto: H. Aschenbrenner

Abb. 94: Beifußhuhn, intensive Werbung des Hahnes.
Foto: H. Aschenbrenner

Tab. 21: Körpermaße des Beifußhuhns

	Hahn	Henne
Gewicht	2020–2835 g	1142–1513 g
Gesamtlänge	660–762 mm	448–584 mm
Flügellänge	282–323 mm	248–279 mm
Stoßlänge	297–332 mm	188–213 mm

13.2. Verbreitung

Westen der USA.

Abb. 95: Beifußhühner, die Hauptgruppe beansprucht nur ein kleines Territorium auf der riesigen Balzarena.
Foto: H. Aschenbrenner

13.3. Lebensraum

Das größte Rauhfußhuhn der USA hat eines der kleinsten Verbreitungsgebiete aller Tetraoniden. Es lebt in den baumlosen Beifußsteppen des Great Basin und den Hochebenen der Rocky Mountains, zwischen 600 und 2700 m ü. d. M.

13.4. Lebensweise und Balz

Der Name dieses Vogels geht auf seine Nahrung zurück, die das ganze Jahr über fast ausschließlich aus dem strauchigen Wermut oder Beifuß *(Artemisia tridentata)* besteht, der die Halbwüsten und Steppen des Westens der USA in unendlicher Ausdehnung bedeckt.
Im Winter bilden die Vögel große Gesellschaften.
Der immergrüne Beifuß ist sehr nährstoffreich und hoch genug, um aus dem Schnee herauszuragen und Deckung zu bieten.
Im späten Winter verlassen die Hähne ihre Wintereinstände und suchen die traditionellen Balzplätze auf, sobald diese frei von Schnee sind. Die Hähne verfügen über gewaltige Luftsäcke (4–5mal größer als der Kopf), die bei der Balz aufgeblasen und plötzlich entleert werden. Der dadurch entstehende Knall ist etwa 300 m weit zu hören. Die federfreie Haut am Hals ist olivgelb und bildet in den Pausen der Balz längliche Fenster.

Tab. 32: Brutdaten

Eimaße	55 × 38 mm; 44 g
Anzahl der Eier im Normalgelege	7–13
Brutdauer	25–27 Tage
Legebeginn	Anfang bis Mitte Mai
Höchstalter in der freien Wildbahn	7 Jahre

Das Treten unterscheidet sich beim Beifußhuhn von den anderen Rauhfußhühnern: Der Hahn beißt nicht in den Nacken der Henne, sondern sitzt aufrecht auf ihr und stützt sich auf die nach unten gehaltenen Handschwingen.

13.5. Nahrung

Dieses Rauhfußhuhn ist völlig auf die Pflanze, die ihm seinen Namen gab, angewiesen. Knospen, Blätter, Triebe und Früchte des Beifußes *Artemisia tridentata* sind die Hauptnahrung. Da diese Pflanze verhältnismäßig weich ist, hat das Beifußhuhn als einziger Hühnervogel keinen Muskelmagen. Es benötigt demnach auch keine Magensteine.

13.6. Züchterische Anmerkungen

Das Beifußhuhn wird kaum in Gefangenschaft gehalten. Es ist aber durchaus vorstellbar, daß handaufgezogene Küken an Preßfutter, Beeren und weiche Gräser gewöhnt werden können.

Kapitel 14

Spitzschwanzhuhn
(Tympanuchus phasianellus LINNÉ)

Englisch: Sharp-tailed grouse Französisch: Cupidon phasianelle

14.1. Unterarten
- *Tympanuchus phasianellus phasianellus*, Nördliches Spitzschwanzhuhn (Manitoba, Ontario, Quebec)
- *Tympanuchus phasianellus kennicotti*, Nordwestliches Spitzschwanzhuhn (Mackenzie)
- *Tympanuchus phasianellus caurus*, Alaska-Spitzschwanzhuhn (Alaska, British Columbia, Yukon)
- *Tympanuchus phasianellus columbianus*, (British Columbia, Montana, Washington, Oregon, Utah)
- *Tympanuchus phasianellus campestris*, Prärie-Spitzschwanzhuhn (Manitoba, Ontario, Michigan, Minnesota, Wisconsin)
- *Tympanuchus phasianellus jamesi* (Alberta, Saskachewan, Montana, Wyoming, Colorado u. a.)

Abb. 96: Spitzschwanzhahn. Foto: P. Johnsgard

Tab. 33: Körpermaße des Spitzschwanzhuhns

	Hahn	Henne
Gewicht	951–1087 g	815–997 g
Gesamtlänge	416–470 mm	416–470 mm
Flügellänge	194–223 mm	186–221 mm
Stoßlänge	110–135 mm	92–126 mm

14.2. Verbreitung
Alaska, Kanada, Norden und Mitte der USA.

14.3. Lebensraum
Obwohl *Tympanuchus phasianellus* und *Tympanuchus cupido* als die „Präriehühner" von Nordamerika angesehen werden, ist diese Bezeichnung für das Spitzschwanzhuhn nicht ganz richtig, denn diese Arten bevorzugen nicht nur Grasland, sondern auch Halbwüsten, Buschland, Eichen-, Misch- und Koniferenwälder. Biotop und Nahrung erinnern sehr an das Kragenhuhn.

14.4. Lebensweise und Balz
In schneereichen Wintern übernachten Spitzschwanzhühner in Schneehöhlen, sonst in dichter Bodenvegetation. Auch verbringen diese Vögel viel Zeit auf Bäumen, z. B. Pappeln und Birken, deren Kätzchen, Knospen und Zweige als Hauptnahrung dienen. Die Lebensweise ist fast identisch mit derjenigen der Präriehühner. Der Hauptunterschied besteht in der Balz, die auf einem „dancing ground" (Tanzboden) stattfindet. Diese Bezeichnung entspricht am besten dem territorialen Verhalten des Spitzschwanzhuhns.
Von den gemeinschaftlich balzenden Rauhfußhühnern bietet der Spitzschwanz ohne Zweifel das faszinierendste Schauspiel. Die Spitzen der horizontal ausgebreiteten Flü-

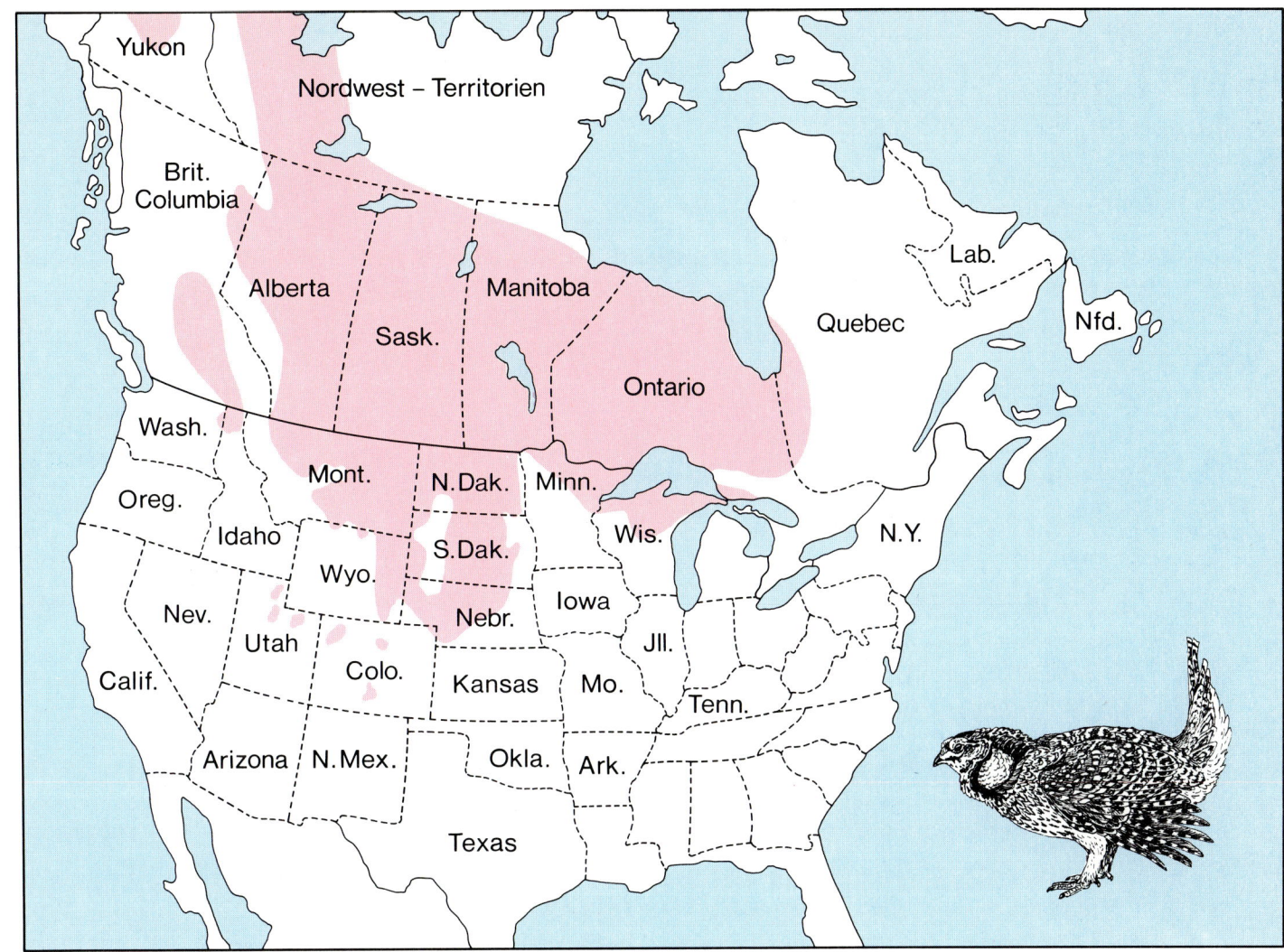

Abb. 97: Verbreitung des Spitzschwanzhuhns.

gel vibrieren so schnell, daß wir mit dem Auge nicht folgen können. Der aufgerichtete Schwanz rüttelt im Rhythmus der rasch trippelnden Füße.

In dieser großartigen Tanzschau kreisen die Hähne auf den Balzplätzen. Dabei sind die grünlichen Augenwülste maximal geschwollen und die purpurfarbenen Hautsäcke seitlich am Kopf erweitert. Das Stampfen des Spitzschwanzhuhns ist lauter als das des Präriehuhns, die Serie länger und die Frequenz höher. Die Hennen erscheinen meist vor Sonnenaufgang auf den Balzarenen und lassen sich hauptsächlich vom Platzhahn treten. Anschließend verlassen sie den Balzplatz und legen etwa 12 Eier in täglichem Abstand.

14.5. Nahrung

Birke *(Betula papyrifera)* – Knospen, Kätzchen, Triebe; Pappeln *(Populus tremuloides)*; Haselnuß *(Corylus)* – Kätzchen und Knospen; Weiden *(Salix)* – Kätzchen, Laub; Hahnenfuß; Löwenzahn; Insektenanteil von 10–20 % (hauptsächlich Heuschrecken); Getreide von kultivierten Flächen.

Abb. 98: Geschlechterunterschiede beim Spitzschwanzhuhn an den Schwanz- und Scheitelfedern.

14.6. Geschlechterunterschiede

Hahn und Henne sehen nahezu gleich aus. Die Schwanzfedern der Henne haben Quer-, die der Hähne in den untersten ⅘ Längsstreifen. Die mittleren Scheitelfedern der Hennen weisen helle und dunkle Querstreifen auf, die der Hähne sind einheitlich dunkel mit hellem Rand (Abb. 94).

14.7. Züchterische Anmerkungen. Siehe Präriehuhn.

14.8. Gewichtsentwicklung

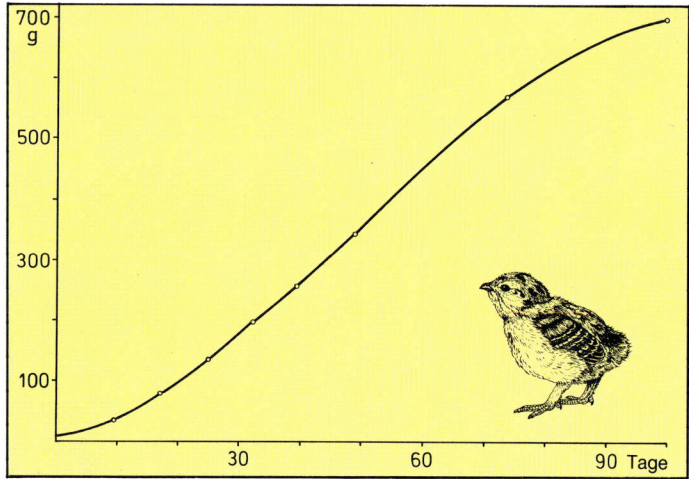

Abb. 99: Gewichtsentwicklung von 150 Spitzschwanzküken (McEwen, 1969).

Tab. 34: Brutdaten

Eimaße	43 × 32 mm; 24 g
Anzahl der Eier im Normalgelege	12
Anzahl der Eier in Gefangenschaft	15–26
Bisher größte Eizahl	50
Kükengewicht	12,8 g
Brutdauer	24–25 Tage
Legebeginn	um den 1. Mai
Geschlechtsreife	im Alter von 1 Jahr
Höchstalter in der freien Wildbahn	7,5 Jahre

Abb. 100a: Spitzschwanzhuhn, 2 rivalisierende Hähne.
Foto: P. Johnsgard

Abb. 100b: Spitzschwanzhahn (Seite 73).
Foto: R. Taylor

100 b

Kapitel 15
Präriehuhn
(Tympanuchus cupido LINNÉ)

Englisch: Prairiechicken   Französisch: Cupidon des prairies

15.1. Unterarten
- *Tympanuchus cupido cupido* (ausgestorben)
- *Tympanuchus cupido pinnatus*, Großes Präriehuhn
- *Tympanuchus cupido attawateri* (Isolierte Populationen in Arkansas und Texas; stark bedroht)
- *Tympanuchus cupido pallidicinctus*, Kleines Präriehuhn

Schutzbestimmungen:
Washingtoner Artenschutzabkommen
T. c. attawateri   Anhang I
T. c. pinnatus   Anhang II

Tab. 35: Körpermaße des Großen Präriehuhns

	Hahn	Henne
Gewicht	992–1361 g	770–1020 g
Gesamtlänge	406– 477 mm	406– 477 mm
Flügellänge	217– 241 mm	208– 220 mm
Stoßlänge	90– 103 mm	87– 93 mm

Körpermaße des Kleinen Präriehuhns

	Hahn	Henne
Gewicht	780– 893 g	722– 779 g
Gesamtlänge	381– 406 mm	381– 406 mm
Flügellänge	207– 220 mm	195– 201 mm
Stoßlänge	88– 95 mm	81– 87 mm

Abb. 101: Großes Präriehuhn, Hahn in Nebraska.
Foto: H. Aschenbrenner

Abb. 102: Kopf des Großen Präriehahns.
Foto: H. Aschenbrenner

Abb. 103: Verbreitung des Großen und Kleinen Präriehuhns.

15.2. Verbreitung
Hauptsächlich Mitte der USA.

15.3. Lebensraum
Früher war das Präriehuhn das häufigste Rauhfußhuhn der Vereinigten Staaten. Heute ist es z. T. ausgestorben bzw. auf die wenigen Prärien – meist des mittleren Westens – zurückgedrängt, oder es hat sich den veränderten Bodenstrukturen mit Ackerland angepaßt.

15.4. Lebensweise und Balz
Präriehühner sind reine Bodentiere und übernachten auch auf der Erde. Den Winter verbringen die Vögel in gemischten Gesellschaften, und im zeitigen Frühjahr suchen die

Hähne ihre traditionellen Balzplätze auf, wo die alten Vögel ihre früheren Territorien beanspruchen und die jungen neue zu erobern suchen. Wie bei den anderen gesellig balzenden Rauhfußhühnern suchen alte Hähne zentrale Territorien zu halten, während sich niederrangige an der Peripherie gruppieren. Mit Luftsprüngen bis zu 1 m Höhe und den bekannten „booming dances" markieren die Hähne ihr Revier. Mit mächtig aufgeblasenen gelblich-orangefarbenen Halsballons geben die Hähne ein dumpfes Tuten von sich. Die Ohrfedern sind aufwärts und bei der Werbung nach vorne gerichtet. Das ritualisierte Fußtrampeln geschieht so rasch, daß man mit dem Auge kaum folgen kann. Nach dem Treten verlassen die Hennen die Balzplätze und legen in ihr Nest unter hohen Grasbüscheln täglich ein Ei.

15.5. Nahrung

Tab. 36: Hauptnahrung des Präriehuhns in % nach Kotanalysen aus Missouri
(Auszug – weniger wichtige Pflanzen werden nicht berücksichtigt)

Art der Pflanze	Jan.	März	Mai	Juli	Sept.	Nov.
Mais (*Zea mays*)	53,4	53,0	37,4	0,1	16,3	29,8
Sojabohne (*Glycine max.*)	1,4	7,0	9,1	27,8	13,0	4,3
Hirse (*Sorgum vulgare*)	16,3	5,8	1,0	–	5,9	35,8
Buschklee (*Lespedeza stipulacea*)	5,5	0,1	8,9	25,8	30,4	3,1
Weizen (*Triticum aestivum*)	0,2	–	–	19,9	9,6	7,4
Hafer (*Avena sativa*)	0,6	2,9	0,5	3,1	11,1	1,6
Verschiedene Blätter	8,3	5,8	5,2	9,4	4,5	3,4
Gräser	5,9	10,1	4,3	1,4	4,0	4,3

Abb. 104: Großes Präriehuhn, Hahn in Nebraska.
Foto: H. Aschenbrenner

Abb. 105: Großes Präriehuhn, Henne in Nebraska.
Foto: H. Aschenbrenner

15.6. Geschlechterunterschiede

Tab. 37: Geschlechterunterschiede beim Großen Präriehuhn

	Hahn	Henne
Ohrfedern (Abb. 101)	70 mm (Minimum: 63 mm)	38 mm (Maximum: 44 mm)
Schwanzfedern (Abb. 102)		äußere Schwanzfedern sind kräftig gebändert
Mittlere Scheitelfedern	dunkel mit schmalem, hellem Rand	helle Querzeichnung auf dunklem Grund
Rosen	deutlich gelb	fehlend
Luftsäcke, bei der Balz ballonartig vergrößert (Abb. 98)	gelblich-orange, federlose Haut unter den Ohrfedern	fehlend

Geschlechterunterschiede beim Kleinen Präriehuhn

	Hahn	Henne
Rosen	deutlich gelb	fehlend
Unterschwanzdecken	schwarz mit einem weißen „Auge"	braun gebändert
Schwanz	schwärzlich	kräftig gebändert

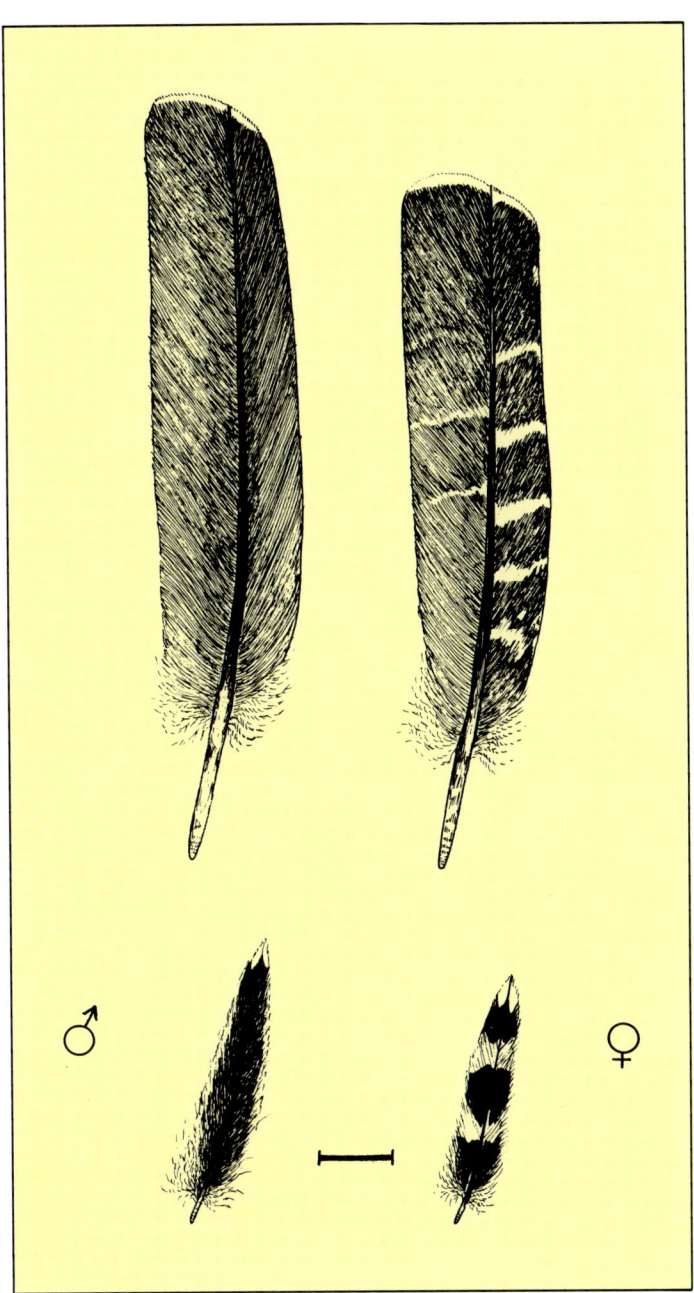

Abb. 106: Die äußeren Schwanz- und die Scheitelfedern weisen frühe Geschlechterunterschiede auf.

Abb. 107: Bei erwachsenen Präriehühnern sind die Geschlechter an der Länge der Ohrfedern (pinnae) leicht zu unterscheiden.

15.7. Züchterische Anmerkungen

Gehegetypen (Teil 2; 1.2.): A (4 × 6 m)
D (2,50 × 6 m für 5–6 Tiere;
1,25 × 6 m für 2–3 Tiere;
Maschenweite 15–20 mm)
E

Es können Zuchtgruppen von 1,1; 1,2 oder 1,3 zusammengestellt werden. Zwei oder mehrere Hähne in einer Zuchtgruppe zu halten, ist sehr gefährlich. Bei Kämpfen kommt es leicht zu Todesfällen.

Balz, Treten und Eiablage (in besonderen Nistkästen) ist auf Drahtboden möglich, die Vögel können aber im Frühjahr auf Bodenhaltung umgestellt werden.

In der Freilandhaltung kann auf einem eingezäunten Grundstück (Wiese) von 1000 m² und mehr eine Gruppe von z. B. 2,5 Präriehühnern (nur zur Fortpflanzungszeit) gut gehalten werden. Das faszinierende Balzverhalten ist hier besonders gut zu beobachten.

Kreuzungen zwischen dem Großen Präriehuhn und dem Spitzschwanzhuhn sind möglich. Die Hybriden sind in beiden Geschlechtern wieder fortpflanzungsfähig.

Tab. 38: Brutdaten

Eimaße	43 × 32,5 mm; 24 g
Anzahl der Eier im Normalgelege	12 (Gr. Präriehuhn)
Anzahl der Eier im Normalgelege	10,7 (Kl. Präriehuhn)
Anzahl der Eier in Gefangenschaft	15–26
Bisher größte Eizahl	50
Kükengewicht	14 g (12,1–16,3)
Brutdauer	24–25 Tage
Legebeginn	um den 1. Mai
Geschlechtsreife	im Alter von 1 Jahr
Höchstalter	
in der freien Wildbahn	4 Jahre
in Gefangenschaft	6 Jahre
Daten für die Kunstbrut im Brutapparat mit automatischer Wendevorrichtung:	
Temperatur	37,5 °C
Relative Luftfeuchtigkeit	82–86 %
ab dem 22. Tag	90–94 %

15.8. Gewichtsentwicklung

Siehe Spitzschwanzhuhn.

Kapitel 16
Fichtenwaldhuhn
(Dendragapus canadensis LINNÉ)

Englisch: Spruce grouse   Französisch: Tétras du Canada

16.1. Unterarten

– *Dendragapus canadensis canadensis*, Hudsonian spruce grouse (British Columbia bis zum Atlantik)
– *Dendragapus canadensis franklinii*, Franklin spruce grouse (Von Alaska über British Columbia bis Idaho)
– *Dendragapus canadensis canace*, Canada spruce grouse (Osten Kanadas, Norden der USA)
– *Dendragapus canadensis atratus*, Valdez spruce grouse (Küste Südalaskas)

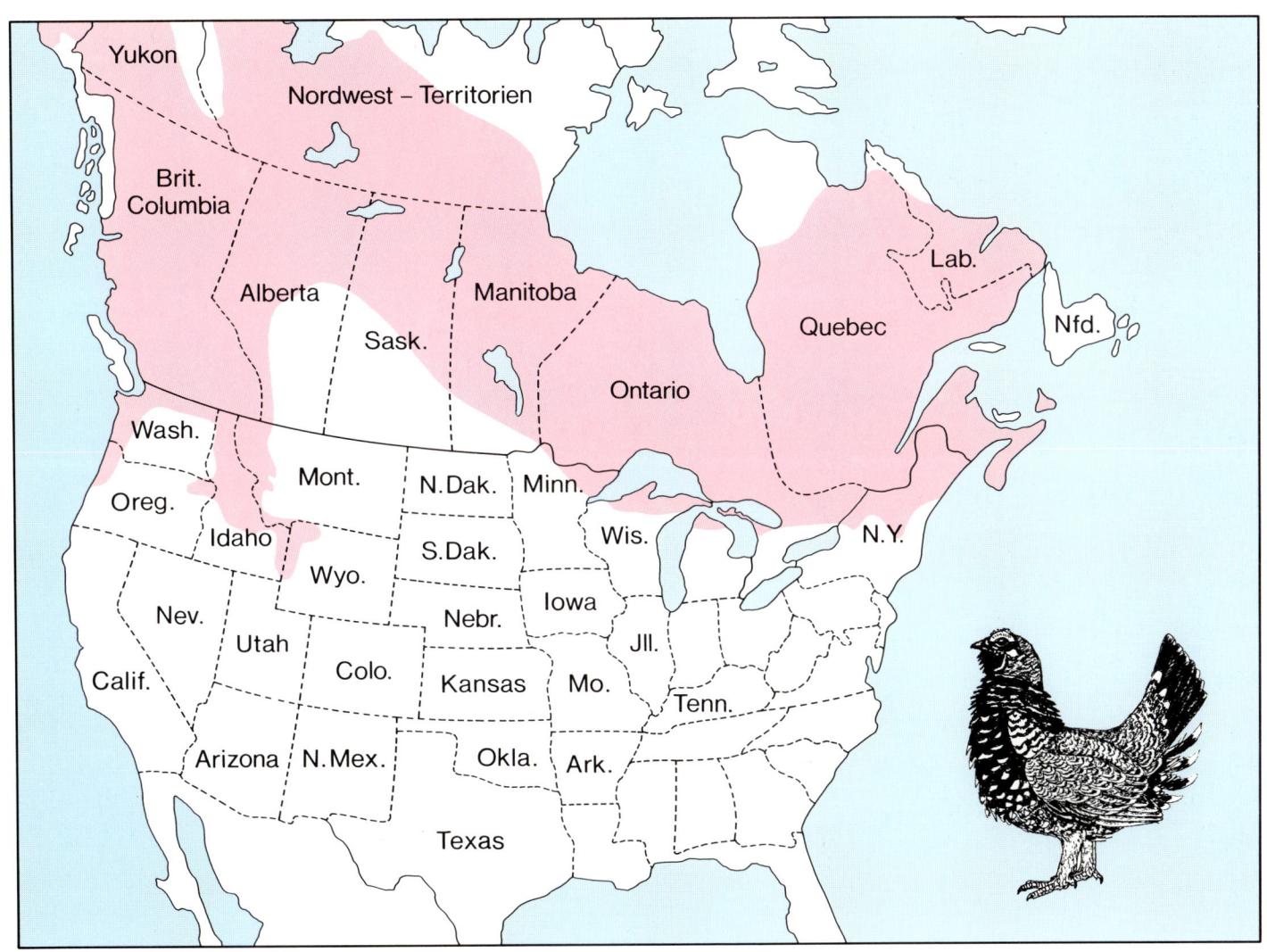

Abb. 108: Verbreitung des Fichtenwaldhuhns.

109

110

111

Abb. 109: Fichtenwaldhuhn, Hahn imponierend (Seite 80).
Foto: H. Aschenbrenner

Abb. 110: Intensive Werbung des Fichtenwaldhahns.
Foto: H. Aschenbrenner

Abb. 111: Fichtenwaldhuhn, Balzflug des Hahnes.
Foto: H. Aschenbrenner

Abb. 112: Fichtenwaldhuhn, Trommelflug von *D. o. franklinii*.

Abb. 113a: Fichtenwaldhuhn, Henne.   Foto: H. Aschenbrenner

Abb. 113b: Fichtenwaldhuhn, Hahn imponierend.
Foto: H. Aschenbrenner

Tab. 39: Körpermaße des Fichtenwaldhuhns

	Hahn	Henne
Gewicht	501–630 g	450–548 g
Gesamtlänge	381–431 mm	381–431 mm
Flügellänge	161–192 mm	159–191 mm
Stoßlänge	107–144 mm	94–119 mm

16.2. Verbreitung
Von Alaska über ganz Kanada und einige nördliche Staaten der USA bis zum Atlantik.

16.3. Lebensraum
Große, geschlossene Koniferenwälder mit Bodenvegetation. Am häufigsten findet man Fichtenwaldhühner auf Fichten, auch dort, wo diese Baumart nur wenig vorhanden ist.

16.4. Lebensweise und Balz
In nicht zu dichten Koniferen- oder auch Mischwäldern gründen im zeitigen Frühjahr die Hähne ihre ca. 2,5–8,5 ha großen Reviere, die sie gegenüber Rivalen erbittert verteidigen. In aufgerichteter Haltung, mit schuppig aufgestelltem schwarz-weißem Halsgefieder und leicht hängenden Flügeln, schreiten die Hähne durch ihr Territorium. Hinter dem fast geschlossenen schwarzen Schwanz spreizen sich die normalerweise verborgenen Unterschwanzfedern als auffälliges Muster mit weißen Spitzen auf. Abwechselnd mit jedem Schritt pendelt der Schwanz von einer Seite zur anderen, dabei erzeugt er ein leise wetzendes Geräusch. In der intensivsten Werbephase, meist vor einer Henne, bleibt der Hahn stehen und öffnet für eine Sekunde den Schwanz zu einem Halbrad. Bei der östlichen Unterart ist dabei jede einzelne Feder zu sehen, bei *Dendragapus cana-*

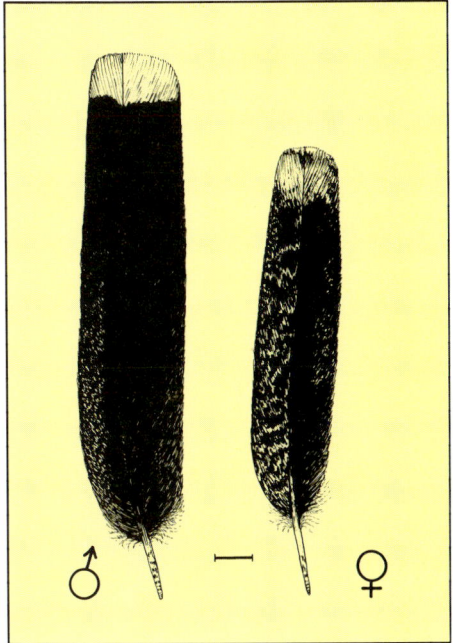

Abb. 114: Fichtenwaldhahn. Foto: H. Aschenbrenner
Abb. 115: Küken des Fichtenwaldhuhns. Foto: H. Aschenbrenner
Abb. 116: Frühe Geschlechterunterschiede bei Fichtenwaldhühnern an den Schwanzfedern.

densis franklinii bildet der Schwanz einen geschlossenen Fächer.

Zur Markierung ihres Revieres dienen vor allem laute Trommelflüge von Baum zu Boden und umgekehrt. Am auffälligsten ist diese Kundgabe bei *Dendragapus canadensis franklinii*: Vor der Landung auf dem Boden (selten auf einem Baum) richtet sich der Hahn senkrecht in der Luft auf und beendet den Flug mit zwei klatschenden Flügelschlägen über dem Rücken. – Zeigt sich nach langer Werbung eine Henne durch Niederducken und leicht gespreizte Flügel tretbereit, steigert sich der Hahn unter Kopfschütteln in eine grotesk wirkende Ekstase.

Nach dem Treten verläßt die Henne den Balzplatz und sucht in schützender Bodenvegetation unter herabhängenden Ästen oder in Fichtendickungen einen Nistplatz. Der Hahn beteiligt sich nicht an der Bewachung des Nestes oder an der Aufzucht.

16.5. Nahrung

Fichtennadeln sind die fast ausschließliche Winternahrung des Fichtenwaldhuhns. Außerdem werden noch die Nadeln von Tanne, Lärche und Kiefer genommen. Im Sommer bilden Blätter und Beeren der Bodenvegetation (vor allem Heidelbeere), Schneebeeren, Wacholder u. a. neben den Koniferennadeln die Hauptnahrung.

16.6. Altersbestimmung

Bei juvenilen Vögeln sind die 9. und 10. Handschwinge mehr gepunktet als die anderen.

16.7. Geschlechterunterschiede

Hahn und Henne sind leicht zu unterscheiden. Vor allem die schwarzweiß-gestreifte Brust und die fast schwarzen und mit einem braunen Band versehen Schwanzfedern kennzeichnen den Hahn. Bei der Henne ist die Brust braun gesprenkelt und die Stoßfedern sind braun-schwarz.

Ab einem Alter von 40–45 Tagen ist bei den Küken an den Schwanzfedern und an der Brustzeichnung das Geschlecht zu erkennen (Abb. 112).

Abb. 117: Fichtenwaldhahn.   Foto: H. Aschenbrenner

16.8. Züchterische Anmerkungen

Gehegetypen (Teil 2; 1.2.): A (3 × 6 × 2 m)
                             C

Die Gehege sollen mit Fichten bepflanzt und reichlich mit Fichtenästen versehen werden. Eine Möglichkeit für die Schauflüge von Baum zu Boden soll gegeben sein. Fichtenwaldhühner werden selten in Gefangenschaft gehalten. Wegen ihrer außergewöhnlichen Zahmheit und ihres interessanten Balzverhaltens werden sie jedoch bald zu den Lieblingsvögeln eines jeden Züchters.

Tab. 40: Brutdaten

Eimaße	43 × 31 mm; 23 g
Anzahl der Eier im Normalgelege	7–10
Anzahl der Eier in Gefangenschaft	15 (wenige Daten)
Kükengewicht	14–16 g
Brutdauer	21 (22) Tage
Legebeginn	Anfang bis Mitte Mai
Geschlechtsreife	im Alter von 1 Jahr

16.9. Gewichtsentwicklung

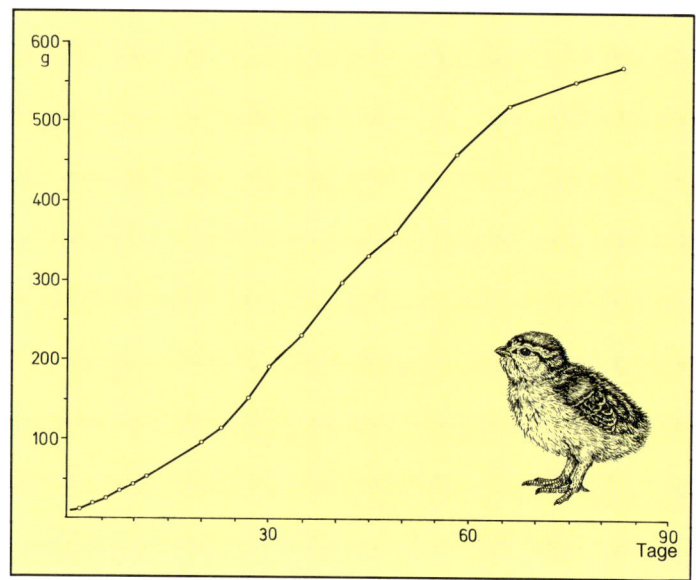

Abb. 118: Gewichtsentwicklung des Fichtenwaldhuhns.

Kapitel 17
Kragenhuhn
(Bonasa umbellus LINNÉ)

Englisch: Ruffed grouse Französisch: Gélinotte à fraises

17.1. Unterarten
- *Bonasa umbellus umbellus*, Eastern ruffed grouse
- *Bonasa umbellus monticola*, Appalachian ruffed grouse
- *Bonasa umbellus sabini*, Pacific ruffed grouse
- *Bonasa umbellus castanea*, Olympic ruffed grouse
- *Bonasa umbellus brunnescens*, Vancouver island ruffed grouse
- *Bonasa umbellus togata*, Canadian ruffed grouse
- *Bonasa umbellus affinis*, Columbian ruffed grouse
- *Bonasa umbellus phaia*, Idaho ruffed grouse
- *Bonasa umbellus incana*, Hoary ruffed grouse
- *Bonasa umbellus yukonensis*, Yukon ruffed grouse
- *Bonasa umbellus umbelloides*, Gray ruffed grouse

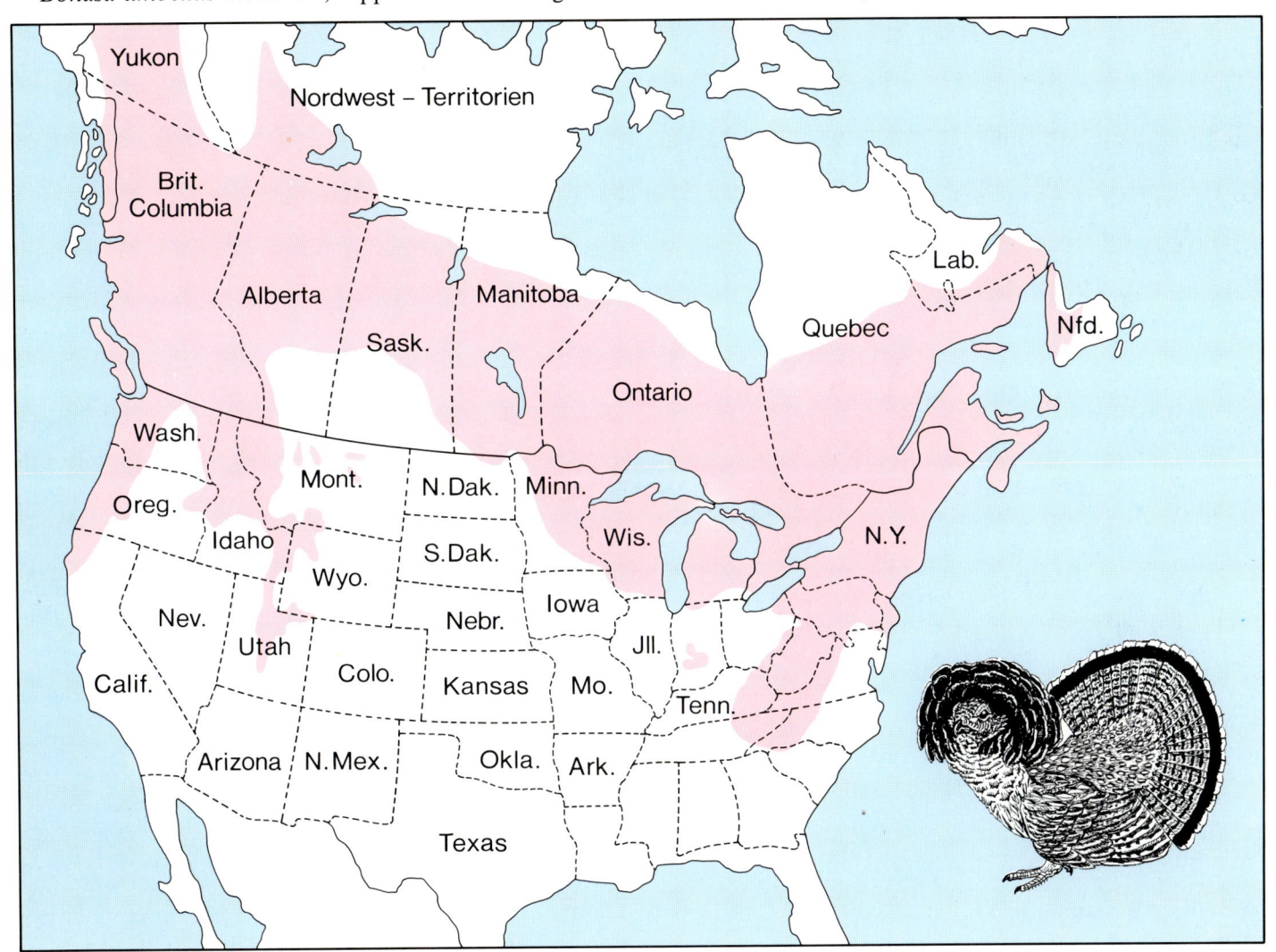

Abb. 119: Verbreitung des Kragenhuhns.

Abb. 120: Kragenhuhn, Hahn imponierend.
Foto: H. Aschenbrenner

Abb. 121: Kragenhahn, neugierig, aggressiv.
Foto: H. Aschenbrenner

Tab. 41: Körpermaße des Kragenhuhns

	Hahn	Henne
Gewicht	604–654 g	500–586 g
Gesamtlänge	406–482 mm	406–482 mm
Flügellänge	171–193 mm	165–190 mm
Stoßlänge	130–181 mm	119–159 mm

17.2. Verbreitung

Vom Pazifik über Alaska, Kanada und den nördlichen Teil der USA bis zum Atlantik.

17.3. Lebensraum

Kragenhühner besiedeln die unterschiedlichsten Lebensräume von Koniferen- bis Laubwald und buschiges Ödland. Wichtig ist das Vorhandensein bestimmter Baumarten, wie Pappeln, Birken, Eichen, Apfelbäumen, von deren Knospen und Trieben die Hühner vor allem im Winter leben.

Die höchste Populationsdichte von Kragenhühnern findet sich in Pappelwäldern unterschiedlicher Struktur. Hier finden die Vögel geeignete Winter- und Sommernahrung sowie Trommelwarten und Nistplätze in unmittelbarer Nachbarschaft.

17.4. Lebensweise und Balz

Im Frühjahr suchen die Hähne Plätze auf, die geeignete Trommelwarten bieten; solche sind alte Baumstümpfe, entwurzelte, hohle Bäume oder auch Felsen. Ein Hahn hat mehrere solche Trommelplätze über sein Revier verteilt. Hier läßt der Kragenhahn meist in den Morgen- und Abendstunden sein typisches Flügeltrommeln hören. Andere Rauhfußhühner zeigen zur Reviermarkierung Flattersprünge und Balzflüge, beim Kragenhuhn sind diese Flüge auf das Flügeltrommeln reduziert – eine interessante Form der Signalbildung. Da der Hahn immer genau an der gleichen Stelle seiner Trommelwarte sitzt und in die gleiche

Abb. 122: Kragenhuhn, Hahn imponierend. Foto: H. Aschenbrenner

Abb. 123: Kragenhahn, imponierend. Foto: H. Aschenbrenner

Abb. 124: Kragenhahn, trommelnd. Foto: P. Johnsgard

Richtung schaut, sammelt sich dort ein Haufen Losung an. Das Trommeln ist die häufigste Fortpflanzungsaktivität des Hahnes im Frühjahr. Die Flügel werden zuerst nach hinten, dann die ausgebreiteten Handschwingen nach aufwärts und vorwärts geschlagen. Der Rhythmus steigert sich allmählich zu einem intensiven Wirbel. Mit dem leicht gefächerten Stoß stützt sich der Hahn ab. Die Trommelplätze müssen daher eine gewisse Form und Größe aufweisen, um dieses Stützen zu ermöglichen. Das trommelnde Geräusch bildet sich durch Nachströmen der Luft in das Vakuum, das durch die zurückschlagenden Flügel entsteht (Abb. 124). Erscheint eine Henne (oder auch ein Rivale), nimmt der Hahn unverzüglich eine Imponierstellung ein, er fächert den Stoß zu einem Halbrad und stellt den Kragen auf (Abb. 120, 123). Mit hängenden Flügeln und Kopfschütteln macht er kurze Schritte auf die Henne zu. Die Balz endet mit immer schnellerem Kopfschütteln und Zischen, begleitet von einigen kurzen schnellen Schritten in Richtung des Eindringlings. Die Flügel schleifen dabei auf dem Boden. In dieser Position ist der Kragenhahn sicher der schönste Rauhfußhahn.

Ist die Henne getreten, verläßt sie den Hahn sofort und sucht ihren Nistplatz in dichtem Unterholz auf.

17.5. Nahrung

Tab. 42: Hauptnahrung des Kragenhuhns (Auszug – weniger wichtige Pflanzen werden nicht berücksichtigt)

Art der Pflanze	Volumen %	Anzahl der Individuen
Espe (*Populus*)	12,4	244
Kirsche (*Prunus*)	10,6	448
Birke (*Betula*)	9,2	232
Brom-, Himbeere (*Rubus*)	8,8	282
Hopfenbuche (*Ostrya*)	5,7	142
Rotdorn (*Crataegus*)	4,5	344
Erdbeere (*Fragaria*)	3,8	197
Apfel (*Malus*)	3,8	81
Buche (*Fagus*)	3,3	101
Sumach (*Rhus*)	2,7	254
Felsenbirne (*Amelanchier*)	2,5	101
Segge (*Carex*)	2,3	265
Schneeball (*Viburnum*)	2,0	77
Ahorn (*Acer*)	2,0	142

17.6. Geschlechterunterschiede

In manchen Fällen bereitet es keine Schwierigkeiten, die Geschlechter erwachsener Kragenhühner zu unterscheiden. Häufig, vor allem bei jungen Vögeln im ersten Herbst, ist es sehr schwierig, und es müssen mehrere Kriterien herangezogen werden.

17.7. Züchterische Anmerkungen

Kragenhühner sind die am häufigsten gezüchteten Rauhfußhühner. Schon vor Jahrzehnten wurde die Zucht in den USA in großem Maßstab betrieben (BUMP u. a. 1947). Für eine Massenproduktion ist die Haltung auf Draht unerläßlich.
Gehegetyp (Teil 2; 1.2.):
D (1,80 × 1,20 × 0,90 m)

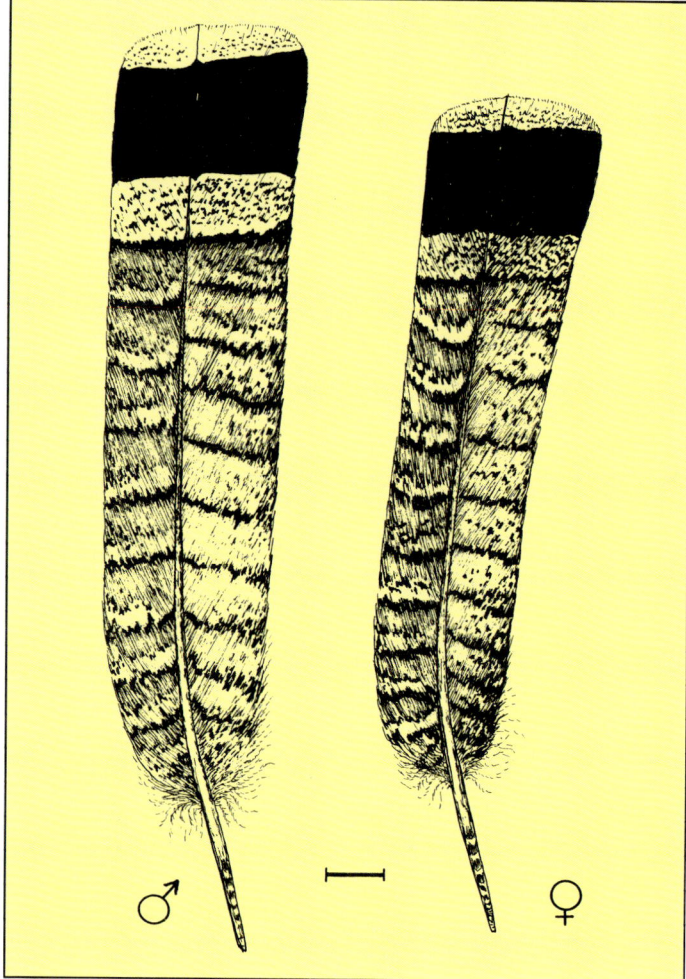

Abb. 125: Die Schwanzfedern des Kragenhahns sind länger als die der Henne, das schwarze Band ist nicht unterbrochen.

In kleinen Zuchtkäfigen sind die Hähne oft sehr aggressiv. Die Paare müssen getrennt gehalten und dürfen nur zur Kopulation zusammengebracht werden.
Bodenhaltung: Gehegetypen (Teil 2; 1.2.):
A (6 × 4 × 2 m)
C
Hier bereitet die Zucht keine Schwierigkeiten. Es können auch Zuchtgruppen von 1,2 und 1,3 zusammengestellt werden. Anders als in freier Wildbahn verläuft das Fortpflanzungsverhalten im geräumigen Gehege. Ab dem zeitigen

Frühjahr umbalzt der Hahn fast den ganzen Tag seine Henne, er ist bei der Nistplatzsuche beteiligt und verhält sich ähnlich dem monogam lebenden Haselhahn. Trommelnde Hähne dürfen sich gegenseitig hören, sollen sich aber nicht sehen.

Tab. 44: Brutdaten

Eimaße	38,5 × 30,0 mm; 19 g
Anzahl der Eier im Normalgelege	9–14
Anzahl der Eier in Gefangenschaft	bis zu 40
Kükengewicht	11–13 g
Brutdauer	24 Tage
Legebeginn	Ende April/Anfang Mai
Geschlechtsreife	im Alter von 1 Jahr

Tab. 43: Geschlechterunterschiede beim Kragenhuhn

	Hahn	Henne
Gewicht	604–654 g	500–586 g
Rosen (Hautstreifen)	orange	keine Färbung
Kragenfedern	Anzahl größer, länger, reichen über Flügelbug	Anzahl geringer, kürzer, Spitzen kaum zu sehen
Schwanz	über 147 mm lang, durchgehendes schwarzes Band	unter 142 mm lang, schwarzes Band an den 2 mittleren Federn gebrochen
Schwanzoberdeckfedern	mit schwarzen deutlichen „Augen"	„Augen" nicht so deutlich, wenn überhaupt vorhanden
Verhalten	Trommeln, Imponieren	kein Trommeln und Imponieren
Bürzelfedern	2 oder mehr weiße Punkte	1 weißer Punkt

17.8. Gewichtsentwicklung

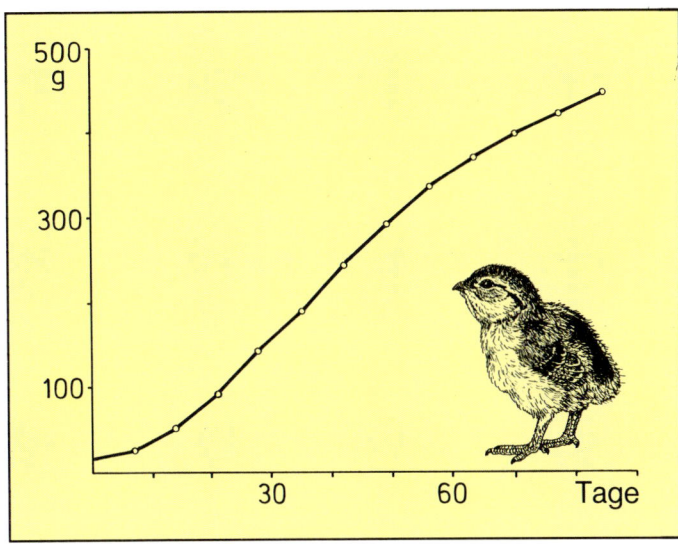

Abb. 126: Gewichtsentwicklung der Kragenhuhnküken.

Teil 2

Haltung – Zucht – Krankheiten der Rauhfußhühner

Kapitel 1
Probleme und Methoden der Rauhfußhuhnhaltung

1.1. Gehege

In früheren Jahrzehnten wurden Rauhfußhühner nur äußerst selten in Gefangenschaft gehalten. Lediglich die Zucht des Kragenhuhns wird in Nordamerika seit vielen Jahren erfolgreich betrieben. Versuchte man in Europa zuerst Küken aus Gelegen der freien Wildbahn aufzuziehen, so finden wir seit den 50er Jahren Berichte über geglückte Zuchtversuche von Auer-, Birk-, und Schneehuhn im Gehege (HÖGLUND, KRUTOWSKAJA, KIRPIČEV). Es waren vor allem bestimmte Geflügelkrankheiten (z. B. Blackhead, Colibazillose, Kokzidiose usw.), die eine Haltung und Zucht im Gehege erschwerten. Heute kennen wir die meisten dieser Krankheiten und wissen sie zu behandeln oder zu verhindern. Neben dem Naturfutter steht uns Fertigfutter zur Verfügung, das Nähr- und Mineralstoffe sowie Vitamine in einem ausgewogenen Verhältnis beinhaltet. Schließlich können durch konsequente Einhaltung strenger Hygienerichtlinien in Haltung, Fütterung, Brut und Aufzucht und durch überlegtes Einsetzen von Arzneimitteln zur Prophylaxe und Therapie heute gute Ergebnisse bei der Haltung und Zucht von Rauhfußhühnern erzielt werden.

1.1.1. Wohin baut man ein Gehege?

Bevor wir den Bau einer Voliere in Angriff nehmen, müssen wir den Platz dafür sorgfältig auswählen. Wie eingangs erwähnt, sind alle Rauhfußhühner sehr anfällig gegen Geflügelkrankheiten. Die Vorbeugung gegen diese Krankheiten beginnt schon bei der Auswahl des Standplatzes! Hier einige Forderungen, die wir stellen müssen:
- Die Volieren sollten immer nach Süden ausgerichtet sein. Schatten kann man in jede Vogelanlage bringen, nicht aber Sonnenlicht. Dabei ist neben dem direkten Einfluß der Sonnenstrahlen auf den Vogel selbst (z. B. Rachitisvorbeugung) auch die keimtötende und austrocknende Wirkung auf Krankheitserreger von besonderer Bedeutung.
- Rauhfußhühner dürfen nicht zusammen mit anderen Hühnervögeln, besonders Puten, untergebracht werden.
- Nahe Hühnerfarmen sind eine Gefahr für unsere Vögel.
- Rauhfußhühner dürfen nicht in Gehegen untergebracht werden, in denen früher Fasanen, Rebhühner usw. gelebt haben. Die Erreger der sehr gefährlichen Schwarzkopfkrankheit halten sich z. B. über 4 Jahre.
- Eine schmucklose, saubere, überschaubare, gut zu reinigende und desinfizierbare Anlage ist einem nachgebauten Landschaftsausschnitt zunächst vorzuziehen. Mit steigender Erfahrung des Vogelhalters kann dann das Gehege allmählich optisch ansprechend ausgestaltet werden.
- Die Anlagen sind gegen streunende Hunde und Katzen, gegen Raubwild und Greifvögel, aber auch gegen ungebetene Besucher zu sichern. Plötzliches Erschrecken der Vögel kann zum Herumflattern und damit zu Verletzungen führen. Derartige Unglücksfälle stellen einen erheblichen Anteil der Todesursachen dar.
- Fremde Personen sollten keinen Zugang zu der Anlage haben.

Anleitungen zum Gehegebau können in vielen Büchern nachgelesen werden. Hier einige Anregungen dazu:

1.1.2. Planung

Ist der geeignete Standort gefunden, vergewissert man sich bei der Gemeinde, ob das Gehege an diesem Platz und so, wie es den eigenen Vorstellungen entspricht, gebaut werden darf. In Wohngebieten ist neben der baurechtlichen Frage auch die Satzung für das Siedlungsgebiet zu berücksichtigen. Ist eine Genehmigung erforderlich, müssen Baupläne eingereicht werden. Eine sachgemäße Planung ist in jedem Fall vorteilhaft. Mit Volieren ist es wie beim Hausbau, daß alles im voraus genau überlegt und bedacht werden muß, denn nach Beendigung des Baues kommt in den meisten Fällen die bittere Erkenntnis: „Hätte ich doch . . ."

1.1.3. Material

Im allgemeinen hat man zu entscheiden, ob das Gehege aus Holz (Rundholz bzw. Kantholz) oder aus Metall errichtet werden soll. Holz ist leichter zu bearbeiten, und die Volie-

127

128

Abb. 127: 1 Meter hoher Sichtschutz an Außen- und Zwischenwänden. Foto: H. Aschenbrenner

Abb. 129: Auerhuhngehege mit Kiesboden (Körnung: 0/2 oder 0/3) mit Waldstreu und Bepflanzung. Foto: H. Aschenbrenner

Abb. 128: Auswechselbarer Boden (Tonbach). Foto: H. Aschenbrenner

Abb. 130: Auerhuhngehege mit Betonboden, bedeckt mit Waldstreu oder Sand (Nationalpark Bayerischer Wald). Foto: W. Scherzinger

129

130

ren können im Selbstbau einfacher und billiger errichtet werden. Wesentlich haltbarer ist eine Metallkonstruktion. Rauhfußhühner werden häufig in schneereichen Gebieten gehalten. Demnach ist die Schneelast bei der Konstruktion unbedingt mit zu berücksichtigen. Durchzüge aus Holz sollen in solchen Gegenden 15 × 15 cm messen. Metallgehege können aus Winkeleisen oder ,,¾"-Rohren zusammengeschweißt oder geschraubt werden.

1.1.4. Fundament

Soll eine dauerhafte Anlage errichtet werden, kommt man um einen Betonsockel nicht herum (75 cm tief, 20–30 cm breit). Die Gehegekonstruktion steht dann auf festem Untergrund, Raub- und Nagetiere können sich nicht durchgraben.

Will man die Kosten dieser soliden Grundlage meiden, so muß man den Maschendraht einen halben Meter tief in den Boden eingraben und nach außen umbiegen.

1.1.5. Größe

Die Unterbringung der Rauhfußhühner ist bei den einzelnen Arten verschieden. Erst in einer genügend großen Voliere, die artgerecht, natürlich, aber zweckmäßig eingerichtet ist, kommen diese interessanten Vögel voll zur Geltung.

Für alle Arten geeignet ist ein Standardgehege von 4 × 8 m Grundfläche und 2 m Höhe. Ist das Gehege viel größer, steigt die Verletzungsgefahr, ist es kleiner, werden vor allem bei den monogam lebenden Schnee-, Hasel- und Kragenhühnern die Weibchen von den Hähnen ständig attackiert.

1.1.6. Außen- und Zwischenwände

Die Außenseiten der Gehege werden mit spatzensicherem (2 cm Maschenweite) verzinktem Draht bespannt. Glänzt oder blendet er zu stark, kann er mit Kunstharzfarbe grau, schwarz oder grün angestrichen werden. Für Gehege im Hausgarten und hier besonders für die kleineren Arten ist ein mit grünem Kunststoff beschichteter Volierendraht (1 cm Maschenweite) besonders geeignet. Bei geschickter Bepflanzung fällt diese Bespannung gar nicht auf. Ein Perlonnetz sollte nur bei großen Frei- oder Ausbürgerungsgehegen verwendet werden.

Außen- und Zwischenwände haben einen 1 m hohen Sichtschutz (Abb. 127). Dadurch können Hähne sich gegenseitig nicht sehen. Auer- und Birkhähne zum Beispiel bekämpfen sich durch den Maschendraht so heftig, daß sie infolge dieser ständigen Revierverteidigung während der Balz die Hennen nicht treten. Das Territorium ist für den Hahn das Wichtigste! Dann erst kommen Fortpflanzung und Futter. Auch sind Verletzungen oder Beschädigung des Federkleides bei diesen Kämpfen möglich.

An den Außenwänden verhindert der Sichtschutz das Erschrecken der Vögel durch vorbeilaufende Hunde, Katzen, Marder oder anderes Raubwild.

1.1.7. Boden

Ganz besonders wichtig, ja entscheidend in der Rauhfußhuhnhaltung ist die Gestaltung des Bodens. Wir wissen, wie anfällig alle Rauhfußhühner für gewisse Geflügelkrankheiten sind. Wir müssen daher einen Boden wählen, in dem sich Krankheitskeime nicht oder nur schlecht halten und wo die Vögel keinen Zugang zu Zwischenwirten (Regenwürmer, Schnecken) haben.

1.1.7.1. Naturboden

Es ist naheliegend, Rauhfußhühner auf Böden mit natürlicher Bepflanzung und Bodenvegetation zu halten. Er erfüllt jedoch vom hygienischen Standpunkt aus am wenigsten die Anforderungen, die wir stellen müssen. Stauden und Kräuter sind bald abgeäst und der mit der Losung verunreinigte Boden kann nicht gründlich gereinigt und gar nicht desinfiziert werden. Die Haltung auf Naturboden mag einige Jahre unter Einsatz vieler Arzneimittel gutgehen, auf die Dauer wird eine Rauhfußhuhnhaltung hier nicht befriedigen.

1.1.7.2. Auswechselbarer Boden (Abb. 128)

Etwas besser ist es, wenn mehrmals im Jahr das Gehege mit Heidelbeerplaggen, Grassoden, Bäumchen und Sträuchern frisch ausgelegt wird. Diese Methode ist sehr arbeitsaufwendig, und es bleibt trotzdem eine große Infektionsgefahr bestehen.

1.1.7.3. Sand- oder Kiesboden (Abb. 129)

Wird der Boden mit einer 20–30 cm dicken Sand- oder Kiesschicht (0/2 Körnung) bedeckt, schaffen wir wesentlich bessere Bedingungen für eine gesunde Haltung. Der Volierenboden trocknet schnell ab und ist leicht zu reinigen. Eingepflanzte Fichten und Birken, Wurzelstöcke, Felsen und Baumstämme sowie mit Kiefern- und Fichtenästen behängte Wände (zugleich Schutz vor Anfliegen) verleihen der zunächst kargen Anlage bald ein biotopähnliches Aussehen.

1.1.7.4. Betonboden (Abb. 130)

Bestreut mit Sand, Nadel- und Laubstreu ist dieser Untergrund gut zu reinigen, und er läßt sich sehr natürlich

Abb. 131: Gehege mit Bretterboden (Boda, Schweden).
Foto: H. Aschenbrenner

Abb. 133: Gehegekombination (U. Wilmering, Vechta).
Foto: H.-H. Bergmann

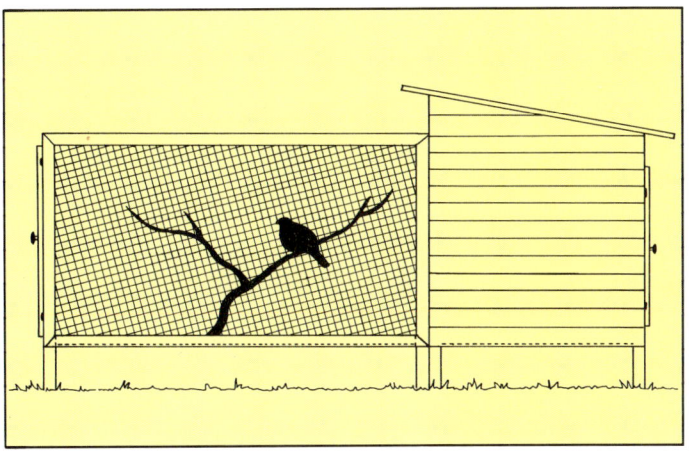

Abb. 132: Gitterboden.

gestalten. Bereits beim Betonieren werden kurze Wasserleitungs- oder Heizungsrohre stehend eingearbeitet, in die man kleine Bäumchen, Stauden und Sträucher stecken kann. Damit Wasser abfließt, soll der Boden etwas geneigt sein. Andernfalls ist für geeignete Drainage zu sorgen.

1.1.7.5. Bretterboden (Abb. 131)
Die Bretterunterlage kann man 50–100 cm über dem Naturboden auf Pfählen anbringen; sie ist für kleinere Anlagen geeignet (Boda, Schweden).

1.1.7.6. Gitterboden (Abb. 132)
Der Gitterboden erfüllt höchste hygienische, aber weniger die ästhetischen Ansprüche.

1.1.8. Dach (Abb. 135)
Eine vollständige Überdachung aus durchsichtigen Wellplatten gewährleistet ein trockenes Gehege. Damit wäre eine unserer Hauptforderungen erfüllt. Andererseits lassen sich Rauhfußhühner gerne beregnen, und die eingesetzten Pflanzen brauchen Wasser. Man kann ⅔ der Fläche überdachen und den Rest mit spatzensicherem Maschendraht abdecken. Ist unter dem offenen Teil keine Bepflanzung, kann hier ein Gitterboden eingesetzt werden. Bei der Dachkonstruktion ist zu berücksichtigen, daß in bestimmten Gegenden oft große Schneemassen auf dem Dach liegen bleiben.
Ein Betonboden erfordert eine vollständige Überdachung, soweit das Regenwasser nicht abfließen kann.

1.1.9. Einrichtung
Bei der Einrichtung ist in erster Linie auf leichte Reinigungsmöglichkeit zu achten. Unter Sitzstangen darf keine

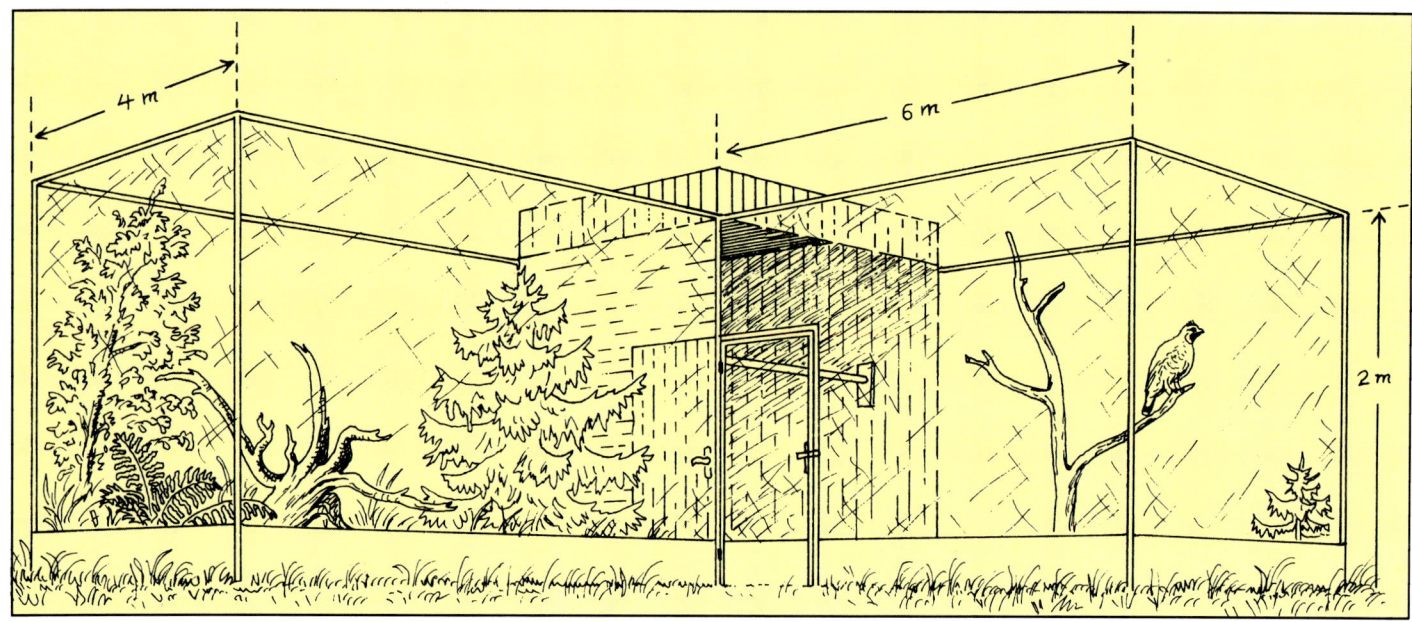

Abb. 134: Kombinierte Biotopvoliere.

Bepflanzung angebracht sein. Futter- und Trinkgefäße müssen frei von Ritzen und schwer zu säubernden Ecken sein. Geeignet sind runde Futternäpfe aus Keramik, Porzellan oder Kunststoff. Alle Futter- und Wassergeschirre werden auf einen Drahtrost gestellt. Herausgeworfenes, von Kot verunreinigtes Futter kann so nicht mehr aufgenommen werden. Futter- und Tränkeautomaten sind ebenfalls gut geeignet.

Huderkästen von 0,5–1 m² Fläche werden aus Brettern oder Rundholz angefertigt. Eine Mischung aus Torfmull, gesiebter Erde und Sand wird als Sandbad angeboten und möglichst oft gewechselt.

Je nach Art und deren Lebensraum werden größere Steine, Wurzelstöcke, Sitzstangen, Baumstämme und Fichtenzweige (Futter, Versteck und Nistplatz) in die Gehege gegeben, die die Einrichtung vervollständigen. Die Bäume und Sträucher, vor allem Nadelbäume, werden von einigen Tetraoniden bald geäst, so daß eine Erneuerung öfters erforderlich ist.

1.2. Verschiedene Gehegetypen

1.2.1. Gehegetyp A: Standardgehege

Diese einfache Gehegeform mit den Maßen 4 × 8 × 2 m ist für alle Rauhfußhühnerarten geeignet. Für die kleinen Arten genügt auch eine Grundfläche von 3 × 6 m.

1.2.2. Gehegetyp B: Volierenkombination (Abb. 133)

Es ist sehr zweckmäßig, wenn gleich mehrere Gehege nebeneinander errichtet werden. Ist eine Längsseite Trennwand, wird dabei erheblich an Material gespart. Durchschlüpfe in den Zwischenwänden sind vorteilhaft für Zuchtgruppen, aber auch zum Trennen unverträglicher Paare.

1.2.3. Gehegetyp C: Biotopvoliere (Abb. 134)

Die Biotopvoliere ist wohl der große Wunsch eines jeden Volierenbesitzers. Es sind in erster Linie hygienische Probleme, die einer Verwirklichung im Wege stehen (siehe Naturboden).

Damit man sich aber doch an den Vögeln in einer möglichst artgerechten und natürlichen Umgebung erfreuen kann, lassen sich zweckmäßige, gut zu reinigende Gehege mit einer Biotopvoliere kombinieren.

Hauptaufenthalt, Futter-, Schlaf- und Nistplatz ist das einfache Gehege. Bei trockenem, sonnigem Wetter öffnet man die Verbindungstür, und die Vögel können einen Ausflug in ihren „natürlichen Lebensraum" machen. Es ist wirklich ein großes Erlebnis, sie hier zu beobachten. Die von Natur aus neugierigen Vögel untersuchen jeden Winkel, und wenn man gelegentlich kleine Veränderungen des Bewuchses oder der Einrichtung (Wurzeln, Baumstümpfe etc.) vornimmt, entdecken sie immer wieder etwas Neues. Da aber ihr übliches Wohngebiet der einfache Gehegeteil ist, kehren sie dorthin gerne wieder zurück.

1.2.4. Gehegetyp D: Voliere mit Gitterboden (Abb. 132)

Für die intensive Zucht ist die Haltung der Rauhfußhühner auf Gitterboden aus arbeitstechnischen und hygienischen Gründen fast unerläßlich. Als Boden wird punktgeschweißtes Vierkantgeflecht mit der Maschenweite von $1,5 \times 1,5$ cm bis $2,0 \times 2,0$ cm für die kleineren Arten und $3,0 \times 2,0$ cm für Auerhühner verwendet. Etwa 50 cm unter dem Gitter ist ein glatter Estrichboden, der leicht gereinigt werden kann.

1.2.5. Gehegetyp E: Freigehege (Abb. 136)

Sehr reizvoll ist es, die einzelnen Arten der Rauhfußhühner in biotopgerechten Freigehegen von 1000–3000 m² unterzubringen. In schneearmen Gegenden kann diese Fläche mit dünnem Perlonnetz überspannt werden. Verzichtet man auf die Abdeckung, müssen die eingesetzten Vögel vorher flugunfähig gemacht werden (s. S. 129).

Abb. 135: Dach des Auerhuhngeheges Hinterhaibühl.

Foto: W. Scherzinger

Abb. 136: Freigehege in natürlichem Biotop.

Foto: H. Aschenbrenner

1.3. Fütterung

1.3.1. Besonderheiten des Verdauungstraktes

Bei Haushühnern ist die Ernährungsphysiologie wissenschaftlich genauestens erforscht. Diese Erkenntnisse sind aber nur teilweise auf Rauhfußhühner zu übertragen, da deren Nahrung ganz anders zusammengesetzt ist und diese Vögel gegenüber Haushühnern Unterschiede in den Verdauungsorganen und Verdauungsleistungen aufweisen.

Im Gegensatz zu den Säugetieren, die nur einen Blinddarm haben, besitzen die Vögel deren zwei; allerdings sind diese bei den einzelnen Arten verschieden stark ausgebildet (Abb. 137). Dies hängt mit der Nahrung zusammen. Bei den Fleischfressern sind sie nur angedeutet und für die Verdauung bedeutungslos. Das Haushuhn hat nur kurze Blinddärme, es benötigt demnach eine ballastarme, aber nährstoffreiche Nahrung. Bei den Rauhfußhühnern finden wir in Anpassung an die schwer aufschließbare, zellulosereiche Winternahrung so lange Blinddärme wie bei keiner anderen Vogelfamilie; sie können sogar so lang wie der ganze übrige Darm sein (Schneehuhn). Entgegen der bisherigen Meinung finden sich in den Blinddärmen keine grobfaserigen Bestandteile, sondern Kleinstpartikel, die den feinschmierigen Inhalt ausmachen, während die grobfaserigen Teile über die normale Enddarmlosung ausgeschieden werden. Diesen Gegebenheiten müssen wir das Futter im Gehege anpassen, wenn wir nicht aus Wildvögeln Haustiere machen wollen. Beim Schottischen Moorschneehuhn wurde zum Beispiel nachgewiesen, daß die Darmlänge sich bei reiner Pelletfütterung verringert, und nach einigen Generationen maßen die Blinddärme nur noch 52 % und die Dünndärme 72 % der ursprünglichen Länge (Moss, 1972). Sollen dann solche „domestizierten" Rauhfußhühner in die freie Wildbahn entlassen werden, sind sie organisch nicht mehr ohne weiteres in der Lage, in der rauhen Wildnis zu überleben.

Bei Nahrungsanalysen (PAULI, 1978) hat sich gezeigt, daß die bevorzugten Äsungspflanzen einen höheren Gehalt an verwertbaren Kohlenhydraten und verdaulichen Rohproteinen aufweisen als andere, weniger beliebte Sorten. Die Rauhfußhühner können demnach die Nahrung auswählen, die ihren jahreszeitlichen Bedürfnissen entspricht.

So zeichnen sich die bevorzugten Pflanzen im Frühjahr (sprießende Pflanzenteile, junge Blätter und Triebe, die wichtig für die Eiproduktion und die Mauser sind) durch einen hohen Rohproteingehalt aus. Im Herbst bilden Beeren die Hauptnahrung, die sich durch einen hohen Gesamtzuckergehalt – die Hauptenergiequelle – auszeichnen. Im Winter müssen manche Rauhfußhühner von einseitiger und schwer aufschließbarer Nahrung leben. Wenn die Vögel nicht durch ständige Störungen (z. B. Skilauf!) Energie verlieren und an der Nahrungsaufnahme gehindert werden, überstehen sie auch solche Winterbedingungen ausgezeichnet. Das Fichtenwaldhuhn erreicht sogar mit Koniferennadeln im Winter das Höchstgewicht (CURCHINOFF & ROBINSON), während skandinavische Birkhühner und das Kragenhuhn im November das höchste Gewicht aufweisen, im Laufe des Winters leichter werden und sich im Frühjahr rasch wieder erholen. Die Rauhfußhühner zeigen physiologische und morphologische Anpassungen, welche ihnen die Verwertung der rohfaserreichen und nährstoffarmen Nahrung ermöglichen. Im Gegensatz zu Haushühnern, die Rohfaser nicht verdauen, verwerten Birkhühner sie zu 10–24 %. Beim Fichtenwaldhuhn wird der Magen-Darm-Trakt im Winter länger und schwerer. Dadurch wird wahrscheinlich die Nahrung besser ausgenützt. ANDREEV ist der Auffassung, daß die Blinddärme

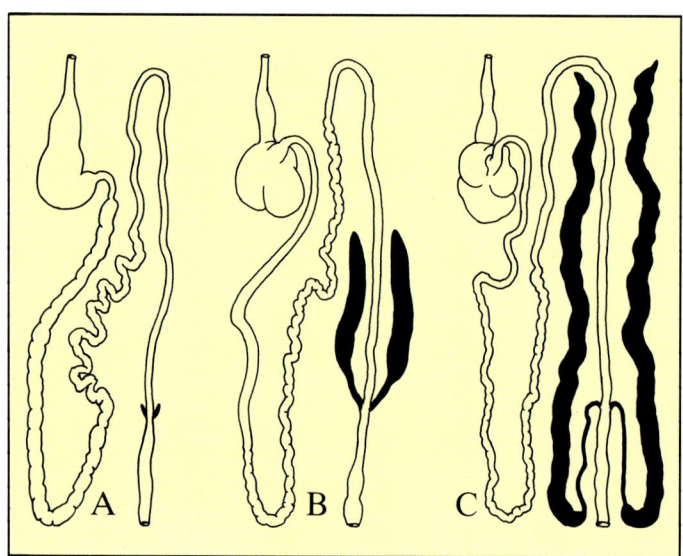

Abb. 137: Blinddarm von (A) Habicht, (B) Haushuhn, (C) Rauhfußhuhn.

Tab. 45: Gesamtblinddarmlänge einiger Rauhfußhühner aus freier Wildbahn

Art	Binddarmlänge in cm	Anzahl der Messungen	
Schottisches Moorschneehuhn	144 (±5)	29	(Moss)
Moorschneehuhn	89 (±3)	5	(Schumacher)
Auerhahn, Winter	180	1	(Müller, F.)
Auerhahn, Sommer	138	1	(Müller, F.)
Auerhahn	165	1	(Schumacher)
Auerhenne	138	1	(Müller, F.)
Auerhenne	95,9	4	(Liess)
Birkhahn	90	1	(Schumacher)
Birkhahn	70	2	(Müller, F.)
Haselhuhn	63	1	(Müller, F.)
Kragenhuhn	64,9	16	(Bump)

Tab. 46: Nährstoffgehalt einiger Nahrungspflanzen, Angabe in % der Trockensubstanz
Rp = Rohprotein, vRp = verdauliches Rohprotein,
Gz = Gesamtzucker, Rfa = Rohfaser

		Rp	vRp	Gz	Rfa
Lärchennadeln	Mai	30,7	21,5	4,9	11,6
	Juni	24,0	16,8	9,2	11,8
	August	16,0	11,2	11,8	24,0
	Oktober	16,5	—	13,6	22,7
Moorbeerblätter	Juli	17,6	10,6	11,3	18,9
Heidelbeerblätter	August	26,5	22,5	15,0	14,2
Alpenrosenblätter	August	15,9	10,8	23,3	15,8
Moosbeeren	August	7,1	—	46,3	7,3
Heidelbeertriebe	August	11,6	7,2	16,2	20,2
Lärchentriebe	Juni	11,3	—	11,9	24,5
Wacholdernadeln	August	11,3	—	14,8	24,9
Fichtennadeln	Juni	6,3	—	19,5	22,1
Birkenkätzchen	Winter	20,6	—	18,7	15,0

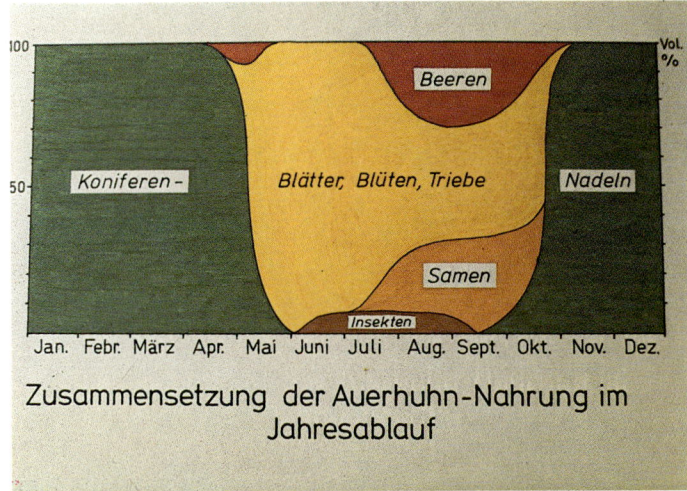

Abb. 138: Darstellung der Nahrungszusammensetzung im Jahresablauf bei Rauhfußhühnern am Beispiel des Auerhuhns.

von Auer-, Birk- und Haselhuhn erst unter extremen Winterbedingungen voll funktionieren (zit. bei PAULI, 1978). Bei natürlicher Ernährung im Gehege fand LIESS (Diss. Jena, 1982) bei 22 Auerhähnen eine Blinddarmlänge von 127,4 cm und bei 23 Auerhennen eine solche von 91,4 cm. Nach dieser Untersuchung ist die Länge der beiden Caeca unterschiedlich. Sie ist außer vom Geschlecht auch vom Alter der Tiere und von der Jahreszeit abhängig.

1.3.2. Futter im Gehege

Bei den Rauhfußhühnern in freier Wildbahn können wir im Jahreszyklus zwei Perioden unterscheiden: Winter und Sommer. Der Winter ist durch Einförmigkeit der Ernährung gekennzeichnet, der Sommer dagegen durch große Vielfalt. Koniferennadeln und Knospen als nahezu einzige Winternahrung verlieren im Frühjahr allmählich an Bedeutung und werden im Sommer von Blüten, Beeren, Halmen, Blättern und Stengeln aus der Bodenvegetation vollständig verdrängt (Abb. 138). Diese Bevorzugung der natürlichen Nahrung können wir im Gehege auch beobachten und sollten sie bei der Futterzusammensetzung berücksichtigen. Auerhühner zum Beispiel nehmen während der Wintermonate in Volieren täglich 110 bis 160 g Koniferennadeln auf, im Sommer fast keine.

Tab. 47: Bedarf an Koniferenästen von 70 erwachsenen Auerhühnern im Gehege (BRUCHHOLZ, 1980)

Januar	3,0 t	Mai	0,1 t	September	0,2 t
Februar	2,5 t	Juni	0,1 t	Oktober	1,7 t
März	1,5 t	Juli	0,1 t	November	2,5 t
April	0,2 t	August	—	Dezember	3,0 t

Die Vögel verzehren außer den Nadeln auch Zweigstücke, junge Zapfen, Knospen und Rinde.
Neben dieser Naturäsung stehen uns im Gehege weitere natürliche und industriell hergestellte Futtermittel zur Verfügung. Zur besseren Übersicht teilen wir das Futter für Rauhfußhühner in mehrere Gruppen ein.

1.3.2.1. Getreide

Hafer wird von den meisten Hühnervögeln wegen des großen Spelzenanteils (bis 50 %) abgelehnt. Für Rauhfußhühner, deren Verdauungsorgane für rohfaserreiche Nahrung geschaffen sind, ist es eine wichtige Getreideart. Daneben kann Mais, Weizen, Buchweizen und Hirse gegeben werden. Ein Auerhuhn frißt etwa 40 bis 50 g Getreide täglich. Man darf es den Tieren aber nicht unbegrenzt anbieten, damit sie nicht verfetten.

1.3.2.2. Grünfutter

In dieser Gruppe fassen wir alle frischen Pflanzen und deren Teile zusammen. Das Angebot soll im Jahresablauf wechseln; eine Auswahl ist in Tabelle 48 zusammengefaßt. Artspezifische Futterpflanzen sind bei den einzelnen Arten aufgeführt.

Mit Rinde, Knospen, Beeren, Blättern und Blüten nehmen die Vögel Ballast- und Pflanzeninhaltsstoffe wie ätherische Öle, Wachse, Harze, Gerb- und Bitterstoffe auf, die eine besondere Bedeutung zur Regulation der Verdauungsvorgänge und des Stoffwechsels haben.

Die Grünfütterung erfordert etwas Erfahrung und Fingerspitzengefühl. Hier einige Punkte, die berücksichtigt werden sollten:
- Keine giftigen Pflanzen (Goldregen, Liguster, Efeu)!
- Keine Pflanzen von Flächen, die mit Pestiziden behandelt wurden!
- Keine Pflanzen von Straßenrändern (Staub, Abgasrückstände)!
- Keine Pflanzen von Grundstücken, auf denen Geflügel Auslauf hatte und die mit Hühnermist gedüngt werden!
- Grünzeug nur frisch, aber nicht zu naß verfüttern, welke Reste entfernen!
- Grünfutter zerkleinern oder bündeln und 30–40 cm über dem Gehegeboden aufhängen.
- Sehr saftiges Futter (Kohl, Äpfel, Tomaten, Beeren usw.) anfangs nur in kleinen Mengen anbieten und dann allmählich steigern.
- Äpfel, Karotten und Zwiebeln können im Mixer zerkleinert werden.

Tab. 48: Auswahl an Naturnahrung im Gehege im Jahresablauf

Januar Februar	Äste von Fichte und Kiefer, Wacholder, Haselnuß und Birke (Kätzchen) Weiden (Kätzchen), Karotten, Äpfel, Zwiebeln
März April	Kiefer, Fichte, Birke, Weide, Espe, Buche (Knospen), Heidelbeersträucher (Triebe und Blätter), Wacholder, Ebereschen (Blattknospen), Karotten
Mai Juni	Fichte, Espe, Buche (Knospen und frische Blätter), Lärche, Heidelbeersträucher (Blätter und Blüten), Gras und Kräuter (Löwenzahn, Habichtskraut, Huflattich, Spitzwegerich, Schafgarbe, Sauerampfer, Bärenklau), Klee (Rot- und Weißklee, Luzerne), Schnittlauch, Salat, Kresse, Vogelmiere, Himbeer-, Aspen- und Weidenlaub
Juli August	Heidel- und Himbeersträucher (Blätter und Beeren), Aspen- und Weidenlaub, Lärche, Klee, Beeren (Erd- und Johannisbeeren), Gras, Salat, Schnittlauch, Vogelmiere, Brunnenkresse
September Oktober	Heidelbeersträucher, Espe, Ebereschenbeeren, Maiskolben, Äpfel, Lärche, Eicheln, Salat, Brunnenkresse, Preiselbeeren
November Dezember	Kiefer, Fichte, Wacholder, Ebereschenbeeren, Haselnußstauden, Karotten, Äpfel, Eicheln

1.3.2.3. Tierische Nahrung

Futtermittel tierischer Herkunft haben einen hohen Eiweißgehalt. Besonders wichtig ist die Eiweißversorgung während der Balz-, Aufzucht- und Mauserperiode. Durch Verfütterung von Mehlwürmern, Quark und hartgekochten Eiern kann der erhöhte Eiweißbedarf gedeckt werden.

1.3.2.4. Industriefutter (Pellets)

Mit der Verfütterung von Pellets ist ein ausgewogenes Verhältnis von Nähr- und Aufbaustoffen sowie die Vitamin- und Mineralstoffversorgung gewährleistet (Tab. 49, 50).

1.3.2.5. Futterverbrauch für Balz und Legeleistung

Im Frühjahr zeigt der Futterverbrauch von Birkhähnen und -hennen eine gleichartige Steigerungstendenz, sie wählen aber nach verschiedenen Kriterien aus. Hennen decken zur Brutvorbereitung und während ihrer Legeleistung vor allem ihren stark ansteigenden Eiweißbedarf, die Hähne dagegen selektieren von Mitte März bis Ende Mai nach Energiegehalt der Futtermittel bei konstanter Eiweißaufnahme. Diese steigt erst kurz vor Mauserbeginn drastisch an.

Infolge ihrer Balzaktivität müssen die Hähne einen erhöhten Energiestoffwechsel decken.

Tab. 49: Rp = Rohprotein, Rfe = Rohfett, Rfa = Rohfaser, Ra = Rohasche

Pelletart	Zeit der Fütterung	Gehalte an Inhaltsstoffen in %			
		Rp	Rfe	Rfa	Ra
Putenstarter (Alleinfutter für Truthühnerküken, gekörnt)	1.–4. Woche	28,0	3,5	4,0	8,0
Kükenstarter (Alleinfutter für Hühnerküken)	5.–12. Woche	18,0	3,0	5,5	6,5
Junghennenpellets (Alleinfutter für Junghennen)	Sept.–März	14,0	3,0	5,5	6,5
Legehennenpellets (Ergänzungsfutter für Legehennen, gekörnt)	März–Juli	20,0	3,5	5,5	16,0

In jedem der vier vorgestellten Industriefuttermittel sind außerdem Vitamine und verschiedene Zusatzstoffe enthalten.

Vorsicht: Solche Zusatzstoffe können eventuell für Rauhfußhühner schädlich sein!

Tab. 50: Futterzusammensetzung für Rauhfußhühner zum Selbstpelletieren (WIPPER)

Futtermittel	Rohproteingehalt in %	Mischanteile in %			Rohproteingehalt in g/kg		
		I	II	III	I	II	III
Luzernegrünmehl	17,5	6	6	6	10,5	10,5	10,5
Leinsamen	22,8	3	3	3	6,8	6,8	6,8
Weizenschälkleie	8,8	5	5	5	4,4	4,4	4,4
Weizen	10,8	40	25	20	43,2	27,0	21,6
Hafer	11,0	25	16	15	27,5	17,6	16,5
Mais	9,9	15	10	3	14,9	9,4	3,0
Sojaschrot extrahiert	48,0	4	18	11	19,2	86,4	129,6

Zur Entwicklung dieses Grundfutters wurde der Beliebtheitsgrad von Weizen, Hafer, Gerste, Mais und Buchweizen ermittelt. Auf dieser Basis wurden dann 3 Grundfuttersorten mit verschiedenem Eiweißgehalt zusammengestellt. Im Winter werden I und II, im Frühjahr I, II und III zur freien Auswahl angeboten (Tab. 50).

Tab. 51: Täglicher Futterverbrauch bei 4,6 Birkhühnern über 5 Tage (WIPPER)

Grundfutter	40,2 g	(67,5 %)
Fichtenzweige	13,6 g	(22,8 %)
Löwenzahn	5,8 g	(9,7 %)

1.3.2.6. Vitamine und Mineralstoffe

Zur Sicherung einer vollwertigen Ernährung können dem Futter noch Mineralstoffmischungen mit Spurenelementen und Vitaminen beigegeben werden. Mangan soll bei jungen Rauhfußhühnern das Auftreten der Perosis (Ausdrehen eines Fußes) verhindern (TSCHIRCH, 1980).

Tab. 52: Vitamin-Spurenelement-Mineralstoff-Vormischung zum Einmischen von 1 Gewichtsprozent pro 1 kg Fertigfuttermischung

Vitamine	A	300 000 I. E.
	D_3	50 000 I. E.
	E	4 000 mg
	C	5 000 mg
	B_1	200 mg
	B_2	400 mg
	Folsäure	35 mg
	B_6	300 mg
	B_{12}	1 mg
	Nicotinsäureamid	4 000 mg
	D-Pantothensäure	1 000 mg
	K_3	100 mg
	Cholinchlorid	1 300 mg
	BHT	15 000 mg
Spurenelemente	Mangan	6 500 mg
	Zink	5 000 mg
	Eisen	1 500 mg
	Kupfer	100 mg
	Selen	100 mg
	Jod	10 mg
	Kobalt	5 mg
Mineralstoffe	Calcium	176 g
	Phosphor	100 g
	Natrium	120 g
Aminosäuren zusätzlich	Methionin	20 g
	L-Lysin	40 g

1.3.2.7. Grit

Rauhfußhühner benötigen zum Zermahlen der rohfaserreichen Nahrung im Muskelmagen kleine Steinchen. Auerhühner nehmen meist weiße und helle Silikate und Quarzite mit einem Mindesthärtegrad von 4–5 auf. Der Durchmesser beträgt bei juvenilen Tieren 1–2 mm, bei erwachsenen Auerhennen 3,6–4,0 mm und bei erwachsenen Auerhähnen 4,1–5,0 mm. Im Gehege bietet man den Rauhfußhühnern am besten ein Gemisch aus feinen Kieselsteinen an, die Vögel selektieren selbst die ihnen zusagenden Größen. Bei Gehegen mit Kiesboden (Körnung 0/2) ist natürlich eine eigene Gritfütterung nicht nötig.
Den Küken bieten wir ab einer Woche feinsten Kies (Küchensieb) an.

Kapitel 2
Die Zucht

2.1. Balz- und Territorialverhalten

Meist wird für das gesamte Fortpflanzungsverhalten der Hähne der mißverständliche Ausdruck „Balz" verwendet. Dies ist aber nicht korrekt, da zwischen dem Territorialverhalten (Territorium = besetztes und gegen Artgenossen verteidigtes Gebiet) und der eigentlichen Werbung nicht unterschieden wird. Während bei den monogamen Arten (Haselhuhn, Kragenhuhn, Fichtenwaldhuhn, Felsengebirgshuhn) der Hahn den größten Teil des Jahres sein Revier besetzt hält, drängen sich die anderen Arten (Beifuß-, Birk- und Präriehuhn) nur zur Fortpflanzungszeit auf den kleinen Revieren eines Arenabalzplatzes.

Um die Aktivitäten der Tetraoniden mit ihren manchmal grotesken Gefiedermerkmalen und Lautäußerungen zu vergleichen, kann das Fortpflanzungsverhalten in ein Schema zusammengefaßt werden (HJORTH, 1970).

2.1.1. Kundgabe

Durch akustische und optische Signale versucht der Hahn, Rivalen abzuhalten und Hennen anzulocken (Revierflug, Flattersprung, Trommeln, Reviergesang).

2.1.2. Imponieren

Der Hahn demonstriert seine Souveränität innerhalb seines Reviers durch drastische Veränderung seiner Haltung, sobald ein Artgenosse auftaucht (gleich ob Hahn oder Henne). Durch Heben der Schwanzfedern und Aufplustern des Gefieders erscheint der Vogel viel größer.

Mit den meist weißen Unterschwanzfedern werden leuchtende Signale nach hinten gesetzt. Intensive Farben an „Rosen" und Luftsäcken, gesträubter Kehlbart und gespreiztes Halsgefieder vervollständigen den Ornat der Hähne. Dazu lassen sie ihre Gesänge hören.

2.1.3. Intensive Werbung (und Drohung)

In dieser Phase werden die Verhaltensweisen der vorangegangenen Phase noch gesteigert: Ein Hahn befindet sich in unmittelbarer Nähe eines Artgenossen, und durch sein kraftvolles Auftreten zwingt er sein Gegenüber, sein Geschlecht darzulegen. Durch Unterwerfung, Flucht oder Drohhaltung „bekennt der Eindringling Farbe". Es werden jetzt Vorbereitungen zur Paarung oder zum Kampf getroffen.

Im Gehege führt diese Phase (im Herbst oder Frühjahr) häufig zu einer gefährlichen Situation. Bei paarweise untergebrachten Rauhfußhühnern erkennt der dominierende Hahn nicht das Geschlecht seines Partners. Sein Fortpflanzungsverhalten ist häufig verfrüht. Die Henne ist aber zu einem so frühen Zeitpunkt (Februar oder März) noch nicht tretbereit und flieht. Der Hahn stellt ihr nach und hat sie an der Gehegewand bald eingeholt. Hier kann er durch Schnabelhiebe schwere Kopfverletzungen oder gar den Tod der Henne herbeiführen.

2.1.4. Kopulation

Sind die Rauhfußhennen so weit stimuliert, daß sie bereit sind, sich vom Hahn treten zu lassen, ducken sich alle Rauhfußhennen nieder und spreizen mehr oder weniger stark die Flügel ab. Der Hahn besteigt die Henne meist von der Seite und greift ihr mit dem Schnabel kurz hinter den Augen in den Nacken (Ausnahme: Beifußhuhn). Ein Tretakt genügt wahrscheinlich bei allen Rauhfußhühnern für die Befruchtung eines Normalgeleges. Bei einigen Arten ist dies nachgewiesen, beim Kragenhuhn waren sogar 14 Eier befruchtet (BUMP et al., 1947). Eine Auerhenne legte 72 Stunden nach dem Treten ein befruchtetes Ei.

2.1.5. Drohhaltung

Der Hahn verharrt in einer Haltung, die als Fortsetzung der intensiven Drohung angesehen werden kann. Der Schnabel berührt oft den Boden, manchmal beugt der Hahn den Kopf auf und ab. In Konfliktsituationen, z. B., wenn der Hahn sich seines Gegenübers nicht sicher ist (ob Hahn, Henne oder auch Mensch), pickt er kräftig gegen die Erde.

2.1.6. Kampf

Wenn der intensiv drohende Hahn eine Attacke vorbereitet, legt er das Halsgefieder an und zieht den Kopf nach hinten. Dann werden die Flügel abgespreizt und der Schwanz gesenkt.

Normalerweise sind die Schnäbel die primären Angriffswaffen, und die Hähne hacken damit gegen Schnabel, Kopf oder Hals des Gegners. Wird der Kampf intensiver, gipfelt er in kräftigen Flügelschlägen. Bei den Präriehühnern kommen auch manchmal die Füße zur Anwendung.

2.2. Brut
2.2.1. Behandlung der Eier

Die Eier werden täglich viermal abgesammelt und in neuen Eikartons mit der Spitze nach unten bei einer Temperatur von 12 bis 13 °C und einer relativen Luftfeuchtigkeit von 75–85 % höchstens eine Woche lang gelagert. Grober Umgang beschädigt das Innere oder die Schale!

Das Einsammeln ist besonders wichtig, wenn das Wetter sehr warm, kalt oder regnerisch ist. Bakterien und Viren können bereits vor dem Legen (daher nur gesunde Zuchttiere) oder auch durch die Poren der Eischale (in drei Stunden) in das Ei eindringen und es infizieren. Eine nasse oder mit Kot beschmutzte Eischale vergrößert die Infektionsgefahr erheblich. Schmutzige Eier kommen nicht in Kontakt mit sauberen und müssen so bald als möglich gereinigt werden. Nachdem größere Schmutzklumpen mit trockenem Sandpapier entfernt worden sind, werden die Eier in warmem Wasser (etwa 40 °C) vorsichtig 3 Minuten bewegt und anschließend auf einem Gitterrost luftgetrocknet.

Ebenso wichtig für das frühzeitige Waschen ist auch das Begasen so bald als möglich nach dem Legen, damit alle Keime abgetötet werden, solange sie noch an der Oberfläche der Schale sind. Zur Begasung mit Formalin werden die Eier in einen verschließbaren Behälter gelegt. Man nimmt je Liter Rauminhalt 3,5 ml Formalin (35 %) und 1,75 ml Wasser und schüttet diese Lösung in ein Gefäß, das 2,5 g Kaliumpermanganat enthält (Vorsicht! Schäumt über!). Bei Zimmertemperatur dauert die Begasung 30 Minuten, anschließend werden die Eier an die frische Luft gebracht. Gelangen die Eier nach einigen Tagen unbebrütet in den Brutapparat, wird die Begasung wiederholt. Sie dauert 2 Stunden bei laufendem Ventilator und geschlossenen Luftklappen.

2.2.2. Naturbrut

Soll eine Henne selbst brüten, können die Eier im Nest gelassen werden. Hier dauert es immer über 2 Wochen, bis

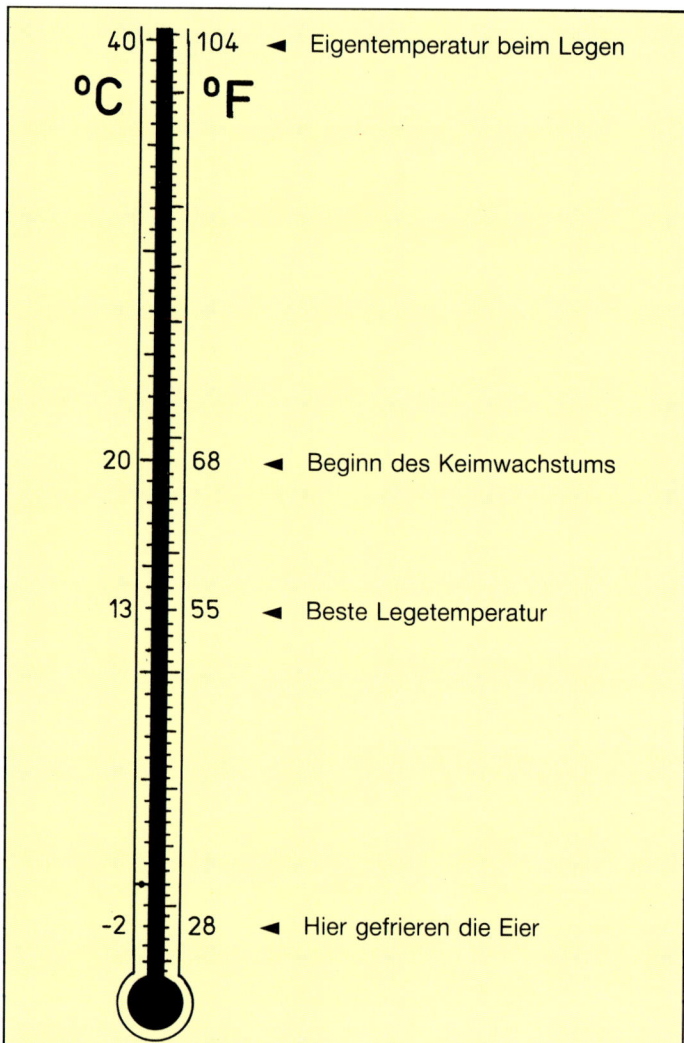

Abb. 139: Kritische Temperaturen, die beim Umgang mit Eiern von Hühnervögeln zu beachten sind.

ein Gelege vollständig ist. Der Schlupferfolg ist trotzdem hervorragend. Im Naturnest haben wir ganz andere Bedingungen. Die Eier werden auf etwa 26 °C aufgewärmt und gewendet, und zwar jedesmal, wenn ein neues Ei gelegt wird; außerdem werden die Eier durch das gegenseitige Reiben und das natürliche Fett der Federn gereinigt.

Rauhfußhühner brüten in Gefangenschaft selbst, wenn sie ungestört sind. Die brütende und führende Henne sollte ein eigenes Gehege haben. Sicher sind bei dieser Methode Temperatur, Feuchtigkeit und Gewicht ideal. Doch muß die Henne laufend kontrolliert werden, ob sie das Gelege nicht vorzeitig aufgibt. Brutunterbrechungen von einem Tag und mehr im letzten Drittel werden meist gut überstanden, die Küken schlüpfen nur entsprechend später. Sie können nach dem Schlupf bei der Henne belassen oder künstlich aufgezogen werden.

2.2.3. Ammenbrut

Diese Methode bringt gute Ergebnisse, wenn man selbst über einen Stamm zuverlässig brütender Zwerg- oder Seidenhühner verfügt. Brütet eine solche Henne bereits mehrere Tage auf Hühnereiern, wird sie in ein kleines Bruthäuschen zunächst auf Hühnereier gesetzt. Die etwas erhöhte Nestmulde wird mit Heu oder Stroh ausgelegt. Das Umsetzen vom Hühnerstall gelingt am besten bei Dunkelheit. Sitzt die Henne zuverlässig, werden die Hühnereier gegen Eier der Rauhfußhühner ausgetauscht.
Etwa 5 Tage vor dem Schlupf (möglich ab 10. Bruttag) kommen die Eier in die Brutmaschine. Die Aufzucht durch eine Amme geht meist nicht gut, weil sich die Rauhfußhuhnküken und die Henne nicht „verstehen". Außerdem stellt die Amme eine große Infektionsquelle für die Küken dar.

2.2.4. Maschinenbrut

Eine Bruthenne kontrolliert in ihrem Nest instinktiv Temperatur, Feuchtigkeit, Belüftung und Wenden der Eier. Ähnlich günstige Bedingungen müssen im Brutapparat auch geschaffen werden. Leider ist es heute noch nicht möglich, für alle Rauhfußhuhnarten verbindliche Brutdaten zu nennen. Die Literaturangaben darüber sind zu unterschiedlich. Sehr häufig wurden angebrütete Eier aus der Wildbahn im Inkubator weiter bebrütet, was natürlich ganz andere Ergebnisse bringt.

Die Aufstellung des Brutapparates, die Raumtemperatur usw. sind der Gebrauchsanweisung des jeweiligen Fabrikates zu entnehmen. Rauhfußhuhneier sollen nach 21 Tagen 13 % an Gewicht verloren haben, dann schlüpfen die Küken am besten. Dieser Verlust läßt sich nach folgender Formel leicht berechnen:

Tab. 53: Daten für die Maschinenbrut (BUMP, 1947)

Brutbedingungen	Flächenbrüter		
	1. Woche	2. u. 3. Woche	ab 20. Tag
Temperatur	39,5 °C	39,5 °C	39,5 °C
Relative Luftfeuchtigkeit	60–65 %	60–65 %	60–65 %
Lüftung	¼ offen	½–⅔	reduzieren
Wenden (pro Tag)	3–4mal	3–4mal	nicht mehr

	Motorbrüter		
Temperatur	37,5 °C	37,5 °C	37,5 °C
Relative Luftfeuchtigkeit	60–65 %	60–65 %	60–65 %
Lüftung	klein	mäßig	reichlich
Wenden (pro Tag)	3–4mal	3–4mal	nicht mehr

$$\frac{WL}{WE} \times \frac{I}{D} \times 100 = \text{Gewichtsverlust in Prozent}$$

WL = Gewicht der Eier während des Brütens
WE = Gewicht der Eier beim Ansetzen
I = Brutdauer (z. B. 26 Tage beim Auerhuhn)
D = Anzahl der Bruttage zum Zeitpunkt des Wiegens

2.2.4.1. Meine Methode der Kunstbrut

Angebrütete Eier kommen ab 10. Bebrütungstag in die Brutmaschine. Die Bebrütung in den kritischen ersten Tagen wird einer Rauhfuß- oder Zwerghenne überlassen. Bei Auer-, Birk- und Haselhuhn, bei den 3 europäischen Schneehühnern sowie bei Prärie-, Kragen- und Fichtenwaldhuhn habe ich dabei gute Ergebnisse erzielt. Ab 1982 wurde die Bruttemperatur von 37,5 °C auf 36,5 °C (± 0,5 °C) bei gleicher relativer Luftfeuchtigkeit gesenkt. Damit sind für Auer- und Haselhuhn ideale Schlupfverhältnisse geschaffen worden. 1984 schlüpften aus 48 befruchteten Auerhuhneiern 47 Küken. Das 48. Ei ist während der Naturbrut aus dem Nest gerollt und lag einen Tag abgekühlt draußen, was den Tod des Embryos zur Folge hatte. Im gleichen Jahr schlüpften aus 13 befruchteten Haselhuhneiern 12 Küken.

Während der ganzen Brutzeit habe ich einen Motorbrüter auf eine Temperatur von 36,5 °C (± 0,5 °C) und eine relative Luftfeuchtigkeit von 70 % (± 5 %) eingestellt. Die Lüftungsöffnungen sind ¼ geöffnet, und gewendet wird 3mal täglich bis 2 Tage vor dem Schlupf.
Vor der ersten Belegung wird der Brutapparat begast und möglichst nach jedem Schlupf gereinigt und desinfiziert.

2.2.4.2. Was ist für einen guten Schlupf alles notwendig?
– Gesunde Zuchttiere
– Blutsfremde Zuchttiere
– Artgerechte und ausgewogene Ernährung der Zuchttiere
– Richtige Versorgung mit Vitaminen, Mineralstoffen und Spurenelementen
– Saubere Nistgelegenheiten in einer sauberen Umgebung
– Sorgfältige Behandlung und richtige Lagerung der Bruteier
– Keine zu alten Eier
– Begasung der Eier
– Gesunde und zuverlässige Glucken
– Ein gut funktionierender Brutapparat in einem geeigneten Raum
– Begasung des Brutapparates
– Richtige Bruttemperatur
– Richtige relative Luftfeuchtigkeit
– Richtige Belüftung
– Abkühlung der Eier während des Brütens
– Wenden der Eier
– Langsames Aufwärmen (6 Stunden bei Zimmertemperatur) kühl gelagerter Bruteier vor dem Einlegen in den Brutapparat

2.3. Aufzucht der Küken
2.3.1. Künstliche Aufzucht
2.3.1.1. Grundforderungen der künstlichen Aufzucht
– Die Aufzucht muß in mehreren Etappen erfolgen, d. h., die Rauhfußhühner kommen unter Berücksichtigung physiologischer und verhaltenskundlicher Aspekte in immer größere Aufzuchtkästen bzw. Gehege.
– Der Wärmebedarf der heranwachsenden Küken muß durch eine künstliche Wärmequelle gedeckt werden. Bei Zimmertemperatur sollen am Boden unter dem Strahler 40 °C gemessen werden. Die Küken regeln ihre notwendige Wärmezufuhr durch Häufigkeit und Dauer des Aufenthaltes unter der Wärmelampe. Mit dem Älterwerden entwickelt sich der eigene Mechanismus zur Regelung der Körpertemperatur.
– Aufzucht in der Gruppe: Die Küken müssen in gleichaltrigen und gleichartigen Gruppen aufgezogen werden. Jede Gruppe, die im Brutapparat schlüpft, bleibt bis September zusammen. Schlüpfen nur einzelne Tiere, sind diese im Alter von 3 Tagen einer anderen Gruppe beizusetzen, wobei der Altersunterschied höchstens 6 Tage betragen soll.

Steht eine artgleiche Gruppe nicht zur Verfügung, muß man notgedrungen auf verwandte Arten ausweichen. So können Prärie- und Spitzschwanzhühner, Auer- und Birkhühner, Hasel- und Kragenhühner vorübergehend gemeinsam aufgezogen werden. Auf alle Fälle muß man die Aufzucht eines Einzeltieres vermeiden. Es wird zu stark auf seinen Pfleger geprägt, und es gewöhnt sich nach Wochen der Isolation nicht mehr an Artgenossen.

2.3.1.2. Vorteile der Aufzucht in getrennten Gesperren
– Die Küken können ihr arteigenes Sozialverhalten (Stimmfühlungslaute, gemeinsame Aktivitätsrhythmik usw.) ohne fremden Einfluß entwickeln.
– Die Küken sind in ihrer Entwicklung gut zu überwachen. Alle Tiere einer Gruppe müssen annähernd das gleiche Gewicht aufweisen. Bei einigen Arten muß dabei allerdings das Geschlecht berücksichtigt werden.
– Die verschiedenen Futtermittel können entsprechend der Altersgruppe eingesetzt werden.
– Die Küken können im Rahmen der etappenweisen Aufzucht gemeinsam umgesetzt werden.
– Durch das Zusammenbleiben der gleichen Tiere in einer Gruppe werden durch neue Vögel keine Krankheitserreger eingeschleppt.
– Eine einfache Gesundheitskontrolle mit Krankheitsvorbeugung und Behandlung ist möglich (LIESS, Diss. Jena, 1982).

2.3.1.3. Aufzucht auf Draht- oder Naturboden
Vergleicht man die Vor- und Nachteile dieser Haltungsformen, so spricht vieles (z. B. Hygiene, Arbeitserleichterung) für die Drahtrosthaltung. Das Widerstreben gegen eine so „unnatürliche" Haltungsform sollte zugunsten der

Sicherheit und des Gelingens einer Aufzucht zurückstehen. In unseren Aufzuchten haben wir die Drahtbodenhaltung auf die Aufzuchtphase vom 3. bis 50. Tag beschränkt.

2.3.1.4. Die Praxis unserer künstlichen Aufzucht

Nach dem Schlupf bleiben die Küken etwa einen halben Tag im Brutapparat. Eine Fütterung ist nicht notwendig, da die Küken von der Resorption des Dotters und von Fettreserven leben. Anschließend kommen sie in einen kleinen Aufzuchtkasten (100 × 50 × 50 cm), der in einem zugfreien Raum aufgestellt ist. Die Gittertür an einer Schmalseite ermöglicht eine Umwälzung der Luft (sehr wichtig!). Ab dem 7. Tag ist auch ein Gitterdeckel erforderlich. Als Wärmequelle dient eine Infrarotlampe (150 W), ein Dunkelstrahler oder eine Wärmeplatte. Während dieser kritischen Aufzuchtzeit in der ersten Lebenswoche sollen die Kleinen möglichst ganztägig unter Kontrolle sein. Dabei ist besonders auf Futteraufnahme, Untugenden, Verletzungen, richtige Wärme und Luftfeuchtigkeit, Durchfall und Schlundverstopfung zu achten (Abb. 140). Bei sommerlichen Temperaturen und Sonnenschein sollten Küken vom 3.–7. Tag an auch vorübergehend ins Freie gebracht werden. Klettern auf belaubten Ästchen, Sonnenbaden und Ausruhen an einem schattigen Plätzchen bereitet den Jungen offensichtliches Wohlbehagen und dient der Stabilisierung ihrer Gesundheit. An solchen Tagen brauchen die kleinen Küken keine zusätzliche Wärmequelle.

Sind nur wenige Küken zu erwarten, wird der Boden des Aufzuchtkastens mit niedrigem Moos ausgelegt. Hier finden die Küken ausreichend Halt, und der Bildung von Spreizfüßen wird vorgebeugt. Nach 2 Tagen wechselt man das Moos gegen Zellstoff (Küchenkrepp) aus.

Bei größeren Aufzuchten werden die Kästen gleich mit Zellstoff ausgelegt; geraffte und angefeuchtete Handtücher bieten den Füßchen Halt. Ab dem 3. Tag kommt in die Aufzuchtkästen ein Gitterboden (1 cm Maschenweite). Es ist sehr zweckmäßig, wenn mehrere solche Kästen zur Verfügung stehen und mit Schlupflöchern verbunden sind. Es sollen nur Küken der gleichen Art, des gleichen Alters und nicht mehr als 5–6 Stück zusammen untergebracht sein.

Neben dem Futtergeschirr bieten Ästchen von Laubbäumen, ein kleines Rasenstück u. a. den Küken Beschäftigung.

Abb. 140: Aufzuchtkasten I für Rauhfußhühnerküken in den ersten 8 Tagen. Foto: H. Aschenbrenner

Je nach Witterung werden sie mit 8–10 Tagen in die großen Aufzuchtkästen (Abb. 141) ins Freie gebracht. Im Alter von 3–4 Wochen ist eine Wärmequelle nicht mehr erforderlich. Auerhühner können z. B. ab dem 19. Tag ihren Wärmehaushalt selbständig regulieren.

In der Aufzuchtphase müssen die Küken laufend mit Ästen, Heidel- und Himbeersträucher, Rasenstücken mit Wiesenameisen, Hudergelegenheiten usw. beschäftigt werden. Kommt es zu Verletzungen der Wachshaut, muß man die Seitengitter der Ausläufe etwa 20 cm hoch verblenden. Die Maschenweite des Bodens richtet sich nach der Größe der Tiere. Begonnen wird mit Gitterrosten von 1 cm Maschenweite. Fällt die Losung nicht mehr durch, wird eine größere Maschenweite (2 cm) gewählt.

In den Jahren 1980 bis 1984 habe ich sowohl mit natürlicher als auch künstlicher Aufzucht gearbeitet. Die besten Ergebnisse wurden mit angebrüteten Eiern erzielt, die ab 10. Bebrütungstag in den Brutapparat kamen. Vorgebrütet wurde hauptsächlich mit Zwerg-, aber auch mit Rauhfußhühnern. Während bei natürlicher Aufzucht selten über 50 % der Küken groß wurden, waren es nach der in Abb. 142 aufgezeigten Methode immer über 90 %. In den Jahren 1980 und 1981 habe ich die in der nachfolgenden Tabelle aufgeführten Rauhfußhühner gezüchtet. Berücksichtigt wurde die gesamte Aufzuchtzeit bis in den Frühherbst, ein Zeitpunkt, zu dem die jungen Rauhfußhühner ihre Jugendmauser abgeschlossen haben.

Tab. 54: Verschiedene Arten der Rauhfußhühner, die in den Jahren 1980 und 1981 von uns künstlich aufgezogen wurden

Art	Zahl der geschlüpften Küken	Zahl der gestorbenen Küken	Zahl der aufgezogenen Küken
Auerhuhn	69	11	58
Birkhuhn	30	3	27
Haselhuhn	30	–	30
Alpenschneehuhn	28	3	25
Moorschneehuhn	12	–	12
Fichtenwaldhuhn	22	1	21
Kragenhuhn	33	2	31
Präriehuhn	19	1	18
Gesamtzahl	243	21	222
Angabe in %	100	8,6	91,4

Tab. 55: Todesursachen bei der Aufzucht

Todesursachen	Anzahl
Kolibazillose	4
Perosis	2
Durchfall	6
Kannibalismus	2
Ersticken	1
Unglücksfall	6

In den Jahren 1982 und 1983 starben 4 von 73 geschlüpften Auerhuhnküken. Davon verunglückten 2 im September in einem Ausbürgerungsgehege, die anderen 2 hatten Wachstumsstörungen und starben etwa mit 3 Monaten. Die übrigen 69 (= 94,5 %) wurden in den Monaten September und Oktober des jeweiligen Jahres in die freie Wildbahn entlassen.

Abb. 141: Aufzuchtkasten II im Freiland für größere Küken.
Foto: H. Aschenbrenner

Tab. 56: Ergebnis der künstlichen Aufzucht bei Auerhühnern 1984

Anzahl der Eier	Befruchtete Eier	davon geschlüpfte Küken	davon aufgezogene Küken
56	48 (= 85,7 %)	47 (= 97,7 %)	45 (= 95,7 %)

2.3.2. Natürliche Aufzucht

Die Aufzucht der Rauhfußhühnerküken durch die eigene Mutter wurde bisher erst bei einigen Arten (Auer-, Birk-, Hasel-, Alpenschneehuhn) unternommen. Die Hennen zeigten gute Führungseigenschaften (Abb. 144, 145). Voraussetzung für eine erfolgreiche Aufzucht ist ein eigenes Gehege für Henne und Küken. Störungen (Hunde, Katzen, Besucher) sollen ferngehalten, der Boden muß mehrmals täglich gesäubert werden. Im überdachten Teil des Geheges wird eine Wärmelampe aufgehängt. Das Gehege darf keine Absätze, Ritzen und Spalten enthalten, in denen Küken verunglücken können.
Schneehuhnküken schlüpfen durch einen Maschendraht mit 2 cm Maschenweite.

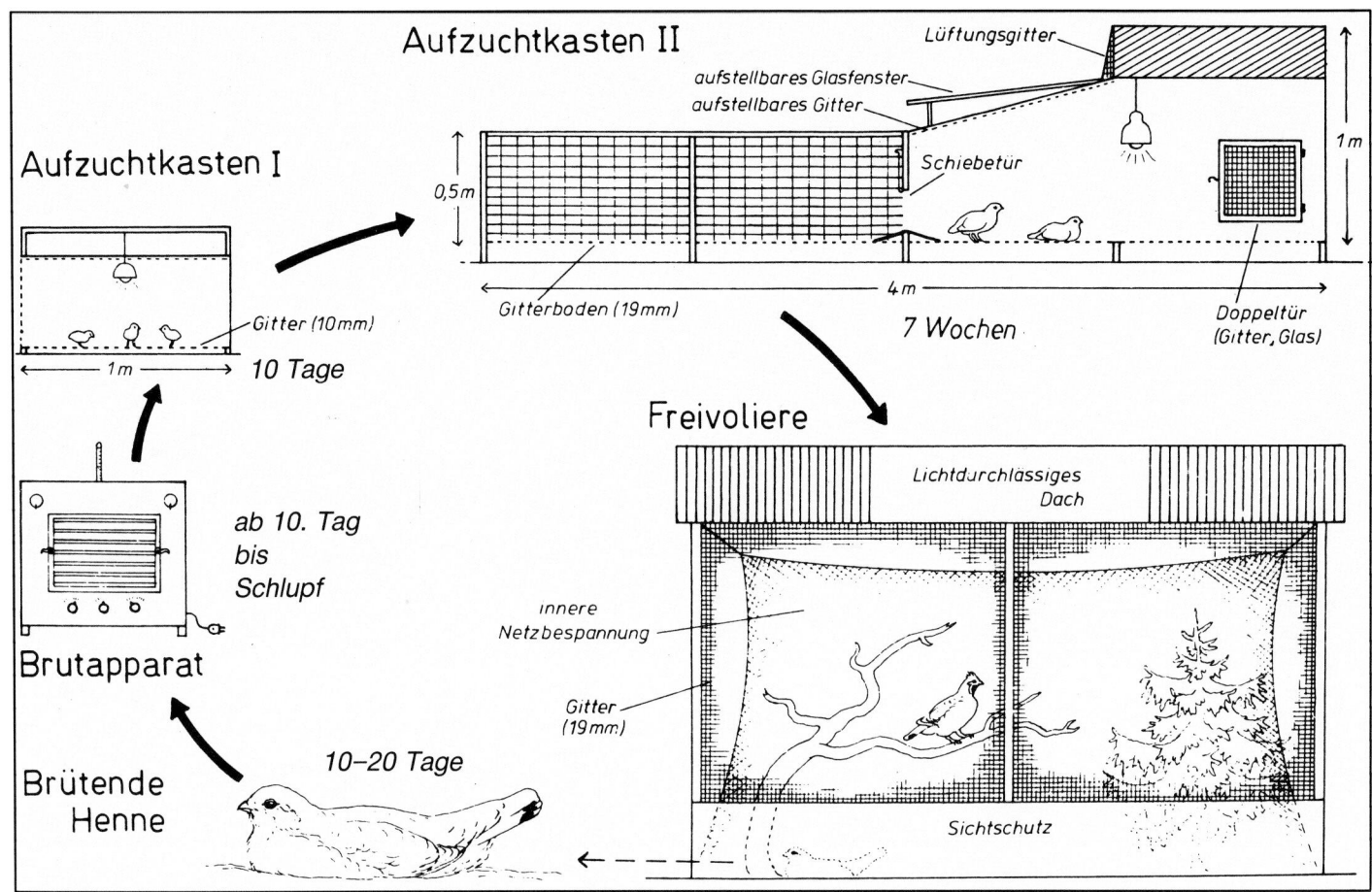

Abb. 142: Schematische Darstellung von Brut und Aufzucht im Gehege.

Nach dem Schlupf bleibt die Henne noch ca. 24 Stunden auf den geschlüpften Küken sitzen. In dieser Ruhepause kräftigen sich ihre Gliedmaßen und es gibt daher bei Naturbrut keine Spreizfüße und Kippflügel.

Die Henne führt in der Regel die Küken zu dem ihr bekannten Futterplatz, wo neben dem gewohnten Futter für die Henne auch Aufzuchtfutter angeboten wird. Dabei bevorzugen die Küken diejenigen Futtersorten, die auch die Mutter aufgenommen hat. Die Alpenschneehenne läßt für die Küken Insekten und Blattstückchen wieder aus dem Schnabel fallen (THALER, 1983). Die Rauhfußhühnerküken sind in den ersten Lebenstagen sehr kälteempfindlich. Bei Temperaturen um den Gefrierpunkt und darunter gelingt keine natürliche Aufzucht im Freien. Temperaturen von 3–5 °C werden ein oder zwei Tage ertragen. Bei länger dauernden Kälteperioden sterben die Küken an Schwäche und Durchfall (SCHERZINGER, 1981).

Ab 8.–12. Lebenstag beeinflussen Schlechtwetterperioden die Aufzucht kaum mehr, vorausgesetzt das Gehege ist trocken und störungsfrei. Küken aus natürlicher Aufzucht wachsen sehr viel langsamer als bei künstlicher Aufzucht. Bis zum Herbst erreichen sie aber ein normales Endgewicht.

Abb. 143: Nest (Auerhuhn). Foto: R. Diemer

Abb. 144: Alpenschneehenne mit Küken (Alpenzoo Innsbruck). Foto: E. Thaler

Hennenaufgezogene Rauhfußhühnerküken bleiben extrem scheu und sind deshalb für eine Volierenhaltung schlecht geeignet. Günstig ist diese Aufzuchtmethode jedoch für Küken, die für eine Freisetzung bestimmt sind.

2.3.2.1. Risiken der natürlichen Aufzucht
– Hohe Unfallquote bei Küken und Hennen
– Verhungern der Küken
– Normale Eizahl, keine Nachgelege
– Brutaufgabe bei Störungen
– Verlassen des Geleges bei Schlupf der ersten Küken
– Eierdiebstahl durch Räuber (Hermelin, Siebenschläfer, Ratten)
– Absterben der wochenlang im Nest gelagerten Eier
– Witterungseinfluß auf Eier und Küken
– Töten der Küken durch konkurrierende Hennen

2.3.2.2. Vorteile der natürlichen Aufzucht
– Natürlicher Verlauf von Brut und Aufzucht
– Kennenlernen der Futterarten am Beispiel der Mutter
– Natürliche Entwicklung des Feindverhaltens
– Arbeitserleichterung
– Weitergabe wichtiger Informationen über Futtersuche und Feindverhalten

Tab. 57: Vergleich der Aufzuchtergebnisse von Birkhühnern mit Natur- und Kunstbrut (WIPPER)

Aufzuchtrate bei künstlicher Aufzucht	80,2 %
Aufzuchtrate bei natürlicher Aufzucht	44,8 %
Natürliche Aufzucht in der Freivoliere:	
Verluste durch Unterkühlung	52,2 %
Verluste durch Krankheiten	9,5 %
Natürliche Aufzucht in witterungsgeschützter Holzvoliere:	
Verluste durch Unterkühlung	22,5 %
Verluste durch Krankheiten	27,5 %

2.4. Fütterung der Küken

In der Aufzuchtzeit ist die Fütterung aller Rauhfußhühnerküken gleich. Erst in den Spätsommerwochen, wenn die Jungtiere allmählich ihr Jugendkleid ablegen, kann in dem Naturfutter den Bedürfnissen der jeweiligen Art Rechnung getragen werden. Richtiges, einwandfreies Futter, in einer sauberen Umgebung angeboten, ist der Schlüssel zu einer erfolgreichen Aufzucht.

Tab. 58: Fütterungsplan

Tag	Was wir bei der künstlichen Aufzucht füttern müssen	Was sonst noch gefüttert werden kann
1.	Hartgekochtes Eigelb (10 Minuten)	Ameisenpuppen
2. bis 8.	Eigelb, Putenstarter, feinkrümelig Schnittlauch	Fasanenaufzuchtfutter, Ameisenpuppen, Gräser, Mehlwürmer
9. bis 20.	Putenstarter, Schnittlauch, Schafgarbe, Brennessel	Fasanenaufzuchtfutter, Mehlwürmer, Heimchen, geriebene Karotten, Quark, Insektenschrot, Beeren
21. bis 40.	Wie oben Löwenzahn, Sauerampfer, Vogelmiere, Habichtskraut, Rasenplaggen mit Ameisen	Wie oben
ab 40.	Kükenstarter, Wald- oder Monatserdbeeren, Brombeeren, Himbeersträucher mit Beeren, Heidelbeersträucher mit Beeren, Johannis- und Preiselbeeren, Lärchenzweige, Ebereschenbeeren, Holunder, Sämereien, Weidenzweige, Heidekraut	

Wir vermeiden unnötigen Futterwechsel, um keine Darmstörungen zu erzeugen!
Wir verzichten auf Insektenfütterung, um keine Krankheiten einzuschleppen!
Wir füttern keine Mehlwürmer, damit die kleinen Küken das Zehenpicken nicht lernen!
Wir bieten in den ersten fünf Wochen keine Beeren an, um dem Kannibalismus vorzubeugen!

Tab. 59: Bedeutung einer ausreichenden Eiweißversorgung der heranwachsenden Rauhfußhühner am Beispiel zweier Aufzuchtgruppen von Birkhühnern (WIPPER), n = Anzahl der Vögel

Gruppe I (n = 54):	Proteingehalt 28 % und geringer
	Hähne 915 g Hennen 698 g
	(n = 21) (n = 33)
Gruppe II (n = 33):	Proteingehalt 22 % und geringer
	Hähne 856 g Hennen 617 g
	(n = 12) (n = 21)

Bis zur vierten Lebenswoche wurden beide Versuchsgruppen gleich gefüttert. Die Gruppe II erwies sich für die kommende Brutsaison als ungenügend vorbereitet.

2.4.1. Fütterungsanweisung

In der Regel nehmen die Küken schon vom ersten Tag an das angebotene kleinkrümelige Futter vom Boden auf. Man muß sorgfältig beobachten, ob es alle tun. Frißt ein Küken nicht, muß Eigelb oder eine Ameisenpuppe mit einer Messerspitze oder Pinzette angeboten werden. Bei unseren Aufzuchten verwenden wir in den ersten Tagen für Eigelb und Putenstarter dunkelbraune und für Grünfutter weiße Plastikuntersetzer, damit sich die feinen Futterteilchen deutlich von der Unterlage abheben.

Küken picken anfangs gerne nach oben. Dieses Verhalten kann man ausnutzen und Futter über angefeuchtete Heidelbeersträucher oder Heide streuen.

Putenstarter (ab der 4. oder 5. Lebenswoche Kükenstarter) steht zur beliebigen Aufnahme immer zur Verfügung. Eigelb und Grünzeug werden 3mal am Tag angeboten, Reste entfernt man nach einer Viertelstunde. Für diese leicht verderblichen oder welk werdenden Futtermittel wählt man die Früh-, Vormittags- und Abendstunden, also die Zeit der größten Aktivität der Rauhfußhühner. Während der Ruhepause um die Mittagszeit (z. B. beim Auerhuhn von 12–15 Uhr) wird das frische Futter wenig beachtet.

Trinkwasser bietet man in den ersten Tagen in einer flachen Schale an. Um die Küken vor dem Ertrinken zu bewahren, wird ein Stein oder ein umgestülptes Glas in das Trinkgefäß gelegt. Vor allem in der ersten Woche muß täglich öfters das Wasser erneuert werden, um eine Vermehrung von Krankheitskeimen in dem warmen Milieu unter der Wärmelampe zu unterbinden.

Nach etwa 10 Tagen können die handelsüblichen Vorratstränken aus Kunststoff mit 1 l Inhalt verwendet werden.

2.4.2. Krankheitsvorbeugung

In der ersten Lebenswoche kann den Küken ein Vitamin-Antibiotikumgemisch angeboten werden (z. B. Terramycin Hen, 1 g auf 100 ml Wasser).

2.4.3. Insektenfütterung

Es ist nicht erforderlich, die Küken während der künstlichen Aufzucht mit Insekten zu füttern, wenn die notwendige Eiweißversorgung, z. B. mit Putenstarter, gesichert ist. Wer aber den Speiseplan durch Leckerbissen ergänzen möchte, kann die Tiere mit Mehlwürmern und Heimchen ganz offensichtlich erfreuen. Diese beiden Insektenarten können leicht selbst gezüchtet werden. Adressen für Anleitungen und Zuchtansätze kann man im Inseratenteil von Geflügelzeitungen finden. Bei freier Aufnahme pendelt sich z. B. bei Birkhühnern der tägliche Verzehr von Mehlwürmern bei 15 g ein.

Eine natürliche Aufzucht von Rauhfußhühnerküken hingegen gelingt viel leichter – ja es ist manchmal (z. B. bei Haselhühnern) sogar unbedingt erforderlich –, wenn mehrmals täglich frisch gefangene Insekten in die Gehege gebracht werden. Mit einer Lichtfalle oder durch Überstreichen einer Wiese mit einem Kescher kann eine größere Menge Insekten gefangen werden. Sehr leicht findet man Nester von Wiesenameisen, die einfach ausgestochen und samt Erde und Rasen in die Aufzuchtanlage gebracht werden. Dabei sind aber die Naturschutzvorschriften zu beachten. Warnen möchte ich vor der Verfütterung von Schmeiß- und Stubenfliegen, weil dadurch leicht Krankheiten übertragen werden können.

Abb. 145: Auerhenne mit Küken.   Foto: R. Diemer

2.5. Sandbad (Hudern)

Ein wichtiger Bestandteil des Komfortverhaltens ist das Sand- oder Staubbad. Es dient zur Reinigung des Gefieders, zur Befreiung von Ektoparasiten, und es bereitet den Tieren offensichtlich großes Wohlbehagen. Küken wird ab dem 3. Lebenstag ein Sand-Asche-Gemisch, Torfmull, feingesiebte Erde oder Kies (1.3.2.7.) in einer Schale angeboten. Das Material muß unbedingt trocken sein. Beginnt ein Küken zu hudern, folgen bald andere dem Beispiel.

Adulte Rauhfußhühner baden besonders gern bei sonnigem Wetter, auch bei Temperaturen um den Gefrierpunkt. Klettert das Thermometer weit unter 0 °C, sind es vor allem Schneehühner, die bei einem intensiven Bad pulvrigen Schnee unter das lockere Gefieder bis an die Haut bringen.

Kapitel 3
Transport von Rauhfußhühnern

Wird ein Vogel erworben, transportiert man ihn am besten in einem Pappkarton, der anschließend verbrannt wird. Bei Luftfracht ist meistens eine Kiste vorgeschrieben (vorher bei Luftfahrtgesellschaft erkundigen). Um Kopfverletzungen zu vermeiden, wird der Deckel mit Schaumstoff gepolstert. Die Größe des Kartons soll dem Vogel Bewegungsfreiheit, aber kein Herumfliegen erlauben. Jedes Tier wird einzeln verpackt. Der Versand soll per Bahnexpreß oder Luftfracht unter Ausnutzung der Nachtstunden erfolgen. Futter und Wasser nehmen Rauhfußhühner während eines Transportes nicht auf.

3.1. Dokumente für Ein- und Ausfuhr

Hat jemand den Wunsch, Rauhfußhühner ein- oder auszuführen, so sind ein Gesundheitszeugnis und eine Einfuhrgenehmigung notwendig. Vor einem solchen Vorhaben erkundigt man sich am besten beim zuständigen Amtstierarzt, welche Papiere für das entsprechende Land erforderlich sind. Zuständig für die Erteilung der Importerlaubnis ist das Bundesland, in dessen Bereich das Flugzeug erstmals landet. Für Frankfurt am Main ist dies z. B. das Hessische Ministerium für Landwirtschaft und Umwelt in Wiesbaden.

3.2. Quarantäne

Trifft ein neuer Vogel ein, darf er nicht sofort in den Bestand eingereiht werden, sondern muß etwa 4 Wochen abgesondert, also in Quarantäne gehalten werden. Bei Importen werden Dauer und Bedingungen der Quarantäne amtstierärztlich festgesetzt. Während dieser Zeit wird zweimal eine Untersuchung von Kotproben auf Bakterien und Parasiten in einem veterinärmedizinischen Institut durchgeführt. Ist das Ergebnis positiv, wird eine entsprechende Behandlung eingeleitet, deren Erfolg wieder durch zwei Untersuchungen kontrolliert werden muß. Unabhängig von diesen Untersuchungen wird der Vogel möglichst oft beobachtet. Leichter Durchfall nach dem Eintreffen muß spätestens nach einem Tag verschwunden sein. Gefüttert wird wie beim Vorbesitzer, damit zum Streß des Transportes und Ortswechsels nicht auch noch ein Futterwechsel hinzukommt. Hält man das Rauhfußhuhn in der Hand, wird es sorgfältig auf Ektoparasiten (Federlinge, Kalkbeinmilben) untersucht. Schließlich muß während der Quarantänezeit eine vorbeugende Behandlung gegen Blackhead durchgeführt werden (5.1.2.2.), weil der Erreger dieser wichtigen Krankheit bei der Kotuntersuchung nicht erfaßt wird. Erst wenn die Gesundheit des Neuankömmlings einwandfrei erwiesen ist, darf er in den Morgenstunden unter Aufsicht in die eigentliche Voliere gebracht werden.

Kapitel 4
Erkennen und Verhindern von Krankheiten in der Rauhfußhühnerhaltung

Die Behandlung eines erkrankten Rauhfußhuhns ist häufig unbefriedigend. Neben dem oft raschen Krankheitsverlauf ist es vor allem der Mangel oder das gänzliche Fehlen spezifischer Krankheitssymptome, die eine Diagnose so schwer machen. Der Tierarzt hat neben der Besichtigung und dem Betasten noch weitere diagnostische Möglichkeiten, wie z. B. die Untersuchung einer Kotprobe, eines Hautgeschabsels, die mikroskopische Untersuchung, die Erstellung eines Antibiogrammes und in besonderen Fällen die Röntgenuntersuchung und Bauchspiegelung. Mit diesen Zusatzuntersuchungen ist natürlich viel eher eine gesicherte Diagnose zu erstellen, und erst damit ist die Voraussetzung für eine erfolgreiche Behandlung geschaffen. Es ist daher jedem ernsthaften Halter von Rauhfußhühnern dringend zu raten, eine vertrauensvolle Zusammenarbeit mit einem geeigneten Tierarzt oder Institut anzustreben.

Arzneimittel haben häufig unerwünschte Nebenwirkungen. Sie sollen daher nur nach einer gesicherten Diagnose gezielt zur Anwendung kommen. Wer mangelnde Hygiene durch laufende Trinkwassermedikation ersetzen will oder muß, wird auf Dauer keine Freude an seiner Vogelhaltung haben. In diesem Kapitel sollen dem Halter von Rauhfußhühnern Anregungen gegeben werden, wie er mit etwas Überlegung und ohne großen Arzneimitteleinsatz Krankheiten und Todesfälle in seinen Volieren vermindern kann.

4.1. Hygiene

Durch größtmögliche Sauberkeit und das Einhalten der allgemeingültigen Grundsätze der Hygiene muß ständig dafür gesorgt werden, daß das Einschleppen oder Vermehren von Krankheitserregern verhindert wird. Tränken und Futtergeschirre sind täglich zu reinigen und dürfen keine Ecken und Ritzen aufweisen. Sehr zu empfehlen sind runde Gefäße aus Hartplastik, Keramik oder Porzellan. Körnerfutter ist von Spelzen zu befreien. Die Futtergefäße stehen auf einem Drahtrost, damit herausgeworfenes, von Kot verunreinigtes Futter nicht mehr aufgenommen werden kann. Wasser muß Trinkwasserqualität besitzen. Es darf nur einwandfreies und der Vogelart gerechtes Futter angeboten werden. Besonders ist auf Verunreinigungen, Schimmelbildung und zu lange Lagerzeit zu achten. Eine der wichtigsten Hygienemaßnahmen ist das tägliche Entfernen des Kotes. Das hat zusätzlich den Vorteil, daß Durchfall eines Tieres sofort bemerkt wird. Eine Behandlung unmittelbar nach Krankheitsbeginn ist oft entscheidend für die Rettung des Vogels.

4.2. Desinfektion

Eine Desinfektion kann nur Teil einer Allgemeinhygiene sein. Man darf nicht glauben, daß durch Ausspritzen der Gehege mit einer Lösung auf längere Zeit die Befreiung von Krankheitserregern bewirkt wird. Schmutz ist ein ausgezeichnetes Medium für Krankheitskeime. Aus diesem Grund ist vor der Desinfektion eine gründliche Reinigung vorzunehmen. Grundsätzlich sind die Volieren von allen beweglichen Einrichtungen (Sitzstangen, Futtergeschirre usw.) freizumachen. Eine genügende Reinigung ist dann erfolgt, wenn alle Teile des Geheges frei von Schmutz und Staubteilchen sind.

4.2.1. Desinfektionsverfahren

– Hitze ist das weitaus zuverlässigste Mittel zum Abtöten von Mikroorganismen. Heißes Wasser oder Wasserdampf ist wesentlich wirksamer als trockene Hitze. Bei Temperaturen von 75–80 °C werden fast alle Viren und Bakterien vernichtet. Nicht brennbares Material kann man abflammen, geringwertige Einrichtungsgegenstände werden verbrannt.
– Sonnenbestrahlung (UV-Anteil) trägt gut zur Desinfektion bei. Kokzidienoozysten z. B. sind bei 37 °C in 2 Tagen abgetötet.
– Austrocknen ist eine wichtige Hilfe bei der Parasitenbekämpfung; z. B. können Trichomonaden an einem Tag, Haarwurmeier innerhalb von 3 Wochen durch Austrocknen abgetötet werden.
– Chemische Desinfektion erreicht man durch Ausgießen, Versprühen oder Verdampfen eines Desinfektionsmittels in geeigneter Konzentration. Solche Substanzen sind

in großer Anzahl auf dem Markt, aber nur ein Teil davon ist zur Desinfektion von Vogelbehausungen geeignet. Um angesichts dieses unübersichtlichen Angebotes eine neutrale Bewertung der Wirkung zu ermöglichen, hat die Deutsche Veterinärmedizinische Gesellschaft (DVG) ein bundeseinheitliches Prüfungsverfahren für chemische Desinfektionsmittel eingeführt. Alle geprüften Mittel sind nach den gleichen Richtlinien getestet, die Anwendungskonzentration und die Mindesteinwirkungszeit in einer Liste festgelegt. Wer also mit einem Desinfektionsmittel arbeitet, sollte darauf achten, daß es DVG-geprüft ist. Er hat damit die Gewähr, daß in einem unabhängigen Test die Wirksamkeit nachgewiesen wurde. Voraussetzung für einen Desinfektionserfolg bleibt natürlich die sachgemäße Anwendung. Dazu gehört die richtige Konzentration der Gebrauchslösung ebenso wie die vorgeschriebene Einwirkungszeit. Man mische auch keine Reinigungsmittel oder andere Zusätze bei, durch die die Wirksamkeit beeinträchtigt werden kann. Für die Praxis heißt dies, daß die Gehege nach der Reinigung erst trocken sein müssen, bevor mit der chemischen Desinfektion begonnen wird.

4.2.2. Erregergruppen, gegen welche die Desinfektionsmittel in der Rauhfußhühnerhaltung wirksam sein müssen
- Bakterien (z. B. Colibakterien, Mycoplasmen, Salmonellen)
- Viren (z. B. Newcastle-Krankheit, Pocken, Leukose)
- Pilze (z. B. Aspergillus)
- Protozoen (z. B. Kokzidien, Histomonaden)
- Parasiten (z. B. Magen-Darm-Würmer, Luftröhrenwürmer)

Leider gibt es keine Desinfektionsmittel, die alle oben genannten Erreger abtöten. Wie aus der nebenstehenden Tabelle entnommen werden kann, braucht man zur Desinfektion unserer Volieren mindestens 2 Mittel. Die Protozoen und Parasitendauerformen wie Kokzidienoozysten und Wurmeier lassen sich mit den üblichen Desinfektionsmitteln nicht beeinflussen. Diese Dauerformen werden von 3 Schichten (Eiweiß, Chitin, Fett) umhüllt; diese können von wäßrigen Mitteln nicht durchdrungen werden. Es sind hierzu Präparate erforderlich, die eine eiweiß-, wachs- und fettlösliche Komponente enthalten.

Am Beispiel der Kokzidiose können wir zeigen, daß in einem sonnigen und trockenen Gehege bei täglichem Kotentfernen – Coccidienoocysten sind in ca. 36 Stunden wieder ansteckungsfähig, wenn sie von den Vögeln aufgenommen werden – und gelegentlicher Desinfektion mit einem geeigneten Mittel diese Krankheit keine Rolle spielt. Ein großes Problem ist die Desinfektion eines Auslaufs. Krankheitskeime werden mit dem Kot der Vögel ausgeschieden und dies auch oft von Tieren, die völlig gesund erscheinen. Keime, die sich auf der Oberfläche des Erdbodens befinden, werden durch Austrocknen bzw. durch das Einwirken des Sonnenlichts verhältnismäßig schnell abgetötet. Anders sieht es mit Keimen aus, die in das Erdreich eingedrungen sind. In einer Tiefe von 10 cm halten sich die meisten Keime auf. Wurmeier und Kokzidienoozysten dringen 2–4 cm ein. Ein Übergießen des Auslaufs mit einer Desinfektionslösung hat daher wenig Erfolg. Ein Naturboden mit Bewuchs ist praktisch gar nicht zu desinfizieren. Ist es unbedingt erforderlich, müssen gasförmige Desinfektionsmittel verwendet werden, z. B. Methylbromid oder Dibromäthan. Zu diesem Zweck muß die zu desinfizierende Fläche mit einer gasundurchlässigen Plane abgedeckt werden. Dibromäthan tötet z. B. in einer Konzentration von 200 ml/m² bei 20 °C Wärme Wurmeier bis zu einer Tiefe von 20 cm ab. Da diese Methode sehr arbeitsaufwendig ist, werden Volieren am besten mit einem des-

Tab. 60: Desinfektionsmittel, die nach den Richtlinien der DVG geprüft wurden

Name	Bakteriozidie	Tuberkulozidie	Fungizidie	Viruzidie	Antiparasitäre Wirkung
Chevie 45	2 % 2 h		2 % 4 h	3 % 4 h	
Dekaseptol					6 % 1 h
Desmol	2 % 4 h		3 % 4 h	2 % 4 h	
Incicoc					5 % 2,5 h
Incidin 03	2 % 2 h		2 % 4 h	3 % 4 h	
Lysofix	3 % 2 h		3 % 1 h	2 % 2 h	
Lysovet PA	2 % 3 h	2 % 4 h	2 % 3 h	2 % 4 h	
Rodasept	3 % 4 h		3 % 4 h	3 % 4 h	
Tegodor 73	2 % 4 h	4 % 2 h	3 % 4 h	2 % 4 h	
Terrasept	2 % 3 h		2 % 3 h	3 % 4 h	

infizierbaren Boden (z. B. Beton) versehen. Auf diesen wird eine 10 cm hohe Sand-, Kies- oder Waldstreuschicht aufgebracht, die in gewissen Abständen erneuert werden muß.

4.3. Bekämpfung von Ungeziefer, Ratten und Mäusen

Um das Eindringen und die Weiterverbreitung von Infektionserregern zu verhindern, müssen weitere Maßnahmen getroffen werden. Hierzu gehört die Bekämpfung der Ratten, Mäuse, Käfer und Milben. Wer beim Bau seiner Volieren Schlupfwinkel, Löcher, Spalten und Fugen vermieden hat, tut sich bei der Bekämpfung dieser unerwünschten Untermieter viel leichter. Während die Rattenbekämpfung mit Antikoagulantien, die drei Tage hintereinander aufgenommen werden müssen, relativ einfach ist, ist dies bei Mäusen etwas schwieriger. Einerseits nehmen diese Tiere die Köder nicht so regelmäßig an, andererseits liegen die toten Mäuse in den Gehegen herum und werden z. B. von Auerhühnern verschlungen. Zwar sollen Antikoagulantien für Haustiere und Vögel ungefährlich sein, wenn sie nur gelegentlich aufgenommen werden. Aber wir haben keine Kontrolle, wieviel Mäuse unsere Vögel schon verzehrt haben. Ich habe in meinen Volieren unter den Futterrosten die bekannten Mausefallen stehen und beködere sie mit Mehl. Dies bringt zwar einen gewissen Arbeitsaufwand mit sich, aber dafür haben wir mit den kleinen Nagern keine Probleme. Weit schwieriger ist die Vernichtung von Käfern, wenn sie sich in Vogelbehausungen festgesetzt haben. Getreideschimmelkäfer, Mistkäfer, Schaben u. a. Insektenarten übertragen Infektionskrankheiten (z. B. Salmonellose, Mareksche Krankheit) und wir können sie deshalb in den Vogelanlagen auf keinen Fall dulden. Die Käfer bevorzugen Ritzen und Fugen. Die Bekämpfung mit Insektiziden ist meist nicht befriedigend und kann für die Vögel schädlich sein. Leicht angeschlagene Schaben kommen zum Beispiel aus ihrem Versteck hervor und werden eine leichte Beute der Hühner.

Gut bewährt hat sich ein starker Staubsauger mit enger Düse, mit dessen Hilfe das Ungeziefer aus den Ritzen hervorgeholt werden kann. Einen fast hundertprozentigen Erfolg bietet das Ausfrieren einer Vogelanlage bei winterlichen Temperaturen von −5 °C bis −10 °C für fünf Tage. Ein weiteres Problem können wildlebende Kleinvögel sein, die in Scharen in die Volieren kommen oder durch das Dachgitter in die Innenräume koten und Krankheiten übertragen können. Außer durch einen spatzensicheren Draht und eine vollständige Überdachung der Käfige können die Kleinvögel durch weit entfernte Fütterungen abgehalten werden. Schließlich sollen Rauhfußhühner keine Regenwürmer oder Schnecken aufnehmen, weil diese Zwischenwirte von Parasiten und hier vor allem des Luftröhrenwurms sind. Dies ist wieder ein Grund, warum wir unbedingt trockene Gehege fordern müssen.

4.4. Kotuntersuchung

Eine Kotuntersuchung kann aus verschiedenen Gründen durchgeführt werden:
– Prüfung auf Befall mit Parasiten oder Bakterien ohne Erkrankung des Tieres. Zu diesem Zweck werden etwa viermal im Jahr Kotproben eingeschickt.
– Sicherung einer klinischen Diagnose
– Differenzierung gefundener Parasiten
– Kontrolle einer Behandlung

Für solche Untersuchungen wird frischer Kot (5 g Normallosung und 5 g Blinddarmlosung) auf dem schnellstmöglichen Weg in verschlossenen Behältern in ein Untersuchungslabor geschickt. Die Probe muß sauber gewonnen werden, indem man eine Plastikfolie unter dem gewohnten Schlafplatz ausbreitet. Von jedem Gehege wird eine Sammelkotprobe genommen, d. h., man sammelt möglichst von jedem Vogel des Geheges Kot und gibt ihn in eine Plastikdose oder einen Plastikbeutel. Der Probe sollen folgende Angaben beigefügt werden: Name des Besitzers, Tierart und gewünschte Untersuchung. In den meisten Fällen genügt eine Untersuchung auf Darmparasiten und Luftröhrenwürmer. In besonderen Fällen, z. B. bei Krankheitsverdacht oder Neueinstellung eines Vogels, kann eine bakteriologische und virologische Untersuchung verlangt werden.

4.5. Einsenden eines toten Vogels

Ein verendeter Vogel sollte immer zur Untersuchung eingesandt werden. Erkranken aus einer Gruppe von Vögeln in den folgenden Tagen mehrere, so hat man mit dem Untersuchungsergebnis bereits eine konkrete Vorstellung vom Krankheitsgeschehen, und man kann eine gezielte Behandlung einleiten. Bevor er in einen Plastikbeutel und einen Karton mit Holzwolle verpackt wird, muß der verendete Vogel im Kühlschrank abkühlen. Im Sommer achte man darauf, daß nicht schon Fliegen ihre Eier an die Körperöffnungen gelegt haben. In einem schriftlichen Begleitbericht sind folgende Angaben zu machen: Absender, Art und Anzahl der Tiere, Haltung (Natur- oder Gitterboden), Dauer der Krankheit, besondere Krankheitserscheinungen (z. B. Durchfall, Röcheln, Kopfverdrehen usw.), Anzahl der erkrankten bzw. schon verendeten Tiere, eventuelle Behandlungen oder Impfungen.

4.6. Resistenztest

Es ist bekannt, daß ein Großteil der Bakterien gegen bestimmte Antibiotika schon unempfindlich, d. h. resistent ist. Wird z. B. Salmonellose als Sektionsbefund Ihres eingesandten Vogels festgestellt, so können Sie bei den übrigen Tieren noch keine Behandlung einleiten, weil Sie nicht wissen, gegen welches Antibiotikum Ihr spezieller Salmonellenstamm empfindlich ist. Es muß also erst getestet werden, welches Antibiotikum oder Sulfonamid wirksam ist. Dies ist ein einfacher Test, den Sie in Ihrem Begleitbericht gleich verlangen sollten; er ist innerhalb eines Tages abgeschlossen.

4.7. Untersuchung eines kranken Vogels

Viele Krankheiten nehmen bei unseren Vögeln einen sehr schnellen Verlauf. Um eine Behandlung möglichst früh und rechtzeitig einleiten zu können, kommt es darauf an, Abweichungen im Verhalten und Aussehen möglichst frühzeitig zu erkennen. Der Vogelpfleger muß daher täglich und möglichst oft alle seine Tiere sehen und beobachten. Er muß das normale Verhalten kennen und dabei auch wissen, daß nicht alle Abweichungen vom gewohnten Benehmen durch Krankheit bedingt sind.
– Während der Mauser sind die meisten Rauhfußhühner ruhiger, und das Federkleid ist lückenhaft.
– Zur Balzzeit sind die Männchen meist lebhafter und manchmal sogar aggressiv.
– Zur Brutzeit setzen die Hennen klumpigen Kot ab, der anders als die typische Walzenlosung tauben- bis hühnereigroß ist (Brutlosung).
– Die Hennen sind um diese Zeit häufig zutraulicher.
– Vor Beginn der Balzzeit zeigen Kragenhähne typisches Kopfschütteln.
– Einige Rauhfußhühner machen eine Herbstbalz.
– In der kalten Jahreszeit bewegen sich Rauhfußhühner wenig und sitzen aufgeplustert herum.

Die Vögel sollen ihren Beobachter nicht bemerken, damit sie ihr Verhalten durch seine Anwesenheit nicht ändern. Kranke Tiere werden ruhiger und zeigen wenig Interesse für ihre Umwelt. Vorher scheue Vögel erscheinen plötzlich zahm. Sie bewegen sich weniger und sitzen mit geschlossenen Augen da. Statt auf Ästen oder Sitzstangen hocken sie jetzt auf dem Boden. Häufig sitzen sie vor dem Futternapf. Kranke Vögel plustern sich auf, sie frieren, sie ziehen den Kopf ein oder stecken ihn in das Rückengefieder. Im Freiland werden solche Tiere schnell Beute von Greifvögeln oder Raubwild. Bei der weiteren Betrachtung des Patienten ist darauf zu achten, ob die Atmung vermehrt ist, ob er mit geöffnetem Schnabel nach Luft schnappt oder ob ein Atemgeräusch zu hören ist. Sehr wichtig ist die Beurteilung des Kotes. Das aufgenommene Futter kann Farbe und Konsistenz zwar verändern, der Pfleger muß aber einen richtigen Durchfall an den auseinanderfließenden, suppigen, mit weißen Urinanteilen vermischten Kotflecken erkennen.

Hat man durch die Beobachtung einen ersten Eindruck vom Zustand des Vogels bekommen, wird man sich wahrscheinlich zum Fang des Tieres entschließen. Dies hat möglichst schnell, schonend und sachgerecht zu geschehen. Auf keinen Fall darf es zu einer Jagerei kommen. In größeren Anlagen bedient man sich eines Keschers, aus dessen Netz man das Tier behutsam befreit. Für größere Vögel sollte immer ein Helfer zur Verfügung stehen, der schnell und sicher Flügel und Beine unter Kontrolle bringt. Der fixierte Vogel wird nun eingehend betrachtet, man untersucht die zugänglichen Organe und Körperteile und achtet besonders auf Veränderungen:
– Augen: Trübung, Verletzungen, Entzündungen. Durch Bewegungen einer Hand vor den Augen des Vogels prüft man sein Sehvermögen.
– Ohröffnungen: Abszesse, Neubildungen, Verletzungen, Exsudat, Fremdkörper
– Schnabel: Defekte, Deformationen
– Nasenöffnungen: Sekret, Verklebung
– Schnabelhöhle: Farbe, Veränderungen, Auflagerungen, Fremdkörper, Geruch
– Kloake: Verschmutzung, nasse Federn, Vorfall von Teilen

- Beine und Zehen: Verletzungen, Auflagerungen
- Sohlenballen: Verdickungen, Verletzungen, Fremdkörper
- Haut: Durch Pusten in das Federkleid erhält man Einblick. Man suche hier besonders nach Parasiten (Federlinge, Milben, Flöhe). Dazu kann man sich einer Lupe bedienen.
- Gelenke: Schwellungen

Nach der Betrachtung des Vogels folgt das Betasten:
- Der Ernährungszustand wird durch Befühlen der Brustmuskulatur geprüft.
- Kropf: Grad und Art der Füllung, Konsistenz
- Kloake: Legenot
- Lahmheit: Besonders die Gliedmaßen müssen eingehend untersucht werden.

4.8. Allgemeine Hinweise zur Behandlung eines kranken Vogels

Die Zwischenzeit bis zum Vorliegen des Untersuchungsergebnisses muß genutzt werden. Der kranke Vogel bleibt möglichst in seinem gewohnten Gehege, und man entfernt besser die gesunden Tiere. In der kalten Jahreszeit hängt man über den Patienten eine Wärmelampe. Die Behandlung eines kranken Rauhfußhuhnes sollte ein Tierarzt durchführen.

Bei den meisten Allgemeinerkrankungen spielen Bakterien eine entscheidende Rolle. Diese können wir mit Antibiotika und Sulfonamiden bekämpfen. Wir wählen also ein solches Präparat, das gegen möglichst viele dieser Krankheitserreger wirksam ist, ein sogenanntes Breitbandantibiotikum (Terramycin, Chloramphenicol, Ampicillin). Dieses Medikament wird dem Vogel in richtiger Dosierung (siehe Packungsbeilage; pro kg) mindestens sechs Tage lang in den Schnabel gegeben oder in die Brustmuskulatur gespritzt. Zusätzlich wird ein Vitaminpräparat, das möglichst viele oder alle Vitamine enthält, gegeben (Vitamin ADE, Multivitamin), dazu ein Mineralstoff- und Spurenelementgemisch.

Verabreichung der Arzneien
- Über das Trinkwasser: täglich frisch herstellen und beobachten, ob der Vogel noch trinkt.
- Über das Futter: nur vorbeugend möglich, da der kranke Vogel meist keine Nahrung aufnimmt.
- Eingeben der Arzneimittel: Vogel normal oder mit dem Kopf nach oben unter dem Arm halten; Tabletten, Kapseln oder mit Arzneien präparierte Beeren in den geöffneten Schnabel schieben. Pasten werden auf die Spitze des Unterschnabels gestrichen, Flüssigkeiten nur mit einem Schlauch in die Speiseröhre eingegeben.
- Mit Injektionen ist die genaueste Dosierung zu erzielen: Sie werden in die Brustmuskulatur verabreicht.

4.9. Gewichtskontrolle

Das Wiegen der heranwachsenden Rauhfußhühner in bestimmten Abständen (z. B. alle 5 Tage) und die Kontrolle der regelmäßigen Gewichtszunahme können Hinweise auf das Wohlbefinden des Kükens liefern. Im speziellen Teil des Buches ist bei jeder Art eine Gewichtskurve angegeben; damit wird dem Züchter ein Vergleich mit der eigenen Aufzucht ermöglicht. Nimmt ein Küken in 5 Tagen nicht das erhoffte oder errechnete Gewicht zu, so kann dies ein erster Hinweis für eine Krankheit oder ein gestörtes Verhalten in der Gruppe sein. Man muß in einem solchen Fall das Tier besonders beobachten und untersuchen.

Kapitel 5
Das kranke Rauhfußhuhn

Selbstverständlich sind die Rauhfußhühner empfindlich für alle Geflügelkrankheiten. Es ginge aber über den Rahmen dieses Buches hinaus, würden alle Möglichkeiten aufgeführt. Um den Züchter nicht zu verwirren, werden nur die wichtigsten Erkrankungen dieser Vogelfamilie genannt und nach Symptomen eingeteilt.

5.1. Durchfall

Fast alle Allgemeinerkrankungen sind mit diesem Krankheitssymptom verbunden. Der Halter von Rauhfußhühnern muß daher ganz besonders auf dieses Krankheitsbild achten. Um eine Enteritis rechtzeitig zu erkennen, muß der Pfleger wissen, wie gesunder Kot beschaffen ist:

- Die Würstchen- oder Walzenlosung ist der normale Kot der Rauhfußhühner. Sie besteht vor allem aus unverdauten Pflanzenteilen. Die Größe ist von Art und Geschlecht der Tiere abhängig. Das weiße Hütchen an einem Ende ist der Harnsäureanteil, der durch die Nieren ausgeschieden wird.
- Die Blinddarmlosung ist ein Überbleibsel aus der Verdauung von Zellulose (Gras, Knospen, Zweige, Nadeln, Blätter usw.). Sie wird meistens nachts als schwarze oder braune, zähflüssige Masse ausgeschieden. Von Jägern wird sie fälschlich als „Balzpech" bezeichnet.
- Die Brutlosung wird von den Hennen während der Brutzeit abgesetzt; sie besteht aus tauben- bis hühnereigroßen, säuerlich riechenden Klumpen.
- Eine eigene Nachtlosung wird von einigen heranwachsenden Junghühnern (z. B. Hasel- und Kragenhühnern) abgesetzt; sie besteht aus markstückgroßen, flachen Häufchen oder kleinen Klumpen.

Die Nahrung kann die Normallosung beeinflussen. Werden überwiegend Früchte und (nasses) Grünfutter aufgenommen, wird die sonst feste Würstchenform aufgeweicht. Die Vögel müssen dabei nicht krank werden, es kann sich aber aus einer solchen nahrungsbedingten Darmstörung durchaus eine ernste Krankheit entwickeln. Es ist daher ein rascher Futterwechsel wie ein übermäßiges Angebot an saftigen Früchten (Weintrauben, Tomaten) und nassem Grünfutter zu vermeiden.

Neben der Konsistenz kann auch die Farbe des Kotes von der Art der Nahrung abhängen. So verfärben Haselnußkätzchen, Ebereschenbeeren, Karotten und Heidelbeeren die Würstchen- und Blinddarmlosung.

Von diesen physiologischen und ernährungsbedingten Abweichungen unterscheidet sich ein echter Durchfall: Schleimiger oder flüssiger Kot, vermehrter weißer Harnsäureanteil (Nierenerkrankung), Verfärbung von gelb (Galle) über hell- und dunkelgrün bis schwarz (Blut).

Der überragende Anteil der Darmerkrankungen bei Rauhfußhühnern läßt sich mit zahlreichen Ursachen erklären: Neben Organkrankheiten, Vergiftungen, Fütterungsfehlern und Virusinfektionen (Newcastle Krankheit, Pocken) sind es vor allem:

- Parasiten (Magen-Darmwürmer)
- Protozoen (Coccidien, Histomonaden)
- Bakterien (Salmonellen und Kolibakterien)

5.1.1. Durch Magen-Darm-Parasiten bedingte Krankheiten

Rauhfußhühner können in ihrem Magen-Darm-Kanal ständig Parasiten beherbergen, ohne daß die Vögel erkranken. Wirt und Schmarotzer leben im Gleichgewicht. Erst wenn sich dieses Gleichgewicht zugunsten der Parasiten ändert, können die Rauhfußhühner erkranken und auch sterben. Da unsere Vögel in Freigehegen leben, ist es nahezu unmöglich, sie parasitenfrei zu halten. Freilebende Kleinvögel, Zwischenwirte oder -träger (Regenwürmer, Schnecken, Insekten, Besucher), verunreinigte Transportkisten oder neu eingestellte Tiere verbreiten die Eingeweidewürmer oder ihre Entwicklungsstadien (Eier, Larven). Haltungsformen, bei denen die Rauhfußhühner mit dem Kot in Berührung kommen und die Parasiten günstige Entwicklungsbedingungen vorfinden (z. B. Naturboden), begünstigen die Vermehrung der Magen-Darm-Würmer. Ein Gitterboden dagegen erfüllt alle hygienischen Ansprüche. Aber auch bei einem trockenen und sauberen Sand- oder Kiesboden haben wir mit Parasiten keine Probleme.

Welche Schäden erleiden die Rauhfußhühner durch Würmer?

- Sie zerstören die Darmschleimhaut und schaffen Eintrittspforten für Krankheitserreger;

- sie geben giftige Stoffwechselprodukte ab;
- sie sind Zwischenträger von Mikroben (s. Schwarzkopfkrankheit);
- sie vermindern die Abwehrkraft;
- sie stören die Verdauung.

Symptome: Ein geringer bis mittelgradiger Wurmbefall verursacht kaum Krankheitserscheinungen; bei einer starken Verwurmung sind sie wenig charakteristisch: Wachstumshemmung bei Jungtieren, Abmagerung, Mattigkeit, Blässe, Lahmheit, Durchfall, nervöse Erscheinungen.

Diagnose: Nachweis der Wurmeier im Kot.

Vorbeugung: Ausgewogene und artgerechte Fütterung mit einer ausreichenden Vitamin-A-Versorgung, saubere und trockene Gehege, tägliches Kotentfernen, keine Einstellung neuer Rauhfußhühner ohne Quarantäne und Kotuntersuchung, Desinfektion.

Therapie: Levamisol: 40 mg/kg KGW, 1mal; z. B. L-Spartakon (1 Tablette enthält 20 mg Levamisol), Concurat-L, 7,5 g in 3 l Wasser gelöst, 2–3 Tage

Fenbendazol: 20 mg/kg KGW, 1mal; 8 mg/kg KGW, 6 Tage; 100 ppm (= 100 mg/1 kg Futter), 4 Tage; z. B. Panacur

Mebendazol: 30 mg/kg KGW; z. B. Telmin KH (1 Tablette enthält 100 mg Mebendazol), 120 ppm, 14 Tage z. B. Mebenvet

Flubendazol: 60 ppm, 7 Tage

Cambendazol: 60 mg/kg KGW, 1mal

Der Behandlungserfolg muß durch eine, besser durch zwei Kotuntersuchungen kontrolliert werden.

5.1.2. Durch Protozoen verursachte Krankheiten

Protozoen sind einzellige Tiere, die mit dem bloßen Auge nicht sichtbar sind. Sie kommen häufig bei Hühnervögeln vor. Nur wenige Arten verursachen aber schwere Krankheiten. Für Rauhfußhühner ist die Kokzidiose und die Schwarzkopfkrankheit von besonderer Bedeutung.

5.1.2.1. Kokzidiose

Vermehrungskreislauf: Die Parasiten produzieren in der Darmschleimhaut sog. Oozysten, die mit dem Kot ausgeschieden werden. Diese Dauerstadien sind sehr wider-

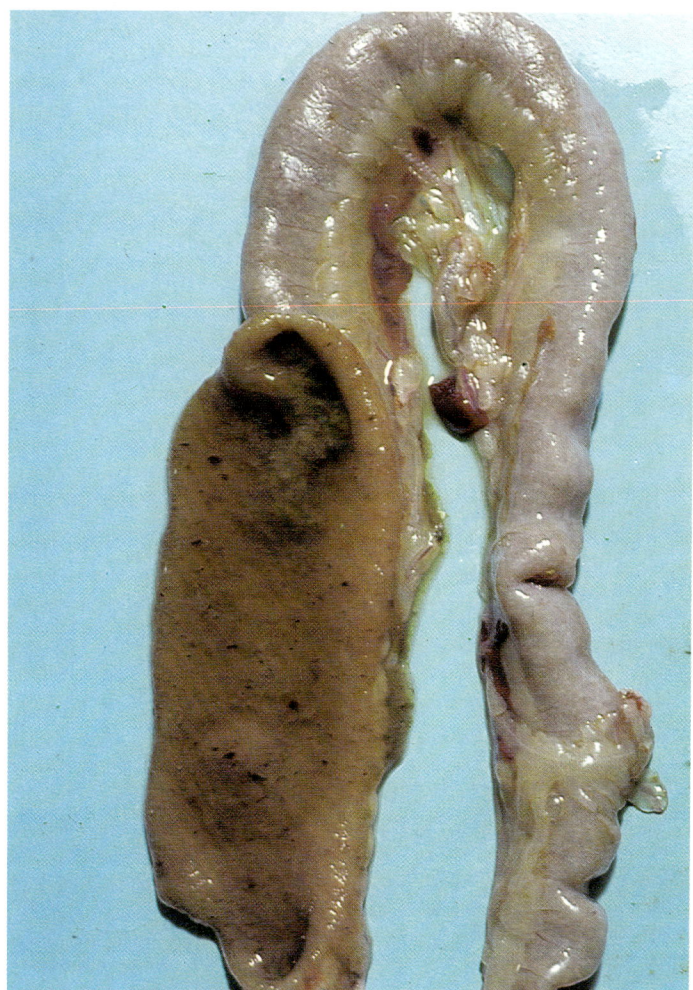

Abb. 146: Durch Kokzidien geschädigter Dünndarm.
Foto: Archiv Klinik für Geflügel, TiHo Hannover

standsfähig auch gegen normale Desinfektionsmittel. Bei günstigen Umweltbedingungen (feuchte Wärme) ist die Oozyste in ca. 36 Stunden wieder ansteckungsfähig, wenn sie von Vögeln aufgenommen wird. Durch verschiedene Zwischenstadien und ungeschlechtliche Vermehrung können von einer einzigen Oozyste viele hundert Darmzellen infiziert werden.

Symptome: Die Krankheitsanzeichen sind wenig charakteristisch: Durchfall, Apathie, Abmagerung, Blutarmut und Todesfälle (Abb. 146).

Diagnose: Nachweis zahlreicher Oozysten im Kot.
Vorbeugung:
Das tägliche Kotentfernen unterbricht den Vermehrungskreislauf, da die Oozyste im Kot 1,5 Tage braucht, bis sie wieder ansteckungsfähig ist. Trockene und sonnige Gehege, Desinfektion, regelmäßige Kotuntersuchung. Wenn die Tiere gesund sind, wird ein geringer Befall mit Kokzidien nicht behandelt, weil die Hühner eine gewisse Abwehrkraft gegen nachfolgende Invasionen ausbilden.
Therapie: Wegen der ungewöhnlichen Blinddarmlänge bei Rauhfußhühnern weicht der Behandlungsplan vom üblichen Schema etwas ab:
- 5 Tage: Amprolvet Super – 6 ml pro Liter Wasser oder Esb3, Whitsyn-S, Sulfadimidin 2 g pro Liter Wasser.
- 4 Tage: Normales Trinkwasser mit Vitamin A-D-E-C.
- 5 Tage: Wiederholung der Behandlung.
- 2 Tage: Normales Trinkwasser mit Vitamin A-D-E-C und Vitamin B-Komplex.

Nach Beendigung der Behandlung wird der Erfolg durch Kotuntersuchungen kontrolliert.
Wenn die Vögel nicht mehr trinken: 0,4 ml/kg KGW Sulfadimidin-Na 20 % i. m. 2 Tage lang, dann über das Trinkwasser.

5.1.2.2. Schwarzkopfkrankheit
(Typhlohepatitis, Blackhead)

Diese Krankheit ist wahrscheinlich der Grund, warum früher in Mitteleuropa – abgesehen von wenigen Einzelerfolgen – nahezu alle Aufzuchtversuche von Rauhfußhühnern gescheitert sind. Der Erreger (*Histomonas meleagridis*) kommt im Darm gesunder Hühner vor. Die Übertragung erfolgt durch gesunde Keimträger oder kranke Tiere, die mit ihrem erregerhaltigen Kot Futter, Wasser und Gehege verseuchen. In der Hauptsache aber sind es Eier von Heterakiden (Würmer, die in den Blinddärmen vorkommen), mit denen die Erreger in die Außenwelt gelangen. Mit Regenwürmern, Insekten und verunreinigtem Futter werden sie aufgenommen und infizieren die Vögel. Durch ungesunde Haltung, Kolibakterien, Vitaminmangel und ungünstige Witterung kommt es dann rasch zum Ausbruch der Krankheit.
Symptome: Es erkranken vor allem Jungtiere. Die Rauhfußhühner sind matt, sträuben das Gefieder und lassen die

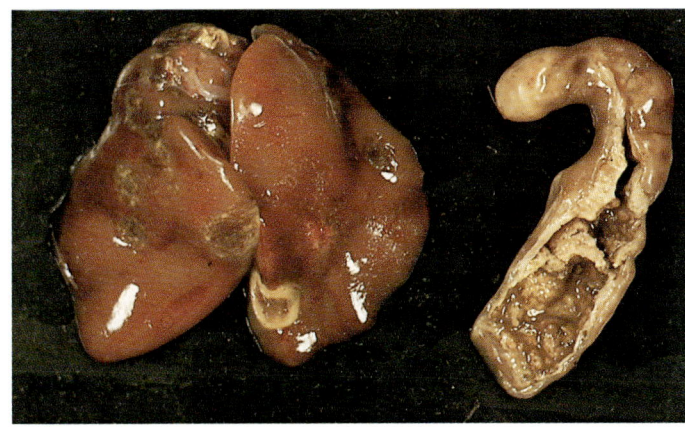

Abb. 147: Nekroseherde in der Leber und im Blinddarm bei Schwarzkopfkrankheit.
Foto: Institut für Geflügelkrankheiten, Oberschleißheim

Flügel hängen. Der Durchfall kann durch die Leberschädigung gelb sein.
Diagnose: Der Erreger ist im Frischkot höchstens 2 Stunden nachweisbar, er kann also durch eine normale Kotuntersuchung nicht erfaßt werden. Daher ist eine sichere Diagnose nur durch die Sektion zu stellen (Abb. 147). Gegen die Schwarzkopfkrankheit gibt es kaum eine Immunität. Es können demnach auch ältere Tiere befallen werden.
Vorbeugung: Die Typhlohepatitis müssen wir vorbeugend (meist ohne Erregernachweis) behandeln. Wer mit dieser Krankheit Probleme hat, muß von Zeit zu Zeit eine Prophylaxe über das Trinkwasser durchführen. Auch hier sind größtmögliche Sauberkeit und ein trockenes Gehege, eine ausreichende Vitaminversorgung und eine Gitterbodenhaltung der Jungtiere nahezu unerläßlich. – Ein Heterakisbefall ist zu behandeln.
Therapie: Duodegran: 5 g auf 5 l Wasser, 7 Tage
Emtryl: 5 g auf 6 l Wasser, 5–10 Tage
Enheptin: 5 g auf 10 l Wasser, 1 Woche
Nachbehandlung mit der halben Dosierung und für die gleiche Zeit.

5.1.3. Durch Bakterien hervorgerufene Darmkrankheiten
In der Rauhfußhühnerhaltung dürften heute wohl die meisten Verluste dieser Krankheitsgruppe zugerechnet werden. In der besten Voliere kann dem Vogel nicht die Weite der Wildbahn mit der vielfältigen Ernährung und der ungehinderten Bewegung eingeräumt werden. Enges Zusammenle-

ben mit zu vielen oder überlegenen Artgenossen, nervöse Durchfälle hervorgerufen durch Streß (Raubwild, Hunde, Katzen, Transport) führen zu einer Resistenzminderung. Auch bei größter Sauberkeit kommen die Vögel in den Gehegen weit häufiger mit ihren Exkrementen in Kontakt als in ihrer natürlichen Umwelt. Den wohl größten Einfluß auf Wohlbefinden und Widerstandskraft der Rauhfußhühner hat die Fütterung. Je besser sie den Bedürfnissen angepaßt ist (vgl. Funktion der Blinddärme), je größer wird die natürliche Resistenz sein.

Bei einer Verdauung, die nicht voll funktioniert, können Schadwirkungen vom Futter auf die Darmschleimhaut ausgehen. Ungünstig kann sich so ein plötzlicher Futterwechsel auswirken. Daher versorge man neu erworbene Hühner mit dem bisher gewohnten Futter und stelle sie langsam auf die gewünschte Nahrung um. Verdorbenes, verunreinigtes und schimmeliges Futter löst am ehesten Darmerkrankungen aus.

Bei Darmstörungen können sich bestimmte Bakterien stark vermehren. Ihre Stoffwechselprodukte oder sie selbst greifen die Darmschleimhaut an, die mit verstärkter Durchblutung, Entzündungserscheinungen und vermehrter Peristaltik reagiert. Durch den Durchfall kommt es dann zu einem Flüssigkeits- und Mineralstoffverlust. Ein Kreislaufkollaps kann leicht zum schnellen Tod des Vogels führen.

5.1.3.1. Koliinfektionen

Escherichia coli werden in der Losung von Rauhfußhühnern aus der freien Wildbahn und aus Gehegen gefunden, ohne daß sie eine Erkrankung verursachen. Andererseits sind diese Kolibakterien häufig bei Darmentzündungen beteiligt. Die oft schweren Krankheitserscheinungen lassen jedoch keinen Rückschluß auf den Erreger zu. Für eine gesicherte Diagnose ist der bakterielle Befund entscheidend. Bei Durchfallerkrankungen empfiehlt sich dringend auch eine bakteriologische Kotuntersuchung. In den letzten Jahren haben immer mehr Kolistämme eine Unempfindlichkeit gegen zahlreiche Medikamente entwickelt, daher ist ein Resistenztest erforderlich.

Neben den Darmentzündungen können Koliinfektionen auch folgende Krankheitsbilder verursachen:
– Hohe Embryonensterblichkeit während der Bebrütung.
  Die Keime gelangen durch die Eischale in das Eiinnere.
– Frischgeschlüpfte Küken sterben wenige Tage nach dem Schlupf.
  Sterben die Küken nach einer Woche, ist die Infektion nach dem Schlupf erfolgt.

Diagnose: Bakteriologische Untersuchung.
Vorbeugung: Artgerechte und abwechslungsreiche Ernährung, Sauberkeit, Begasung der Bruteier.
Therapie: Chloramphenicol, Neomycin, Polymyxin-B, Amoxicillin, Trimethoprim.
Empfehlung: Verenden innerhalb kürzester Zeit mehrere Jungtiere, soll sofort eine Behandlung der übrigen Vögel durchgeführt werden. Bevor das Ergebnis der Sektion und des Resistenztestes vorliegt, bekommen die jungen Rauhfußhühner Chloramphenicol oder Amoxicillin 6 Tage lang über das Trinkwasser. Ergibt der Resistenztest die Unwirksamkeit des Arzneimittels, muß die Behandlung entsprechend geändert werden.

5.1.3.2. Salmonellose

Diese Krankheit kann akut verlaufen, d. h. die Tiere (meist Jungvögel) sterben innerhalb weniger Stunden, oder chronisch sein. Bei der letzten Form sind die erwachsenen Hühner oft nicht krank, scheiden aber den Erreger aus. Das Ei kann daher schon im Eierstock oder beim Durchtritt durch die Kloake infiziert werden. Solche Infektionen führen dann zu schlechten Schlupfergebnissen oder lebensschwachen Küken.

Diagnose: Bakteriologische Untersuchung. Eine einmalige Untersuchung ist nicht aussagekräftig, daher wiederholen!
Vorbeugung: Durch einwandfreie Hygiene kann dieser Krankheit begegnet werden. Einschleppungsquellen können sein: Infizierte Futtermittel, Eierschalen, Kot von Kleinvögeln und Mäusen, Insekten (Vorsicht bei Kükenfütterung!). Eier für Kükenaufzucht 10 Minuten kochen. Quarantäne und bakteriologische Kotuntersuchung bei neu erworbenen Tieren.
Therapie: Chloramphenicol, Ampicillin, Amoxicillin, Nitrofuran nach Resistenztest.

5.1.3.3. Ulcerative Enteritis (Wachtelkrankheit)

Diese Darmentzündung mit Geschwüren in den hinteren und mittleren Dünndarmabschnitten wurde bei mehreren Rauhfußhuhnarten nachgewiesen. 1974 fielen 80 % des

Jungtierbestandes des Wildforschungsgebietes Niederspree (DDR) dieser Krankheit zum Opfer, der behandelte Restbestand überlebte (Tschirch 1980). Cooper und Bendell hatten bei der Haltung und Aufzucht von Felsengebirgshühnern große Probleme mit der Wachtelkrankheit. Die Hühner hatten dunkelbraunen (Blut), übelriechenden Durchfall.
Ursache: Der Erreger kann durch infiziertes Futter oder Trinkwasser eingeschleppt werden.
Vorbeugung: Einwandfreies Futter und Trinkwasser, Sauberkeit und Desinfektion.
Therapie: Bacitracin, Chloramphenicol, Erythromycin.

5.2. Erkrankungen der Atmungsorgane
Bei Rauhfußhühnern spielen Erkrankungen der Atmungsorgane keine so große Rolle wie die Erkrankungen des Verdauungstraktes. Eine sichere Diagnose ist sehr schwer zu stellen.
Symptome: Atemnot äußert sich durch Heben und Senken des Brustbeines, durch Atmen mit ständig geöffnetem Schnabel oder Ringen nach Luft. Durch Atemstörungen kommt es zu Sauerstoffmangel, der sich in ständiger Müdigkeit äußert. Diese und andere Symptome wie Röcheln, Atemgeräusche oder Abspreizen der Flügel, deuten aber nicht zwingend auf eine Erkrankung der Luftwege hin. Nasenausfluß und Schwellungen der Nebenhöhlen sind dagegen typische Erscheinungen bei Erkrankungen der Luftwege.

5.2.1. Schnupfen (Coryza)
Hier handelt es sich um eine Erkrankung der Schleimhäute in den oberen Luftwegen. Klarer oder eitriger Schleim fließt aus einem oder beiden Nasenlöchern und trocknet dort ein. Es kann leicht zu Entzündungen der Nebenhöhlen des Kopfes führen. Nasen- und Augenausfluß gehen der Schwellung der Unteraugenhöhlen (Sinusitis) voraus. Vor allem Haselhühner leiden häufig unter dieser Krankheit. Bei entsprechender Behandlung ist der Verlauf günstig.
Therapie: Tylosin oder ein anderes Antibiotikum nach Resistenztest. Punktion der Schwellung unterhalb des Auges und Einbringen eines Antibiotikums (täglich 1mal). Bei festem Inhalt Sinus spalten und lokal behandeln. Mehrmaliges Reinigen der Nasenöffnungen. Anwenden von Augensalben mit Cortison und Antibiotika. Vitamin A.

5.2.2. Aspergillose
Die Erreger dieser Schimmelpilzerkrankung kommen überall vor. Zu Symptomen kommt es aber erst in Verbindung mit ungünstigen Umwelteinflüssen. Wärme, Feuchtigkeit, auch lange Trockenperioden begünstigen die Aspergillose. Vor allem nach starker Staubentwicklung oder nach dem Einsatz eines schimmligen Futters kann diese Krankheit auftreten.
Bei Tetraoniden ist Aspergillose gar nicht so selten. Sie sind als Bewohner großer Waldungen, Moore und Gebirge den Bewohnern staubfreier Areale zuzuordnen und sind ähnlich aspergillosegefährdet wie die Vögel der Arktis, Antarktis und der Tropenwälder. Besonders anfällig für diese Schimmelpilzerkrankung sind Felsengebirgshühner. Die Krankheit kann akut oder chronisch verlaufen. Sie lokalisiert sich in den Lungen und Luftsäcken, kann sich aber auf die gesamte Leibeshöhle ausbreiten.
Symptome: Die Krankheitserscheinungen sind wenig typisch; im Vordergrund stehen Atembeschwerden. Gelegentlich hört man Rasselgeräusche, besonders dann, wenn man das Rauhfußhuhn nahe an das Ohr hält. Abmagerung und Schwäche sind weitere Erscheinungen.
Diagnose: Sie ist am lebenden Tier nur schwer zu stellen. Eine Röntgenuntersuchung sollte bei Verdacht immer durchgeführt werden.

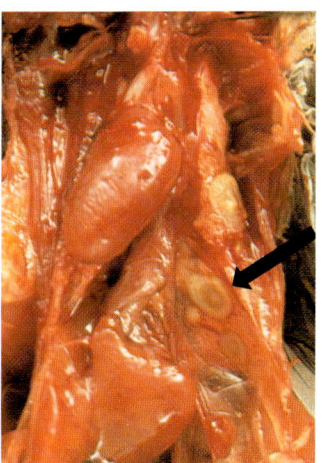

Abb. 148: Beginnende Aspergillose in den Luftsäcken. Foto: Archiv Klinik für Geflügel TiHo Hannover

Vorbeugung: Einwandfreies, artgerechtes und vielseitiges Futter. Vermeiden von übermäßiger Staubentwicklung und ständigen feuchten Stellen (Ecken) in den Gehegen. Eine Ansteckung von Vogel zu Vogel ist nicht möglich.
Therapie: Wenn bereits ausgedehnte Schimmelrasen oder -schwarten die Luftsäcke oder Leibeshöhle bedecken, gibt es keine Heilung. Wird die Diagnose rechtzeitig gestellt, kann ein Therapieversuch unternommen werden.
Ketokonazoltabletten: 50 mg/kg KGW, 14 Tage; z. B. Nizoral (1 Tablette enthält 200 mg Ketokonazol)
Ancotiltabletten: 500 mg/2–3 kg KGW, 14 Tage
Die Behandlung kann nach einer Pause bei Bedarf wiederholt werden.

Abb. 149: Aufgeschnittene Luftröhre mit Luftröhrenwürmern. Foto: Institut für Geflügelkrankheiten, Oberschleißheim.

5.2.3. Luftröhrenwurm *(Syngamus trachea)*

Diese Fadenwürmer parasitieren in der Luftröhre. Durch das aufgenommene Blut sind sie rot gefärbt (Abb. 149). Die Eier werden ausgehustet oder verschluckt und gelangen so über den Darm ins Freie. Die reifen Eier oder freilebenden Larven werden von den Vögeln direkt oder über einen Zwischenwirt (Regenwürmer, Fliegenlarven, Tausendfüßler, Landschnecken) aufgenommen. Regenwürmer, Schnecken und Insekten können die Larven über 4 Jahre lang beherbergen.
Infektionen kommen besonders im Sommer vor, da der Entwicklungsnullpunkt bei etwa 15 °C liegt. Hauptsächlich werden Jungtiere befallen. In trockenen Sommern, in denen die Regenwürmer wenig an die Oberfläche kommen, ist die Ansteckungsgefahr geringer.
Symptome: Erschwertes Atmen mit aufgesperrtem Schnabel, Schlenkern des Kopfes, Futterverweigerung, Abmagerung, Blutarmut.
Diagnose: Nachweis der Wurmeier im Kot oder Rachenschleim.
Vorbeugung: Am besten sind trockene Gehege ohne Naturboden, in denen die Rauhfußhühner nicht an die Zwischenwirte, vor allem Regenwürmer, gelangen können. Durch eine vollwertige und artgerechte Fütterung kann die Abwehrkraft der Vögel gesteigert werden.
Therapie: Mebendazol, Cambendazol. Siehe Behandlung der Rund- und Fadenwürmer (5.1.1.).

5.3. Stoffwechsel- und Mangelkrankheiten
5.3.1. Gicht

Unter dieser Krankheit versteht man die Ablagerung von Harnsäurekristallen *(Urat)* im Organismus, die eigentlich durch die Nieren ausgeschieden werden müßten.
Ursache: Es besteht im Blut eine zu hohe Konzentration an Harnsäure, dem Endprodukt der Eiweißverdauung.
– Diese kann sich bei normaler Ausscheidung, aber zu reichlicher Eiweißfütterung bilden,
– oder bei normaler Nahrung und ungenügender Ausscheidung. Zu einer unzureichenden Ausscheidung kommt es bei einer Störung der Nierenfunktion (Nephritis, Nephrose, Mangel an Vitamin-A, toxische Schädigung der Nieren).

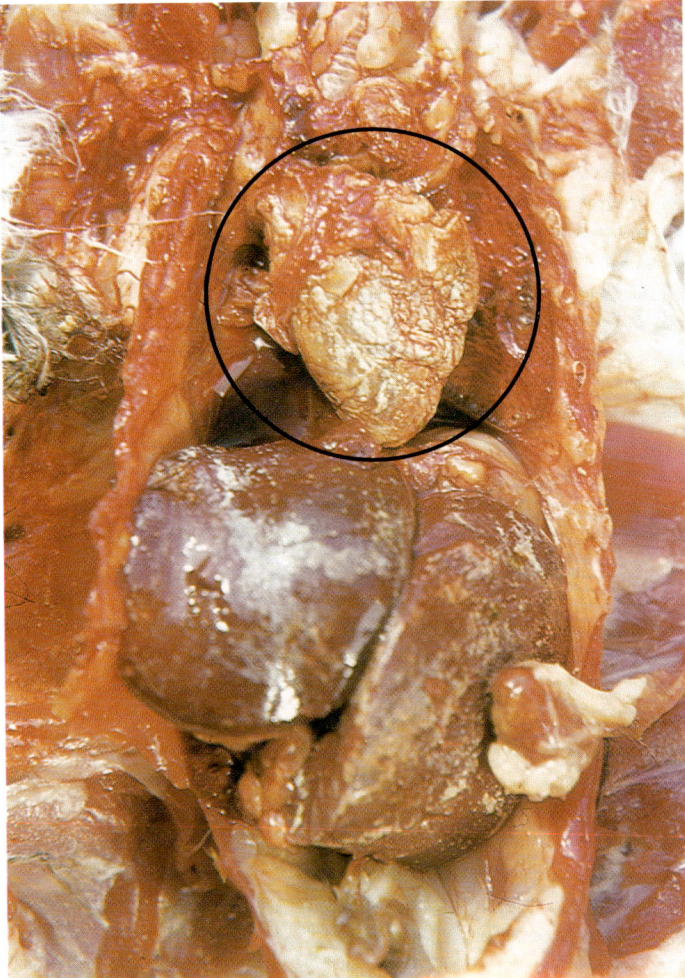

Abb. 150: Eingeweidegicht.
Foto: Archiv Klinik für Geflügel, TiHo Hannover

Der Verlauf dieser Krankheit ist fast immer chronisch. Sie tritt überwiegend bei erwachsenen Vögeln auf, obgleich auch Küken und Jungtiere erkranken können. Je nach Ablagerungsort der Urate unterscheidet man zwei Gichtformen:
- Gelenkgicht: Hier finden wir verschieden große Knoten im Bereich der Gelenke, die dem Vogel Schmerzen bereiten.
- Organ- oder Eingeweidegicht: Sie verursacht eine Allgemeinerkrankung mit Müdigkeit, Abmagerung und häufigem Durchfall, aber ohne typische Symptome. Bei der Sektion findet man die Organe wie mit Gips bestreut, oder sie enthalten gelbliche Knötchen oder eine weiße, bröckelige Masse (Abb. 150).

Behandlung und Vorbeugung: In fortgeschrittenen Fällen gibt es keine Heilung. Die Gelenke können eröffnet oder mit Jodtinktur bestrichen werden. Bei Verdacht auf Gicht ist der Eiweißanteil der Nahrung drastisch zu senken und die Vitaminversorgung (besonders Vitamin A und Vitamin B_{12}) zu verbessern. Über das Trinkwasser kann doppelkohlensaures Natron angeboten werden.

5.3.2. Avitaminosen

Rauhfußhühner, die in Freivolieren gehalten werden, nehmen mit der natürlichen Nahrung genügend Vitamine auf. Weitaus die meisten Vögel leben jedoch in Gehegen und sind vollständig auf die Zufuhr dieser Wirkstoffe durch den Menschen angewiesen. Das Fertigfutter (Pellets) ist zwar mit begrenzt haltbaren Vitaminen angereichert, aber zur sicheren Deckung des Bedarfs, vor allem bei rasch heranwachsenden Jungtieren, ist die mehrmalige Zugabe eines Vitaminpräparates ratsam, das möglichst alle Vitamine enthält, wie z. B. Vitamin A-D-E oder Multivitamine. Es würde den Rahmen dieses Buches sprengen, auf alle Vitaminmangelschäden einzugehen. Es sei lediglich auf den Vitamin-D-Mangel (= Rachitis) hingewiesen. Besonders heranwachsende Jungvögel, die wenig oder kein Sonnenlicht erhalten, erkranken. Die Tiere liegen viel und können kaum mehr gehen.

Therapie: Vitamin D_3, Calcium (z. B. Calcipot), Mineralstoffmischung.

5.3.3. Perosis

Unter dieser bei Rauhfußhühnern nicht seltenen Krankheit versteht man ein Krankheitsbild, das durch Schwellung des Sprunggelenkbereichs und das Abgleiten der Achillessehne gekennzeichnet ist. Die Folge ist ein Auswärts-, ja sogar ein Rückwärtsdrehen eines Fußes.
Die Ursache ist nicht ganz geklärt. Neben Mangel an Mangan, Cholin und anderen Stoffen wird bei Wildvögeln ein zu rasches Wachstum in Zusammenhang mit Bewegungsmangel verantwortlich gemacht, da Perosis nur bei in Gefangenschaft gehaltenen Vögeln beobachtet wird.

Die Krankheitserscheinungen treten meist im Alter zwischen 3 Wochen und 3 Monaten auf, selten früher oder später.
Vorbeugung: Agranil (ein Mn-Selen-Prämix aus der DDR) 2 g/kg Futter während der Legezeit und 1,6 g pro 1 l Trinkwasser bei Küken vom 1. bis 30. Lebenstag (TSCHIRCH, 1980). Eine andere Möglichkeit besteht darin, ein vorhandenes MVS-Gemisch mit $MnCL_2$ anzureichern.
Therapie: Eine Heilung bei fortgeschrittenen Prozessen ist nicht möglich. Bei Krankheitsbeginn kann ein Behandlungsversuch z. B. mit 700 mg Kaliumpermanganat pro 1 l Trinkwasser gemacht werden.

5.4. Ektoparasiten

5.4.1. Federlinge

Befallen hauptsächlich geschwächte und behinderte Vögel. Die 1—3 mm großen Parasiten werden von Vogel zu Vogel über das Staubbad übertragen. Die Überlebenszeit außerhalb eines Vogels beträgt höchstens 14 Tage.
Diagnose: Nach Auseinanderstreichen des Gefieders sieht man Nissen oder die flinken, dunkelbraunen Imagines (Abb. 151, 152).
Therapie: Alugan als Puder oder Spray. Aber Vorsicht! Die Rauhfußhühner sind empfindlich gegen Kontaktinsektizide, und deshalb empfiehlt es sich, öfters kleine Hautstellen zu behandeln.

5.4.2. Milben

Vor allem die Kalkbeinmilbe ruft bei Rauhfußhühnern gar nicht selten Kalkbeine hervor. Die Vögel zeigen oft einen „tippelnden" Gang. Wegen der Laufbefiederung sieht man die Borken erst bei genauerer Betrachtung.
Therapie: Mit Glycerin, Seife oder 5%iger Salicylsäurelösung die Borken aufweichen und anschließend mit Aluganspray, -lösung oder Odylen (1:1 mit Wasser verdünnt und aufschütteln) behandeln. Nach 2 Wochen wiederholen. Vitamin A-D-E in das Trinkwasser.
Ivomec kann zur subkutanen oder intramuskulären Injektion verwendet werden: 200 μg/kg KGW.
Rote Vogelmilben sind nur nachts aktiv und beunruhigen die Hühner durch Blutsaugen. Die Vögel sind tagsüber müde. Die Parasiten finden sich als rote Punkte in Ritzen, unter Sitzstangen usw. und werden mit Kontaktinsektiziden in den Verstecken behandelt.

5.5. Untugenden

Die Ursache von Federfressen, Zehen-, Schnabel- und Kloakenpicken ist nicht geklärt. Wahrscheinlich sind es Fehler in der Haltung, wie Übersetzen der Aufzuchtkästen, falsche Temperatur oder Luftfeuchtigkeit, Langeweile, das Zusammensetzen von Küken verschiedenen Alters oder verschiedener Arten.

5.5.1. Federfressen

Es beginnt meist bei Küken mit 3—4 Wochen, also zur Zeit des Gefiederwechsels. Werden Blutkiele (meist des Schwanzes) verletzt, sieht man überall Blutstropfen, und die gepickten Küken sitzen traurig herum.

Abb. 151: Federling mit Nissen.   Foto: W. Aeckerlein

Abb. 152: Federling (Großaufnahme).   Foto: W. Aeckerlein

5.5.2. Schnabelpicken
Es beginnt häufig, nachdem sich ein Küken am Draht die Wachshaut verletzt hat und blutet. Später kommt es dann zu Schnabeldeformationen.

5.5.3. Zehenpicken
Dies lernen die Küken u. a. dann, wenn sie mit Mehlwürmern gefüttert werden oder kleine Verletzungen an den Zehen aufweisen.

Vorbeugung:
- Nicht zu viele Tiere in einem Aufzuchtkasten unterbringen (möglichst nicht mehr als 6 Küken)
- Rauhfußhühner nur einer Art und eines Alters zusammen aufziehen.
- Sitzstangen in den großen Aufzuchtkästen so hoch anbringen, daß ein Kloakenpicken vom Boden oder von einer anderen Stange aus nicht möglich ist.
- Die Küken beschäftigen und laufend beobachten.

Therapie: Eine medikamentelle Behandlung gibt es nicht. Man achte auf eine ausgewogene Fütterung mit Grundfutter, Grünzeug, Vitaminen, Mineralstoffe und Spurenelementen. Nach Überprüfen der richtigen Temperatur und Luftfeuchtigkeit beschäftigt man die Tiere mit Ästen, Rasensoden mit Wiesenameisen usw. Gepickte und gestreßte Tiere müssen entfernt und behandelt (Blutstillung) werden. Häufig kommt nur ein „Übeltäter" in Frage. Er hat meist das makelloseste Gefieder; auch dieser Vogel soll isoliert werden.

5.6. Verschiedenes

5.6.1. Knochenbrüche
Frakturen an Beinen und Flügeln entstehen durch Unfälle oder beim Fangen der Vögel.

Vorbeugung:
- Regelmäßiges beidseitiges Kürzen der Handschwingen. Beim einseitigen Kupieren stürzen die Vögel seitwärts ab und verletzen sich dabei häufig.
- Bei der Einrichtung der Gehege keine „Fallen" konstruieren (z. B. Astgabeln).
- Beim Einfangen durch herzhaftes Zugreifen Flügel und Beine unter Kontrolle bringen.

Die Prognose der meisten Frakturen hängt vom Alter der Patienten ab und davon, inwieweit Blutgefäße und Nerven im Bereich der Bruchstelle beschädigt worden sind. Ist es zu umfangreichen Zerstörungen dieser Organe gekommen, muß mit dem Absterben des entsprechenden Körperteils gerechnet werden. Offene und Splitterfrakturen sind ungünstiger zu beurteilen als gedeckte.

Therapie: Bei Brüchen der großen Röhrenknochen sollte immer der Tierarzt die Behandlung durchführen. Mit einer Röntgenaufnahme kann Klarheit über Sitz und Art der Fraktur geschaffen werden.

Beinfrakturen sind ungünstiger als Flügelfrakturen und können durch Marknagelung behandelt werden.

Offene Flügelbrüche werden von Federn, Verunreinigungen, Muskelfasern usw. gereinigt und die Haut über der Bruchstelle vernäht. Beide Flügel werden in ihre normale Lage gebracht und am Körper in der Weise fixiert, daß mit Heftpflasterstreifen zunächst die Flügelspitzen vereint, dann die Flügel durch Umwickeln vor den Läufen an den Körper gedrückt werden (Abb. 153). Nach 14 Tagen wird der Verband entfernt. Hängt der Flügel noch herab, so kann dies auf einer Muskelschwäche beruhen, die sich allmählich bessert.

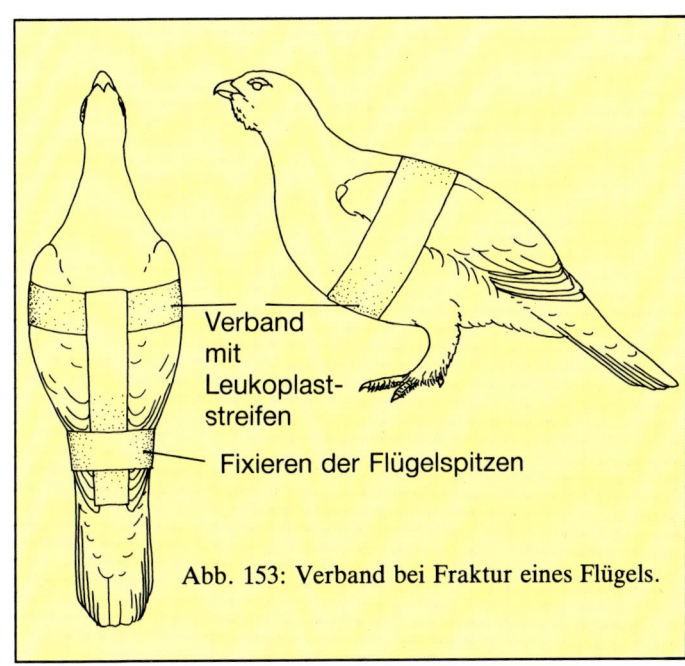

Abb. 153: Verband bei Fraktur eines Flügels.

5.6.2. Kropfanschoppung und Schlundverstopfung

Dies kommt bei erwachsenen Rauhfußhühnern und bei Küken gelegentlich vor. Ursache ist häufig gequollenes Preßfutter oder unverdauliche Stoffe.

Symptome: Der kranke Vogel sitzt teilnahmslos herum, manchmal sperrt er den Schnabel auf und macht schlenkernde Bewegungen. Die Schwellung in der Kropfgegend ist meistens zu sehen, aber immer deutlich zu fühlen. Die Vögel nehmen kein Futter auf.

Bei Küken ist das Krankheitsbild dramatisch. Mit weit abstehenden und hängenden Flügeln und aufgesperrtem Schnabel ringen die Küken nach Luft. Der Kopf wird gehoben und wieder zum Boden gesenkt.

Therapie: Bei Küken ist unverzügliche Hilfe erforderlich. Man massiert zunächst den Kropfinhalt in Richtung Schnabelhöhe und versucht ihn mit einer Pinzette zu entfernen. Meist sind es gequollenes Preßfutter, sperrige Pflanzenteile oder Fremdkörper (Styropor!). Eine Hilfsperson unterstützt die Behandlung, die meist zum Erfolg führt.

Noch lebensbedrohender ist es, wenn schon der Rachenraum verstopft ist. Die Küken bekommen keine Luft mehr, sie überschlagen sich und ersticken, wenn nicht schnellste Hilfe geleistet wird; dies gelingt fast nur, wenn eine Pinzette griffbereit neben den Aufzuchtkästen liegt.

Bei erwachsenen Tieren versucht man zuerst, durch Massage den Kropfinhalt herauszubefördern. Gelingt dies nicht, muß vom Tierarzt ein Kropfschnitt angewandt werden.

Abb. 154: Spreizfüße bei frischgeschlüpften Küken und ihre Behandlung.

5.6.3. Spreizfüße (Abb. 154)

Bei der Naturbrut und bei optimaler Brut im Inkubator kommen keine Spreizfüße vor. Man merkt dies schon beim Schlupf der Küken, wenn er rasch vor sich geht und alle Küken innerhalb von 2 oder 3 Stunden schlüpfen. Bei Brutfehlern, welcher Art auch immer, bilden sich gelegentlich Spreizfüße bei den Küken.

Therapie: Etwa die Hälfte der Fälle heilt von selbst aus, wenn die Küken auf eine griffige Unterlage (Moos, feuchte und geraffte Handtücher) kommen und man ständig die Füßchen in normale Lage bringt. Ändert sich nichts, werden am 2. Tag die Füße mit einem Heftpflasterstreifen am Auseinandergrätschen gehindert. Nach einem Tag kann das Pflaster entfernt werden.

5.6.4. Flugunfähigmachen (Abb. 155)

Unblutige Methode: Der Flügel wird auseinandergefaltet und die Handfedern mit einer kräftigen Schere abgeschnitten, ohne Blutkiele zu verletzen. In Volieren werden beide, in oben offenen Freigehegen wird nur ein Flügel kupiert. Dieses Verfahren muß nach jeder Vollmauser wiederholt werden.

Blutige Methode: Der Flügel wird auseinandergefaltet und der Daumen aufgesucht. Um eine sichere Ligatur anbringen zu können, werden die 7., 8. und 9. Handschwinge ausgerissen. Ein Doppelfaden wird zwischen beide Mittelhandknochen gezogen. Danach wird der eine nach oben, der andere nach unten um den jeweiligen Knochen und das umgehende Gewebe gelegt und fest verknotet. Abschließend werden diese Knochen mit einem kräftigen Scherenschlag durchtrennt. Die Operation wird unter örtlicher Betäubung durchgeführt. Der Vogel bleibt zeitlebens flugunfähig.

5.6.5. Verhindern von Unglücksfällen im Gehege

Wenn nicht gerade eine seuchenartige Krankheit einem Rauhfußhühnerbestand große Verluste zufügt, sind Unglücksfälle die häufigste Todesursache. Zu leicht trübt das vertraute und ruhige Verhalten der Volierenbewohner die notwendige Sorgfalt des Betreuers. Es ist vor allem ein plötzliches Erschrecken, das die Vögel panikartig an den

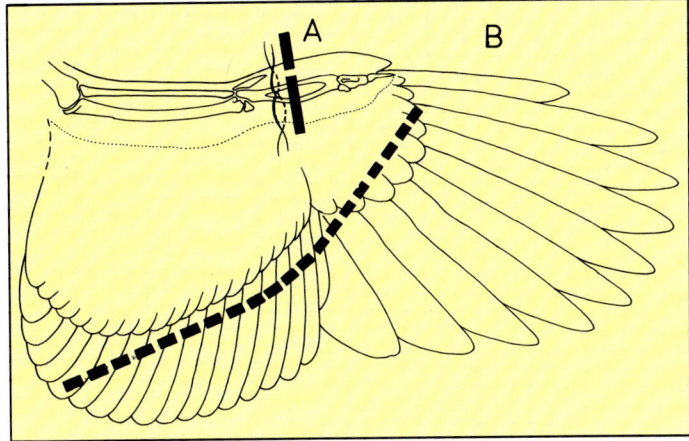
Abb. 155: Flugunfähigmachen: (A) blutig, (B) unblutig.

Zaun oder das Dach fliegen läßt. Raubwild, Hunde, Katzen, Greifvögel, Menschen, aber auch Tiefflieger, Büchsenknall, quietschende Bremsen, Donner oder ein verwehtes Papier können die Vögel in Schreck versetzen.

Wie können wir Unglücksfälle verhindern?
- Ein Zaun sollte Besucher und Hunde fernhalten. Am Gehege verhindert ein 1 m hoher Sichtschutz den Blick auf vorbeilaufende Tiere.
- Beim Errichten des Geheges ist auf peinlich genaue Bauweise (Eingraben des Zaunes, Fundament, keine Ritzen) zu achten, damit kein Raubwild eindringen kann. In einer Nacht können sonst auf diese Weise alle Volierenbewohner getötet werden. Ein Marder schlüpft durch einen Zaun mit 4 cm Maschenweite.
- Das Behängen der Seitenwände mit benadelten Fichtenästen gewährt zwar einen gewissen Schutz, es kann aber nicht alle Unfälle verhindern.
- Eine lockere Zusatzbespannung der Seitenwände und des Daches mit Perlonnetz (Maschenweite ca. 3 cm) bietet den besten Schutz.
- Beschneidet man den Vögeln beide Handschwingen, sind sie am schnellen Fliegen gehindert, können aber Sitzstangen und Schlafbäume noch erreichen
- Auch die Einrichtung der Gehege muß überlegt gestaltet werden. Es sollen vor allem oben offene spitze Winkel (Astgabeln, Kipptüren) vermieden werden. Leicht bleiben hier die Vögel mit dem Kopf hängen.

Welche Verletzungen finden wir bei den Rauhfußhühnern nach Unglücksfällen?
Herzmuskelrisse, Herztamponade (geronnenes Blut im Herzbeutel), Abriß der großen Blutgefäße, Leberruptur, Schädelverletzungen mit Blutungen, Wirbelbrüche, Frakturen an Beinen und Flügeln, Quetschungen, Wunden und Blutungen im Nackenbereich.

5.7. Apotheke für Rauhfußhühner

Halten wir Rauhfußhühner im Gehege, muß das Hauptaugenmerk auf das Verhindern von Krankheiten gerichtet sein. Damit ist keinesfalls ein ausgeklügeltes Medikamentenprogramm gemeint, sondern wir müssen vielmehr versuchen, mit möglichst wenig Arzneien auszukommen und Medikamente nur gezielt einzusetzen, denn sie haben häufig unerwünschte Nebenwirkungen (Knochenmarksschäden, Schädigung der Keimdrüsen usw.).

Um bei der Behandlung eines erkrankten Rauhfußhuhns mit der Beschaffung eines Medikaments keine Zeit zu verlieren, ist es empfehlenswert, in Zusammenarbeit mit einem Tierarzt folgende Arzneimittel selbst anzuschaffen oder dafür Sorge zu tragen, daß sie beim Tierarzt immer vorrätig sind.

Tab. 61: Apotheke für Rauhfußhühner

Antibiotika	Tetracycline 100 mg/kg KG, 2–3 × täglich
	Chloramphenicol 100 mg/kg KG, 7 Tage lang
	Ampicillin 200 mg/kg KG, 2 × täglich p. o.
	Tylosin 25 mg/kg KG, 7 Tage lang p. o.
Antiparasitica	
Endoparasiten:	Levamisol (Concurat-L, L-Spartacon) oder Fenbendazol (Panacur). Dosierung s. 5.1.1.
Ektoparasiten:	Ragadan, Alugan (s. Anweisung d. Herstellers)
Antiprotozoica	Duodegran, Dosierung s. 5.1.2.2.
Blutstillende Mittel	Lotagen-Konzentrat, örtlich anwenden
Coccidiostatica	Amprolvet Super, Dosierung s. 5.1.2.1.
	Sulfadimidin
Sulfonamide	Trimetoprim
Vitamine und Mineralstoffe	Vitamin A–D–E
	Multivitamine
	Mineralstoff-Spurenelement-Mischung
	Calcium (Calcipot)

Teil 3

Ausbürgerung mitteleuropäischer Waldhühner

Kapitel 1
Historischer Überblick

In den letzten Jahrzehnten, aber auch schon in früheren Zeiten, konnte ein Rückgang der Waldhühner in allen mitteleuropäischen Verbreitungsgebieten festgestellt werden. Aus vielen angestammten Lebensräumen sind diese Vögel verschwunden. Man hat daher schon vor vielen Jahren in Deutschland und seinen Nachbarländern Rauhfußhühner ausgesetzt, die meist aus Skandinavien eingeführt wurden. Die ältesten Versuche soll Wallenstein 1628–1630 in Mecklenburg mit Auer-, Birk- und Haselhühnern durchgeführt haben. NIETHAMMER (1965) führt für Deutschland über 50 Ausbürgerungsversuche mit Auerhühnern an, die alle gescheitert sind. Ebenso berichtet er von vielen Aussetzungen von Birk- und Haselwild, die gleichfalls ohne nachweisbaren Erfolg blieben.

Die Ausgangslage für die Ausbürgerung von Rauhfußhühnern ist historisch gesehen also denkbar ungünstig.

Als Ursache des Scheiterns aller Wiedereinbürgerungsversuche sieht BOBACK (1957) für das Auerhuhn folgende Gründe:

– Es wurden zu wenig Tiere ausgesetzt, oft nur ein Paar.
– Man setzte Altvögel aus; bei Ausnützung einer jugendlichen Ortsprägungsperiode sind junge Tiere leichter umzusiedeln als alte.
– Das Abwandern der Auerhühner.
– Aussetzen von kranken Vögeln.
– Die Jahreszeit des Aussetzens.
– Die Lebensbedingungen am Aussetzungsort sind anders als im Herkunftsgebiet.
– Der Biotop ist nicht geeignet.
– Der geologische Untergrund lieferte keine harten Mineralien für Magensteine.
– Schaden durch Schwarzwild, Fuchs, Dachs und Habicht.

Abgesehen von den artbedingten Abweichungen gelten diese Faktoren sicher auch für Birk- und Haselhühner.

Die bekannteste und erfolgreichste Einbürgerung von Auerhühnern gelang 1837–1839 in Schottland. Zunächst 48, dann nochmals 20 schwedische Auerhühner wurden in Gehege gebracht, wo sie selbst brüteten. Außerdem ließ man Auerhuhneier in Birkhuhnnestern ausbrüten. 20 Jahre danach war der Bestand auf über 1000 Stück angewachsen und hat sich bis heute fast über ganz Schottland in für uns unvorstellbaren Zahlen verbreitet.

Seit 1965 wird in der UdSSR an mehreren Stellen (Litauen, Lettland, Kokcetansk-Region) mit Erfolg ausgebürgert bzw. neuangesiedelt (Romanov). Neben guten Existenzbedingungen (Nahrung, Deckung, Balzbiotope) stellte eine große Anzahl ausgesetzter Tiere den Erfolg sicher. Die russischen Wildbiologen sehen 40–50 Auerhühner pro Jahr als optimal an, wobei die Hennen überwiegen sollten. Die anfängliche Populationsdichte darf nicht weniger als 5–6 Individuen pro 1000 ha betragen.

Kapitel 2
Forderungen bei der Ansiedlung von Rauhfußhühnern

Gestützt auf Erfahrungen in der Vergangenheit, auf wissenschaftliche Empfehlungen (Akademie für Naturschutz und Landschaftspflege), rechtliche Vorschriften und praktische Erkenntnisse in den letzten Jahren lassen sich folgende Forderungen für das Aussetzen von Rauhfußhühnern stellen. Die meisten Erkenntnisse liegen uns über das Auerhuhn vor.

- Das Ziel einer artenschutzgerechten Ansiedlung von Rauhfußhühnern soll die Bildung eines freilebenden Bestandes sein. Er soll ohne weitere Aussetzungen und ständige Zusatzmaßnahmen des Menschen (z. B. Fütterung, Kontrolle der natürlichen Feinde) langfristig im Gebiet zu halten sein.
- Aussetzungen dürfen nur innerhalb des gegenwärtigen oder historischen Verbreitungsgebietes durchgeführt werden.
- Der geplanten Aussetzung soll eine Untersuchung der Ursachen des Rückgangs bzw. Erlöschens vorausgehen.
- Dem Lebensraum kommt die entscheidende Bedeutung zu.
- Zur Aussetzung sollen nur solche Tiere gelangen, die taxonomisch und ökologisch mit der ehemaligen Population identisch oder ihr sehr ähnlich sind.
- Die Freilassungsplätze müssen sorgfältig ausgewählt werden. Sie sollen im Zentrum des künftigen Lebensraumes und störungsfrei sein. Ein reiches Angebot an natürlicher Nahrung erleichtert die Eingewöhnungsphase.
- Die Aussetzaktion muß sich mindestens über einen Zeitraum von 10 Jahren erstrecken. Dann ist zu entscheiden, ob das Projekt abgeschlossen oder weitergeführt wird.
- Es sollen jährlich 30–50 Rauhfußhühner freigelassen werden.
- Eine fortlaufende Überwachung und Betreuung der ausgesetzten Vögel muß gewährleistet sein.
- Die Ausbürgerungsaktion ist wissenschaftlich zu überwachen.
- Wenigstens ein Teil der freigelassenen Rauhfußhühner sollte mit Sendern versehen werden, die eine individuelle Unterscheidung zulassen. Wie keine andere Methode liefert die Telemetrie nicht nur wichtige Anhaltspunkte über den Verbleib der ausgesetzten Tiere, sondern auch darüber, wie sie sich in dem ihnen zugedachten Lebensraum zurechtfinden (Aktionsräume, Habitatnutzung, Aktivitätsmuster, Störungen durch Menschen, Sozialverhalten und Brutbiologie). Die Telemetrie ist sehr zeitaufwendig. Im offenen Gelände (Birkhuhnbiotop) ist sie einfacher durchzuführen und liefert bessere Ergebnisse als im unzugänglichen Bergwald mit seinem dichten Bewuchs, Schluchten und Felsgelände. Im Idealfall sind pro Tier und Tag 3 Kreuzpeilungen durchzuführen; eine Person kann bis zu 5 Rauhfußhühner betreuen.

Für die Wildtiertelemetrie ist von der zuständigen Oberpostdirektion eine Sende- und Empfangsgenehmigung einzuholen; in der Genehmigungsurkunde sind die technischen Auflagen (Frequenz, Leistung) festgelegt.

Empfangsteil:
- Tragbarer Empfänger mit mehreren Kanälen, akustischen und optischen Anzeigeeinheiten.
- Richtantennen empfangen nur aus einem Raumwinkel von ±30° optimal. Sie sind wichtig, um durch Kreuzpeilung einen Sender lokalisieren zu können.
- Rundstrahler empfangen aus allen Richtungen gleich und sind für den kontinuierlichen Empfang von Meßwerten geeignet.
- Funkpeilwagen leisten vor allem in offenem Gelände gute Dienste. Der Teleskopantennenmast wird auf dem Autodach angebracht und kann von innen gedreht werden. Ein Kartentisch, Kompaßanlage, Peilschreiber und Empfänger vervollständigen die aufwendige Anlage. Mit einem solchen Fahrzeug ist der Beobachter sehr mobil und kann witterungsunabhängig genaueste Peilungen vornehmen (SODEIKAT, 1984).

Sender:
Je nach Bauart und Leistung haben die Sender ein Gewicht von 15–40 g (Obergrenze 3 % des Körpergewichts) und eine Sendedauer von etwa 1 Jahr.
Für die Anbringung der Sender am Vogel gibt es im wesentlichen drei Möglichkeiten (Abb. 156):

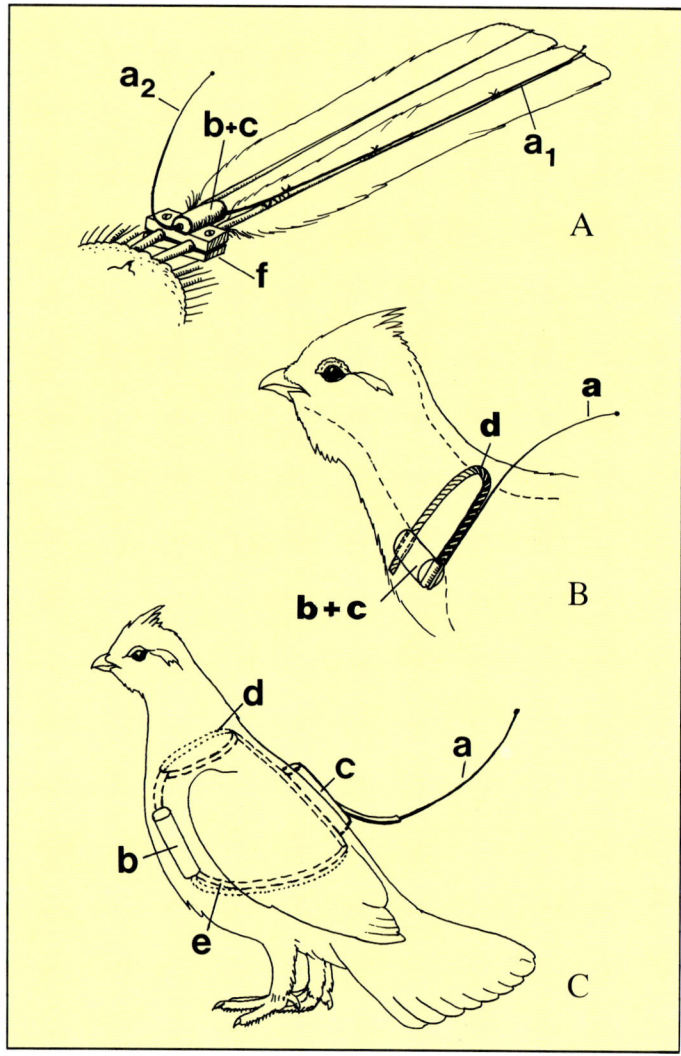

Abb. 156: Möglichkeiten der Befestigung eines Senders: (A) die mittleren 2 Stoßfedern, (B) „Poncho", (C) „Rucksacksender". a = Antenne, b = Batterie, c = Sender, d und e = Befestigung.

- An den Kielen der mittleren zwei bis drei Stoßfedern wird ein möglichst leichter Sender so angebunden und angeklebt, daß die Federn nicht beschädigt werden. Diese Methode wäre ideal, weil das Gerät den Vogel nicht behindert und mit der nächsten Mauser abgeworfen wird. Leider verlieren die meisten Waldhühner die Sender samt den Federn schon in den ersten Wochen durch Ausreißen oder Schreckmauser.

- Der Sender wird als „Rucksack" an den Vögeln angebracht. Auerhühner beißen mit ihren kräftigen Schnäbeln gerne die Befestigungsschnur durch. Außerdem wird durch diese Methode die Flugfähigkeit beeinträchtigt; taumelnder Flug veranlaßt den Habicht, diese Vögel bevorzugt zu schlagen (HAARSTICK, 1984).

- Der „Poncho" soll die geeignetste Befestigungsmethode bei Rauhfußhühnern sein (C. BRAUN, brieflich). Aus einem Möbelüberzugsmaterial (10 mm stark, 60 mm breit, 100 mm lang) wird aus dem Oberteil ein Loch geschnitten, durch das der Vogelkopf eben noch durchpaßt. Die Öffnung soll locker um den Hals und die „Ponchoschürze" genau zwischen den Kielen liegen. Zusätzlich kann eine Schnur den Unterteil gegen den Körper ziehen.

Einfacher anzubringen ist der „Ponchosender" mit einer dicken Schnur, die an einer Seite des Senders befestigt ist und an der anderen Seite noch gezogen werden kann. Man legt die Schnur (starkes Schuhband) dem Vogel um den Hals, zieht das Band an und verknotet es.

- Zur Beringung der Vögel werden möglichst breite, farbige Ringe (weiß, orange, gelb, hellrot – also helle Farben) mit gut lesbaren Nummern verwendet. Die Farbe an einem Ständer gibt den Aussetzungsort, die am anderen das Jahr an. Zur individuellen Kennzeichnung verwendet man Aluminium-Prägeringe mit Anschrift und laufender Nummer, entsprechend den Erfahrungen internationaler Vogelwarten.

Kapitel 3
Biotopsichernde und flankierende Maßnahmen

3.1. Lebensräume der Rauhfußhühner

Bevor Maßnahmen zur Biotopsicherung und -pflege besprochen werden, sollen die Ansprüche der einzelnen Arten an ihren Lebensraum kurz beschrieben werden.

3.1.1. Auerhuhn

Es bevorzugt einen mehrstufigen, naturnahen Bergmischwald mit einem hohen Altholzanteil und einer reichen Bodenvegetation. Nahrung (Heidelbeeren, Preiselbeeren) und Deckung (Naturverjüngung, Farne, Himbeerschläge) sind gleichermaßen von Bedeutung. Dabei sind bodenkahle Stellen ebenso wünschenswert wie dichter Bewuchs. Am ehesten findet das Auerhuhn diese günstigen Bedingungen auf engem Raum in einem an Grenzlinien (Abb. 157) reichen Wald (mehr als 100 m/ha). Hier nutzt der Hahn Balz- und Schlafbäume ebenso wie Bodenbalzplätze. An Grenzlinien bieten sich geeignete Ruheplätze am Boden, und die Fluchtmöglichkeit ist am besten. Hier legen die Hennen ihre Nester an und führen dort, wo im Halbschatten die meisten Ameisennester angelegt werden, die Küken. Neben einem abwechslungsreichen Nahrungsangebot (Knopsen, Gräser, Beeren, Kerbtiere) gibt es im Grenzlinienbereich die meisten Tränken (Pfützen, Quellen, Bäche), Möglichkeiten zur Magensteinaufnahme und sonnige Stellen zum Sandbaden.

Durch entsprechende Hiebsmaßnahmen bzw. Verjüngungsverfahren wie Saumschlag, Keilschirm- oder Femelschlag kann eine naturgemäße Waldwirtschaft sehr geeignete, vielschichtige und grenzlinienreiche Biotope für Waldhühner schaffen (MÜLLER, 1978). Leider überwiegen bei uns die Einflüsse einer rationellen Forstwirtschaft: Großflächiger Kahlschlagbetrieb und Einsatz einer schnellwüchsigen Nadelholzart, Verdrängung der Krautschicht, rasche Verlichtung von Altbeständen. In den entstehenden einschichtigen und äußerst grenzlinienarmen Altersklassen-Beständen kann ebensowenig wie andere Tiere und Pflanzen auch das Auerhuhn nicht mehr leben. Im Wirtschaftsforst kommen zusätzlich oder indirekt wirkende, für alle Waldhühner aber sehr schädliche Faktoren hinzu: Insektizide, Herbizide, Wege- und Straßenbau, bei Waldarbeiten keine Rücksicht auf Balz-, Brut und Kükenaufzuchtzeit. Schließlich sei noch auf den ungelenkten Erholungsbetrieb und Touristenrummel hingewiesen.

Die Frage, welche Chancen eine Wiederansiedlung hat, wird also in erster Linie von der Art der Waldwirtschaft und der Ruhe im Waldhuhnbiotop bestimmt.

Das Aussetzungsgebiet sollte einen geschlossenen Waldkomplex von mindestens 8000 ha umfassen, wobei nicht die gesamte Fläche auerhuhngerecht sein muß.

3.1.2. Birkhuhn

Es bewohnt weite, übersichtliche Flächen mit niedriger Vegetation, Gebüschgruppen und kleinen Waldkomplexen. Solche natürlichen oder vom Menschen geschaffenen Biotope findet es im Hochgebirge an der Baumgrenze, auf Hochmooren und Streuwiesen (Abb. 158), in Heide- und Heckenlandschaften, in Mooren und Filzen. Rodung der Hecken, Trockenlegung der Moore, Düngung der Heide, Aufforstung der Feuchtwiesen, Intensivierung der Grünlandnutzung und Skipisten mit Liftanlagen oberhalb der Baumgrenze stören die Struktur der Lebensräume der Birkhühner und werden von ihnen als Biotopminderung oder -zerstörung wahrgenommen. Die Umstellung extensiver Landwirtschaft gefährdet das Birkwild in allen Sekundärbiotopen sowohl bei Intensivierung als auch bei Aufgabe der Bewirtschaftung. Der allenthalben in Mitteleuropa gleichzeitig ansetzende Biotopverlust garantiert die Überlebenschancen des Birkwildes nur mehr im Alpenraum (SCHERZINGER). In allen anderen historischen Verbreitungsgebieten wären größte Anstrengungen erforderlich, um ehemals birkhuhngerechte Zustände wieder herzustellen oder in letzter Sekunde eine endgültige Zerstörung zu verhindern. Für die Wiederbesiedlung eines rekultivierten Moores ist eine Fläche von etwa 1000 ha erforderlich (SODEIKAT, brieflich 1984) wobei das Umland wenigstens birkhuhnfreundlich sein soll, d. h. Äsung und Deckung bieten soll. Je kleiner die Fläche, desto größer ist die Gefahr des Verstreichens. Für freigelassene Birkhühner sind Wanderungen von 3−5 km keine Seltenheit.

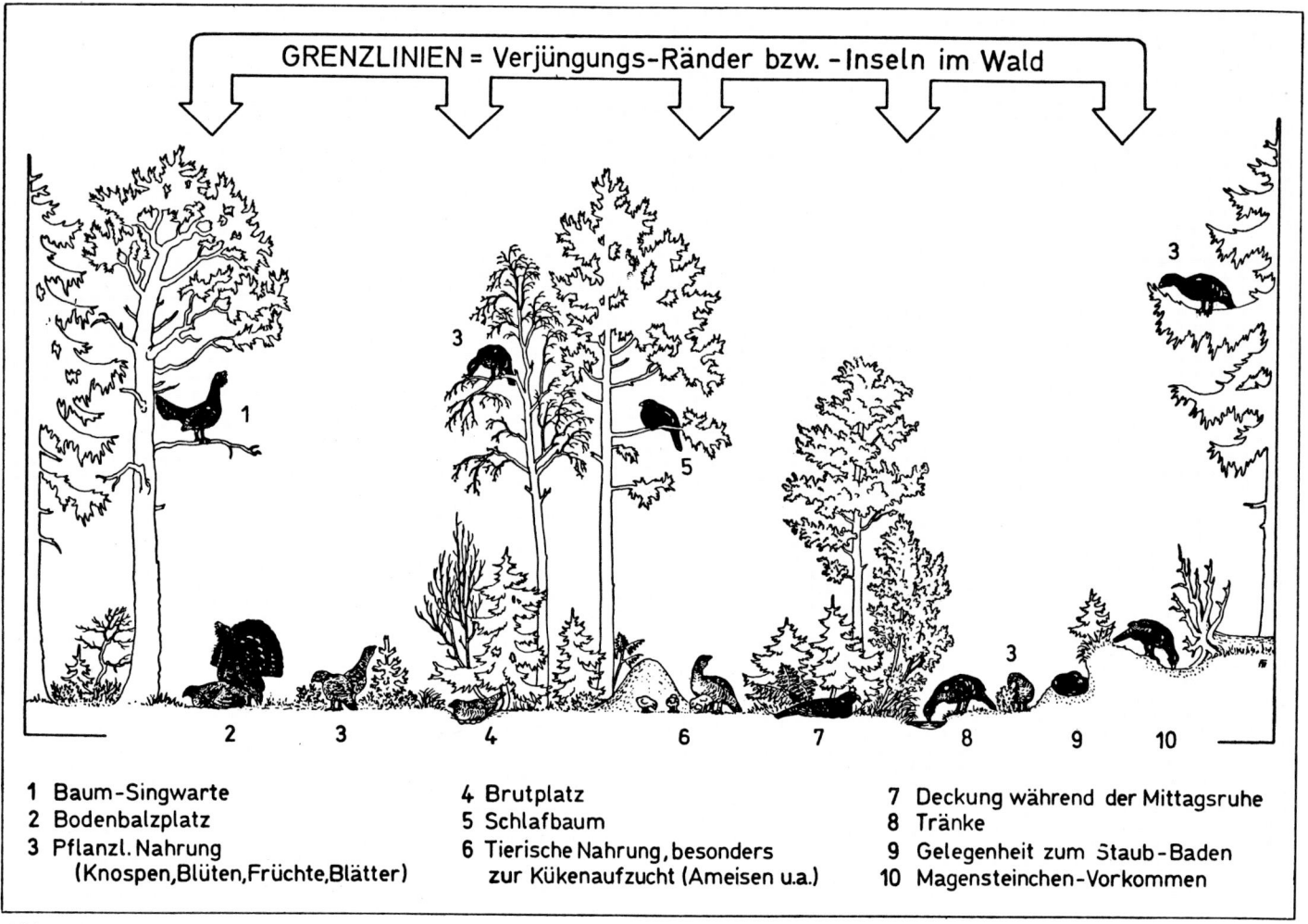

Abb. 157: Grenzlinien (F. Müller, 1982).

3.1.3. Haselhuhn

Das kleinste Waldhuhn ist mehr noch als das Auerhuhn an den naturnahen Nicht-Wirtschaftswald gebunden. Es bevorzugt einen vertikal und horizontal gut strukturierten Mischwald. Die Knospen der Laubbäume bieten die Nahrung, Fichten die Deckung. Der vorsichtige Vogel findet in einer reichen Bodenvegetation beides. Das Haselhuhn benötigt wie alle Rauhfußhühner eine Anzahl geeigneter sonniger Sandbadeplätze und die Möglichkeit zur Aufnahme von Magensteinchen. Dies alles braucht der scheue Vogel auf kurzen Distanzen. Die Größe der Wohngebiete ist je nach Qualität unterschiedlich und reicht von 2–16 ha. Gerne hält sich das Haselhuhn an Bachläufen auf, weil hier Weichhölzer (Weiden, Erlen, Ebereschen) die begehrte Knospenäsung liefern.

Geeignete Waldtypen: Pionierwald mit Weichlaubhölzern, ungepflegte Bauern-Mischwälder, Hauberge, birkenreiche Aufichten- und Moorrandwälder, Erlenbachwälder und Bergmischwälder.

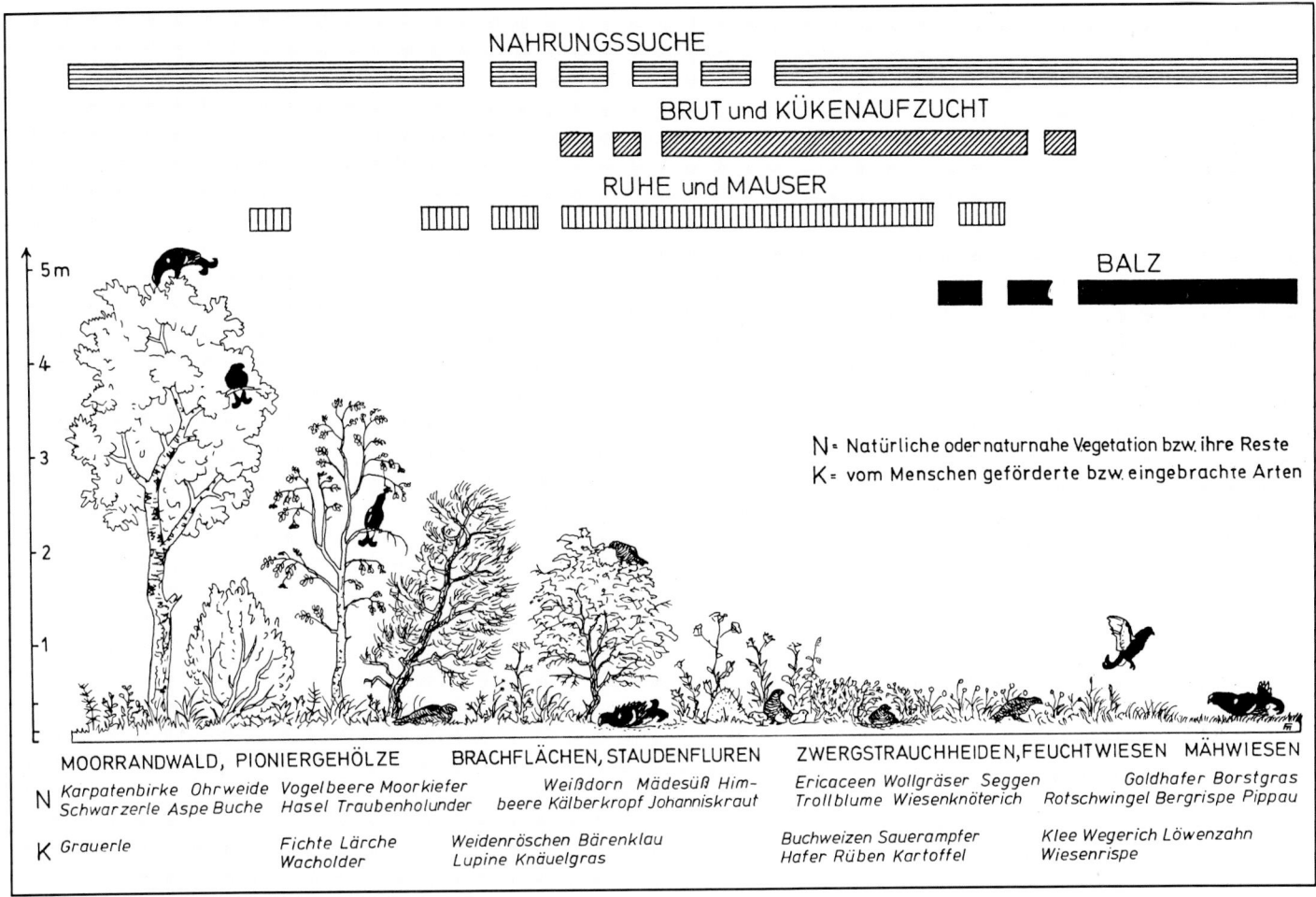

Abb. 158: Schematische Darstellung eines Birkhuhnbiotopes (F. Müller, 1983).

3.2. Biotoppflege

- Schutz und Erhaltung der noch vorhandenen Lebensräume.
- Ankauf von wertvollen Biotopen durch geeignete Organisationen (LJV, DBV, WWF, Naturparke usw.) bzw. Sicherung eines Vorkaufsrechtes.
- Förderung und Schonung äsungsspendender Baumarten, wie Kiefer, Lärche, Rotbuche, Aspe, Eberesche, Wildkirsche, Rot- und Weißerle, Birke, Weide, Faulbaum. Wo es nötig erscheint, mosaikartige Einbringung dieser Bäume.
- Großflächige Erhaltung der Beerkrautdecke, insbesondere der Heidel- und Preiselbeere.
- Schutz und Neuanlage von Nestern der Roten Waldameise und anderer Ameisenarten.
- Vermehrung der Grenzlinien.
- Keine Forstdüngung, damit die Beerkrautschicht nicht zerstört und eine mögliche Fichtennaturverjüngung verhindert wird. Bei Granulatdünger, den Waldhühner als Magensteine aufnehmen, sind direkte Vergiftungen möglich.
- Keine Pestizide in Rauhfußhühnerbiotopen anwenden.

Diese Gifte können zu direkten Schäden bei den Hühnern führen (Anhäufung in Organen und Eiern) oder indirekt, indem die wichtigen Futterinsekten für die Küken vernichtet werden. Auch hier sind direkte Vergiftungen (z. B. mit Prefix, ein Mittel zur Adlerfarnbekämpfung, und Gramoxon) durch Aufnahme des Granulats möglich (MÜLLER, 1978).
- Zusammenfassung aller forstlichen Maßnahmen und Arbeiten im Bereich der Waldhühnerschutzgebiete auf die Monate August und September. In jedem Fall vollkommene Arbeitsruhe von Anfang März bis Ende Juli.
- Verlangsamung des forstlichen Nutzungsganges durch femel- und plenterartige Eingriffe und Erhöhung der Umtriebszeit bei Kiefer auf 150–170 Jahre. Unterlassung von Kahlschlägen, die zur Gründung von Fichtenmonokulturen verleiten könnten (LINDNER, 1974).
- Belassung von Altholzresten (Kiefer, Buche).
- In Birkhuhnbiotopen mosaikartige Verjüngung der Heide durch Abschlagen, Abbrennen und Abweiden.
- Entfernen selbstangesamter Nadelbäume aus Heidegebieten.
- Auslichten und Entkusseln von Birkenaufwaldungen in Moorgebieten. Dadurch entstehen verteilte offenbuschige Birkenbereiche in Kombination mit ausgedehnten Freiflächen.
- Schonung der moortypischen Weidenbusch-, Heide- und Beerstrauchgesellschaften.
- Vegetationsverjüngung der hochgelegenen Moorflächen (Torfhochbrücken) durch Mähen.
- Anlegen von zahlreichen Staudämmen zur Wiedervernässung tiefer liegender Flächen (bodenebener Wasserstand). Zur Brutzeit ist aber ein gutes Management der Wasserstände notwendig, damit Gelege bei Regenwetter nicht überflutet werden (SODEIKAT, brieflich, 1984).
- Beweidung von Bentgrasflächen durch Schafe.
- Deckung und Nahrung müssen auf engstem Raum geschaffen werden.
- Zwei- bis dreimaliges Mähen verfilzter Wiesen.
- Anlegen von Äsungsflächen mit Buchweizen, Schwarzhafer oder Waldstaudenroggen.

3.3. Flankierende Maßnahmen

- Schaffung von Schutzgebieten im Wald für Auer- und Haselhuhn und für Birkwild in den Waldkampfzonen im Hochgebirge, in den Mooren und Filzen der Mittelgebirge und Niederungen. Wildschutzgebiete mit Hinweisschildern zu kennzeichnen ist nur dort sinnvoll, wo eine Überwachung möglich ist. Steht kein geeignetes Personal zur Verfügung, werden Naturliebhaber durch Wegweiser und geschickte Markierung unauffällig von dem Schutzgebiet ferngehalten.
- Keine Erschließung der Rauhfußhühnerbiotope für den Sommer- und Wintertourismus und keine Straßenbauten.
- Keine Flurbereinigung mit nachfolgenden wasserwirtschaftlichen Maßnahmen im Bereich der Birkwildbiotope.
- Keine Zäune in Auerwildgebieten.
- Intensive Bejagung der Hauptfeinde der Rauhfußhühner im Rahmen der Jagdgesetze (Fuchs!). Den ausgesetzten Waldhühnern ist das Verhalten gegen Feinde zwar angeboren, sie brauchen aber eine gewisse Startchance. Nicht zuletzt besteht die Gefahr, daß Fuchs und Marder in Ausbürgerungsgehege eindringen und dort alle Tiere töten.
- Die örtliche Bevölkerung und alle Interessensgruppen (Landratsamt, Gemeinde, Fremdenverkehrs-, Alpen- und Waldvereine, Bergwacht, Forstdienststellen, umliegende Jagdpächter) sind zu informieren und ihre Unterstützung ist anzustreben.
- Es ist darauf hinzuwirken, daß die eine oder andere Langlaufloipe oder einzelne Wanderwege im Aussetzungsgebiet aufgehoben werden und nicht mehr in den Wanderkarten erscheinen. Diese Maßnahmen hängen von einem guten Verhältnis zu den örtlichen Vereinen ab und sind nicht immer leicht durchzusetzen.

Kapitel 4
Methoden der Waldhuhnausbürgerung

Der entscheidende Grund für die erfolgreiche Ausbürgerung in Schottland war wohl der, daß die Auerhuhnküken im zukünftigen Biotop herangewachsen sind. Heute steht uns der Weg über die Verfrachtung von Gelegen nicht mehr offen.

4.1. Wie bringen wir Küken in den neuen Lebensraum?

4.1.1. Offenes Ausbürgerungsgehege

Im Ausbürgerungsgebiet wird ein oben offenes Freigehege von ca. 0,3 ha mit einem 2 m hohen Maschendraht umzäunt. Mit einem Elektrozaun wird zusätzlich das Eindringen von Fuchs und Marder erschwert. In dieses Gehege wird ein Stamm (1,2 oder 1,3) flugunfähiger Waldhühner eingesetzt. Die Hennen sollen hier brüten und die Küken über den Zaun verwildern.

Nachteil: Die Küken sind schlechtem Wetter genauso ausgesetzt wie in freier Wildbahn. Habicht, Marder und Nesträuber können durch den Zaun nicht abgehalten werden. Es besteht auch die Gefahr, daß die Küken schon mit 3–4 Wochen den Zaun überfliegen und nicht mehr zu ihrer Henne zurückfinden. Allein sind sie draußen noch nicht lebensfähig.

Wir haben diese Methode erprobt; zwei Auerhennen legten sehr gut getarnte Nester an; diese wurden aber nach 2 Wochen Bebrütung von einem Paar Rabenkrähen geplündert. Aus den Federfunden (ganze Büschel Körperfedern und Stoßfedern) in Nestnähe konnten wir auf einen Kampf zwischen Auerhenne und Krähen schließen. Da mit dieser Methode auch bei Birkwild schlechte Erfahrungen gemacht wurden (WAGNER, brieflich), wird sie von uns nicht weiter praktiziert.

4.1.2. Geschlossenes Ausbürgerungsgehege

Eine Fortentwicklung dieser ersten Methode stellt das Überspannen des Geheges mit einem Perlonnetz dar. Das ist natürlich nicht über die ganze Fläche möglich. Wir haben daher innerhalb der Einfriedung 700 m² eingezäunt und mit Perlonnetz abgedeckt. Das Futter wurde in einer offenen Hütte angeboten. Die hier brütende Henne führte einen Tag nach dem Schlupf die Küken sofort zu dem Futterplatz. Wichtig ist, daß das für die Küken bestimmte Futter (Putenstarter, Mehlwürmer, Heimchen etc.) schon vorher der Henne angeboten wird, damit sie es kennt und selber nimmt. Die Henne wirft den Küken zwar das Futter nicht vor, diese beobachten aber sehr genau, was sie aufpickt.

Abb. 159: Junge Auerhenne im Ausbürgerungsgehege.
Foto: H. Aschenbrenner

Abb. 160: Junger Auerhahn im Ausbürgerungsgehege.
Foto: H. Aschenbrenner

Ein wesentlicher Vorteil liegt auch darin, daß das eigentliche Gehege durch einen Zaun geschützt ist; so kann der größte Feind, der Fuchs, abgehalten werden.
2 ähnliche Versuche mit Birkwild verliefen ebenfalls befriedigend (SODEIKAT, brieflich 1984). In einem Fall kam es infolge einer Regenperiode zu Kükenverlusten. Diese Gesperre nutzten das ganze Gehege mit natürlichem Biotop (Hochrücken, Pütte) und Aufbaummöglichkeiten. Auffallend war das Sicherungsverhalten der Hennen (gestreckter Kopf über der Krautschicht); es nahm einen bedeutenden Stellenwert ein. Die sendermarkierten Junghühner wurden im Spätsommer freigelassen. Sie blieben in der Umgebung des Geheges. (Die Beobachtung ist nicht abgeschlossen.)
Um Verluste bei der natürlichen Kükenaufzucht im Ausbürgerungsgehege durch Schlechtwetterperioden zu vermeiden, werden die ersten 3 Wochen in ein geschütztes Gehege verlegt. Während einer Schönwetterperiode kommt das ganze Gesperre 3 bis 6 Wochen in ein Ausbürgerungsgehege. Henne mit Küken werden im Juli/August, Junghühner allein im August/September freigelassen. Im letzten Fall kann die Henne im Gehege bleiben, sie bleibt aber für die Küken in Freiheit weiterhin ein Bezugspunkt. Die in diesem Kapitel beschriebenen Methoden scheinen mir in bezug auf die Standorttreue die besten Ergebnisse zu bringen.

4.1.3. Adoption
Am ehesten stehen uns handaufgezogene Küken zur Verfügung. Man kann diese einer führenden Henne im Ausbürgerungsgehege zusetzen. Alle Küken schließen sich um die Henne zusammen, und die neuen werden in der Regel von der Pflegemutter adoptiert. Man tut aber gut daran, die Eingewöhnungsphase zu überwachen.
Dieser Versuch sollte erst mit 4 Wochen alten Küken, die von der Henne nicht mehr gewärmt werden müssen, durchgeführt werden. Die Henne verteidigt die neuen Küken genauso wie ihre eigenen. Sie lernen von ihrer Pflegemutter ebenso wie vom ganzen Gesperre. Werden solche adoptierten Küken später freigelassen, sind sie deutlich scheuer als handaufgezogene, haben aber eine kürzere Fluchtdistanz als Küken einer reinen Naturbrut.
Man kann auch handaufgezogene Küken einer führenden Auerhenne in freier Wildbahn zusetzen (WAGNER, brieflich 1984).

4.2. Wie werden erwachsene Waldhühner ausgebürgert?
4.2.1. Freilassen aus der Transportkiste
Werden Auerhühner aus Natur- und Handaufzucht im Herbst einfach aus der Transportkiste im neuen Lebensraum freigelassen, verstreichen sie schon in den ersten Tagen vom Freilassungsort, auch wenn dort ideale Biotopverhältnisse mit hohem Angebot an Beeren vorhanden sind und die Tiere nicht gestört werden. Von 27 auf diese Weise freigelassenen Auerhühnern sind nur wenige geblieben, andere verstrichen bis 12 km weit. Ein Hahn wurde 2 Tage nach der Freilassung schon 5 km entfernt gesehen. Wenn nicht eine großflächige Ansiedlung geplant ist, soll diese Methode nicht praktiziert werden.

4.2.2. Freilassen über ein Ausbürgerungsgehege
Wenn Junghühner aus Natur- oder Handaufzucht den Gefiederwechsel abgeschlossen haben, kommen sie in ein Ausbürgerungsgehege. Hier bleiben sie mindestens 3 Wochen. Nach dieser Zeit werden die Gehege an mehreren Stellen geöffnet, damit die Vögel ruhig die nähere und allmählich auch weitere Umgebung kennenlernen. Der größte Teil (mehr als die Hälfte) der jetzt freien Waldhühner bleibt in der Nähe des Geheges. Die Vögel nehmen noch gerne die gewohnten Futtermittel (Getreide, Mehlwürmer, Äpfel, Ebereschenbeeren, Lärchenäste) an. Man reicht diese in Futterautomaten oder in Schüttungen. Besser ist es, das Zusatzfutter auf einer Plattform (z. B. dem flachen Dach einer Schalenwildfütterung) anzubieten; damit sind die Vögel vor Raubwild sicherer und etwa vorhandenes Schwarzwild kann das ausgelegte Futter nicht wegnehmen.
Diese künstliche Fütterung ist für die freigelassenen Rauhfußhühner nicht lebensnotwendig. Sie dient allein dem Zweck, die Vögel an den Ort zu binden. Damit man keine ernährungsphysiologische Abhängigkeit riskiert, werden nur geringe Mengen angeboten.

4.2.2.1. Ausbürgerungsgehege
An einer abgelegenen, offenen Stelle mit reicher Naturvegetation wird das Gehege errichtet. Den Vögeln soll von hier aus ein Überblick über ihren zukünftigen Lebensraum ermöglicht werden. Die Rauhfußhühner müssen hier alles finden, was zu einer artgerechten Ernährung später wichtig

ist. Was nicht an Ort und Stelle wächst, wird in das Gehege eingebracht.

Zur Umzäunung wird Maschendraht oder Perlonnetz mit einer Maschenweite von 20 mm verwendet. Die Seitenteile müssen in den Boden eingegraben werden, um das Eindringen von Raubwild zu verhindern. Dieser Gefahr kann nur durch sorgfältigste Arbeit begegnet werden. Um Schwarzwild abzuhalten, sollte der Zaun am Boden noch an ein 6–8 cm starkes Rundholz angenagelt werden. Die Sauen können so den Zaun nicht anheben.

Das zwei Meter hohe Gehege wird mit Perlonnetz abgedeckt, das nur auf Spanndrähten liegt. Bei einer starren Konstruktion mit Rundholz kommt es leicht zu Unglücksfällen.

Tödliche Unfälle ereignen sich auch durch Anfliegen an den seitlichen Maschendraht, auch wenn dieser mit benadelten Fichtenästen behängt ist (HAARSTICK, 1984). Bei 75 Auerhühnern in einem locker gespannten Perlonnetzgehege hatte ich keine Unglücksfälle. 1984 biß allerdings ein Fuchs Löcher in das Netz und tötete 4 Hähne und 3 Hennen; 1983 kam ein Marder auf nicht geklärte Weise in ein Gehege und biß 4 Tieren (2,2) den Kopf ab.

Diese unliebsamen Vorkommnisse könnten wahrscheinlich durch ein Maschendrahtgehege verhindert werden, das innen mit Perlonnetz bespannt ist. Zur Abwehr von Haarraubwild zieht HAARSTICK in 2–3 m Entfernung eine Schnur, auf die alle 2–3 m mit Kornitol (Wildverwitterungsmittel) getränkte Lappen gehängt werden. Ideal ist es, wenn die Eingewöhnungsvoliere weiträumig (ca. 0,3 ha) von einem verblendeten Maschendraht umgeben ist (s. o.). Dadurch sind die Vögel vor dem Fuchs sicher und sie fliegen noch monatelang zur Fütterung in das Gehege. Zusammenfassend kann festgestellt werden, daß ein Ausbürgerungsgehege sorgfältig und überlegt gebaut werden muß, auch wenn es nur wenige Wochen im Jahr benutzt wird. Wir haben festgestellt, daß ein neu errichtetes und mit Auerhühnern besetztes Gehege die ersten Wochen vor Raubwild sicher war. Erst wenn die Gehege ein zweites oder drittes Mal besetzt werden, kam es zu Verlusten mit Raubwild. Der Habicht versucht mit Erfolg, die Waldhühner durch das Netz zu schlagen. Auch aus diesem Grund befürworten wir ein doppeltes Gehege aus Maschendraht und Perlonnetz.

Größe des Ausbürgerungsgeheges: 20–40 m^2 pro Auer- oder Birkhuhn.

4.2.2.2. Vorbereitung auf das Freilassen

Im Ausbürgerungsgehege werden hauptsächlich natürliche Futtermittel angeboten, die die Vögel nach dem Freilassen auch finden (Koniferenäste, Heidelbeersträucher mit Beeren, Himbeersträucher, Ebereschenbeeren, Heidekraut, Weiden, Birken usw.). Etwas Getreide wird als Lockfutter weiter gegeben. Kontrollbesuche sollen höchstens einmal täglich stattfinden, damit sich die Tiere langsam vom Menschen entwöhnen. Vor dem Freilassen soll eine Losungsuntersuchung Aufschluß über den Gesundheitszustand der Vögel geben. Wenn nötig, wird eine Wurmbehandlung mit Mebenvet 5 % über 10 Tage durchgeführt. Macht das eine oder andere Rauhfußhuhn keinen lebhaften und frischen Eindruck, wird es eingefangen und der Ernährungszustand an der Brustmuskulatur überprüft. Bestehen Zweifel an der vollen Gesundheit und Flugfähigkeit eines Vogels, wird er von der Freilassung zunächst zurückgestellt. – Soll mit Telemetrie gearbeitet werden, bekommen die Hühner jetzt die Sender. Einen Tag später, wenn sich die Tiere wieder beruhigt haben, öffnet man das Gehege.

4.3. Zeitpunkt des Aussetzens

Führende Hennen mit Küken werden während einer Schönwetterperiode in das Auswilderungsrevier eingesetzt, wenn die Küken älter als 3 Wochen sind. Auch hier ist die Freilassung über ein Ausbürgerungsgehege zu empfehlen, weil die Henne in eine für sie unbekannte Gegend kommt. Die Ausbürgerung der Rauhfußhühner aus Hand- und Naturaufzucht erfolgt Ende August und September, wenn die Vögel ihr adultes Gefieder angelegt haben. Man nutzt den Zeitpunkt vor der natürlichen Auflösung des Gesperres – damit bleiben die Vögel draußen noch eine gewisse Zeit zusammen – und die genetisch festgelegte Umstellung auf rohfaserreiche Winternahrung. Außerdem finden die Waldhühner im Spätsommer ein üppiges Angebot an Heidelbeeren. An telemetrierten Birkhühnern beobachtete SODEIKAT (brieflich 1984) die Auflösung des Gesperres Mitte Oktober.

Wir wissen aus vielen Beobachtungen, daß Auer- und Birkhühner lange und schneereiche Winter ernährungsphysiologisch gut überstehen. Nach Wochen der Freiheit wieder eingefangene Auer- oder Birkhühner verzeichneten eine gute Gewichtszunahme.

Über die Freilassung von Rauhfußhühnern im Frühjahr gibt es wenig Erfahrung. Das größte Problem, sie erst nach der Schneeschmelze auszuwildern, ist die Überwinterung der voll flugfähigen Vögel. Zu hohe Verluste durch Unglücksfälle rechtfertigen diese Methode nicht.

Ein Aussetzen während des Winters erhöht die Gefahr von seiten der Beutegreifer. Zwei im Februar ausgewilderte und mit Sendern versehene Birkhähne wurden vom Fuchs gerissen (SODEIKAT, brieflich 1984).

Kapitel 5
Erkenntnisse aus den Aussetzaktionen mit Auer- und Birkwild seit 1978

Auerwild: Schwarzwald (WAGNER, WITTLINGER); Harz (HAARSTICK); Lamer Winkel (ASCHENBRENNER); Sauerland (SPITTLER); Odenwald (SAUER); Mautern (PRINZ REUSS).
Birkhühner: Baden-Württemberg (KALCHREUTER, BAUER); Großes Moor/Gifhorn (SODEIKAT).

5.1. Wanderungen

Der größte Teil der freigelassenen Auer- und Birkhühner bleibt den Winter über in der Nähe der Eingewöhnungsvoliere. Sie werden gelegentlich von territorialen Hähnen aus den Vorjahren verdrängt. Handaufgezogene Auerhühner sind zunächst standorttreuer als Aufzuchten aus Naturbrut. Ein kleinerer Teil der Vögel verbreitet sich in einem Umkreis von 3–5 km. Der Rest wandert weiter ab, wobei Entfernungen von 10 km nicht ungewöhnlich sind, 20 km und 40 km in Einzelfällen vorkommen. Hennen verstreichen deutlich weiter als Hähne; sie sind der unbestimmte Faktor bei einer Ausbürgerung. Es sollten daher auch mehr Hennen als Hähne freigelassen werden.
Den Winter über suchen die Auerhühner gerne Schalenwildfütterungen auf, im Frühjahr verlassen die Vögel gewöhnlich ihren bisherigen Einstand.
In einigen Einbürgerungsgebieten wurde beobachtet, daß sich die Auerhühner in östliche Richtung ausbreiten und die Tendenz zu Kammlagen besteht. Es hat auch den Anschein, daß nach Süden ausgerichtete Berghänge bevorzugt aufgesucht werden.

5.2. Erkennen von Feinden

Zwischen hand- und hennenaufgezogenen Auerhühnern ist kein Unterschied festzustellen; das Erkennen von Feinden ist angeboren. Auch hennenlos aufgezogene Küken warnen vor einem möglichen Feind und die übrigen erstarren oder verstecken sich. Nur in den ersten Wochen der Freiheit haben Hühner aus Naturbrut einen gewissen Vorsprung in der Anpassung an die Gefahren des neuen Lebensraumes.

5.3. Feinde

Von den in den Wiedereinbürgerungsgebieten vorkommenden natürlichen Feinden der Waldhühner sind Fuchs, Marder und Habicht von Bedeutung.
Fuchs: Er ist der Hauptfeind der Waldhühner. Er reißt vor allem Hähne. Die Verluste können auf 20–30 % geschätzt werden.
Marder: Er kann zwar erwachsenen Auerhühnern in freier Wildbahn gefährlich werden, seine Hauptgefährdung besteht aber darin, daß er in Ausbürgerungsgehege eindringt und dort ein Blutbad anrichtet.
Habicht: Seine Bedeutung als Beutegreifer von Waldhühnern ist nicht einheitlich zu beurteilen. Im Lamer Winkel ist er kein Problemtier. 80 % der Verluste im Harz rechnet HAARSTICK Habicht und Fuchs an. Durch das Schlagen von einem Drittel der Hennen (WAGNER) stellt der Greifvogel den Erfolg der Aussetzaktion im Schwarzwald in Frage. Hähne werden selten getötet, sie sterben aber gelegentlich an Verletzungen, die ihnen der Greif meist an den Körperseiten beigebracht hat. Der Habicht schlägt die meisten Auerhühner im Herbst.
Brüten Hennen in freier Wildbahn, können noch Nesträuber (Marder, Krähenvögel, Schwarzwild, Waschbär, Igel) großen Schaden anrichten.

5.4. Verhalten gegen den Menschen

Freigelassene Birkhühner meiden den Menschen. Dagegen verlieren etwa 20 % der handaufgezogenen Auerhähne erst im Laufe des ersten Winters die Scheu vor den Menschen. Waldarbeitern nähern sie sich oft auf wenige Meter. Auch bei sogenannten balztollen Hähnen im Frühjahr handelt es sich um solche Vögel. Hennen sind deutlich scheuer als Hähne und halten eine größere Fluchtdistanz zum Menschen ein. Eine vertraute Henne habe ich nur einmal erlebt. Ist das Ausbürgerungsgehege zu nahe am Waldrand, suchen vor allem Auerhähne Gehöfte und Ortschaften auf. Diese Tiere sollten schnell und sachkundig wieder eingefangen werden, ehe es zu Unglücksfällen mit Haustieren, Maschinen, Stromleitungen usw. kommt. Je weiter das

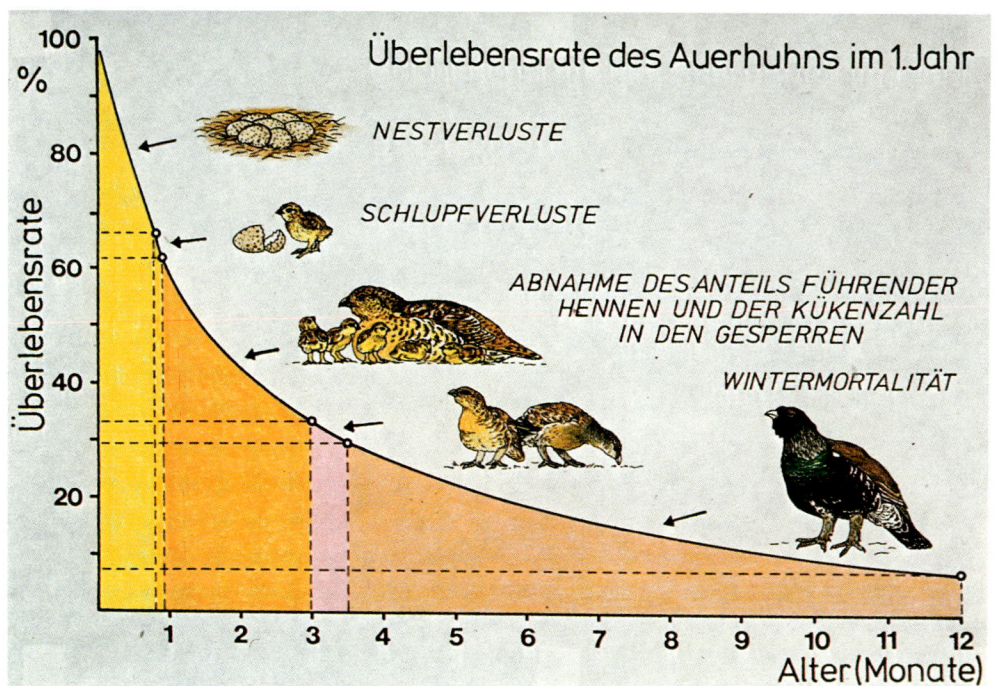

Abb. 161: Überlebensrate des Auerhuhns im ersten Jahr (F. Müller).

Eingewöhnungsgehege im Wald liegt, desto weniger unliebsame Zwischenfälle kommen vor! Bei unserer ersten Ausbürgerung 1980 lag das Gehege wenige hundert Meter vom Waldrand entfernt. Von 24 freigelassenen Auerhühnern verunglückten drei Hähne, einer tödlich an einer Stromleitung, die zwei anderen erlitten Flügelfrakturen. Seit 1981 liegen die Gehege 3 km und weiter im Wald. Unter 98 freigelassenen Auerhühnern gab es nur noch einen tödlichen Unfall, und zwar wieder an einer Stromleitung.

5.5. Krankheiten

Bei freigelassenen Rauhfußhühnern sind bisher keine nennenswerten Krankheiten aufgetreten. Bei jeder Ausbürgerung ist gewissenhaft zu prüfen, daß nur gesunde und voll flugfähige Waldhühner freigelassen werden.

5.6. Nachzuchten

In Lonau, Schramberg, Lamer Winkel und Mautern wurden mehrmals Auerhuhngesperre beobachtet, die von freigelassenen, beringten Auerhennen geführt wurden.

Tab. 62: Aufstellung über die seit 1978 freigelassenen Auerhühner

Lonau – Harz	(1978–1984):	306 (152, 154)
Schramberg – Schwarzwald	(1978–1984):	148 (83, 65)
Lamer Winkel – Bay. Wald	(1980–1984):	122 (76, 46)
Sauerland	(1980–1984):	67 (41, 26)
Odenwald	(1983–1984):	43 (20, 23)
Wildbad – Schwarzwald	(1983–1984):	21 (16, 5)
Salzforst	(1983–1984):	17 (15, 2)
Mautern – Steiermark	(1981–1984):	42 (21, 21)
Mittersill – Tirol	(1983–1984):	16 (8, 8)

Tab. 63: Aufstellung über die seit 1978 freigelassenen Birkhühner

Oberschwäbische Moore	(1978–1984):	201
Großes Moor/Gifhorn	(1982–1984):	30

Ebenso wurden im Wurzacher Ried (KALCHREUTER) und im Großen Moor (SODEIKAT) Birkhuhnnachzuchten beobachtet. Die Aufzuchtverluste waren teilweise groß, wie es in freier Wildbahn üblich ist.

Kapitel 6
Diskussion

Das Vorhandensein eines geeigneten Lebensraumes ist für die Wiederansiedlung eine unerläßliche Forderung. Diesen zu finden, ist heute das größte Problem. Die Auffassung, daß sich die Waldhühner den veränderten Bedingungen in einstmals guten Hahnenrevieren einfach anzupassen haben, ist falsch. Die genetische Festlegung auf einen Lebensraum können und wollen wir nicht wegzüchten. Steht tatsächlich ein flächenmäßig ausreichender und auch sonst geeigneter Biotop zur Verfügung, sind vor einer Aussetzaktion alle wesentlichen Punkte zu überdenken. Da ist zunächst das Tiermaterial. Die für eine Auswilderung benötigten Rauhfußhühner lassen sich heute alle in der notwendigen Anzahl züchten. Dabei ist auf eine artgerechte Aufzucht und eine sorgfältige Auswahl der Zuchttiere zu achten. Es besteht nämlich die Gefahr, daß besonders zahme Hennen, die viele Eier legen, bevorzugt zur Zucht verwendet werden. Für die Wildbahn aber brauchen wir scheue Waldhühner mit guten Brut- und Führungseigenschaften.

Eine Ausbürgerung von Auer-, Birk- oder auch Haselwild ist teuer. Wir können damit rechnen, daß 10, höchstens 20 % der freigelassenen Waldhühner in dem ihnen zugedachten Lebensraum bleiben. Um eine selbständige Population aufzubauen, müssen mindestens 30, besser 50 Stück am Ende der Aktion vorhanden sein, wenn sie als erfolgreich abgeschlossen werden soll. Das heißt, daß 10 Jahre lang jährlich 30 bis 50 Waldhühner freigelassen werden müssen. – Um zu wissen, welche Tiere man auswildert, wie sie ernährt und aufgezogen wurden, und nicht zuletzt aus finanziellen Gründen, muß als Ausgangsbasis für eine Wiederansiedlung eine eigene Zuchtstation aufgebaut werden. Man muß Tiere finden, die der ehemaligen Population möglichst ähnlich sind. Ist die Begeisterung für das Vorhaben jetzt immer noch groß, muß man prüfen, ob sie tatsächlich länger als ein Jahrzehnt anhält.

Neben der Zucht der Tiere sind die Biotopsicherung und die flankierenden Maßnahmen von entscheidender Bedeutung. Die Verbesserung der Lebensräume (Rekultivieren der Moore, Vermehren der Grenzlinien) ist in einem Jahrzehnt durchzuführen. Vor allem in Staatswaldungen müssen alle Arbeiten koordiniert werden. Der Forstamtsleiter sollte auch die Leitung der Auswilderung übernehmen; er kann sich über den Umgang mit Rauhfußhühnern in Gehegen beraten lassen. Nur ein einheitliches Management läßt einen Erfolg erwarten.

Die Überlebenschance einer Waldhühnernachzucht in freier Wildbahn zeigt Abb. 161 am Beispiel des Auerhuhns. Sie liegt bei 10 %. Die kritischsten Phasen dabei sind das Gelege und das frühe Kükenalter. Bei einer Ausbürgerung wird diese verlustreiche Zeit in das Gehege verlegt, und das ganze Gesperre kommt erst im Spätsommer in die Wildbahn. Für das ausgebürgerte Waldhuhn beginnt in Gegensatz zur freien Wildbahn die Bewährung erst, wenn es ausgewachsen ist. Das ist auf den ersten Blick ein Vorteil. Witterungseinflüsse, Gelege- und Kükenräuber spielen keine Rolle mehr. Dagegen holen Fuchs und Habicht sich im ersten Herbst einen größeren Anteil unter den ausgebürgerten Hühnern. Die Abwanderungstendenz ist bei diesen auch höher als bei den in Freiheit herangewachsenen. Am Ende wird die gleiche Tierzahl für eine Population zur Verfügung stehen, nämlich 10 bis 20 % des Ausgangsmaterials. Nur verläuft die Verlustkurve umgekehrt. Bei den freilebenden Waldhühnern können wir die Überlebenschance kaum beeinflussen, dagegen sind wir bei den ausgebürgerten Tieren nicht ganz so hilflos. Wie schon erwähnt, setzt sich die Hauptverlustrate aus Unglücksfällen (ca. 20 %), Abgängen durch Fuchs und Habicht (ca. 40 %) und Abwanderung (ca. 30 %) zusammen. Bei allen 3 Punkten können wir eingreifen und die Verlustzahlen verringern:

– Ausbürgerungsgehege an abgelegenen Plätzen und aus doppeltem Zaun errichten.
– Intensive Bejagung des Fuchses.
– Vermehrt Küken mit Hennen aussetzen.

Ich habe bewußt keinen übertriebenen Optimismus hinsichtlich der Wiederansiedlung von Rauhfußhühnern aufkommen lassen, sondern gerade die schwierigen Punkte herausgestellt. Es soll und darf niemand zu einer voreiligen und unüberlegten Aktion verleitet werden. Wer alles Für und Wider sorgfältig durchdacht, mit Freunden und Helfern abgesprochen und die Finanzierung gesichert hat, kann mit berechtigter Hoffnung auf das Gelingen des Vorhabens rechnen. Der Lohn für eine an Rückschlägen und Höhepunkten reiche Arbeit wird die Begegnung mit den freigelassenen Waldhühnern in freier Wildbahn sein.

Weiterführende Literatur

AHNLIND, H.; HELANDER, B. (1975): The food of the Hazel grouse (Tetrastes bonasie) in Sweden. – Viltrevy 9: 221–240.

ALLAN, G. A., III. (1968): Keeping and raising blue grouse. Game Bird Breeders, Pheasant Fanciers and Aviculturalists' Gazette 16: 6–11.

ANGELSTAM, P. (1981): A Release of Pen-reared Capercaillie in Central Sweden. – Proceedings of the Second International Symposium on Grouse, 204–209. World Pheasant Association – Exing, Suffolk, U. K.

ASCHENBRENNER, H. (1981): Probleme und Methoden der Auerhuhnhaltung. – Die Voliere 4, 1: 7–13.

ASCHENBRENNER, H. (1982): Keeping and rearing of grouse in enclosures – problems and experience. – Proceedings of the Second International Symposium on Grouse, 212–217. World Pheasant Association – Exing, Suffolk, U. K.

ASCHENBRENNER, H. (1984): Das Fichten- oder Tannenwaldhuhn. – Die Voliere 7, 4: 135–138.

ASCHENBRENNER, H.; SCHERZINGER, W. (1978): Wenn der Haselhahn balzt. – Die Pirsch 19: 1269–1271.

ASCHENBRENNER, H.; BERGMANN, H.-H.; MÜLLER, F. (1978): Gefangenschaftsbrut beim Haselhuhn. – Die Pirsch 30: 71–75.

BENDELL, J. F.; ZWICKEL, F. C. (1984): A survery of the biology, ecology abundance and distribution of the Blue Grouse. – Proceedings of the Third International Symposium on Grouse – York, England.

BERGMANN, H.-H.; KLAUS, S.; MÜLLER, F.; WIESNER, J. (1982): Das Haselhuhn. – Neue Brehm-Bücherei. Ziemsen-Verlag, Wittenberg Lutherstadt, 3. Auflage.

BOBACK, A. W. (1961): Finnische Erfahrungen über künstliche Rauhfußhühneraufzucht. – Deutsche Jägerzeitung 3: 54–55.

BOBACK, A. W. (1966): Das Auerhuhn. – Neue Brehm-Bücherei 86. Ziemsen-Verlag, Wittenberg Lutherstadt.

BOBACK, A. W.; MÜLLER-SCHWARZE, D. (1968): Das Birkhuhn. – Neue Brehm-Bücherei 397. Ziemsen-Verlag, Wittenberg Lutherstadt.

BRAUN, C. E.; NISH, D. H.; GIESEN, K. M. (1978): Release and establishment of white-tailed ptarmigan in Utah. Southwestern Naturalist 23: 661–668.

BRAUN, C. E.; ROGERS, G. E. (1971): The white-tailed ptarmigan in Colorado. – State of Colorado – Division of Game, Fish and Parks. Technical publication No. 54.

BRAUN, C. E. (1984): Attributes of a hunted sage grouse population in Colorado, U.S.A. – Proceedings of the Third International Symposium on Grouse – York, England.

BUMP, G.; DARROW, R; EDMINSTER, F.; CRISSEY, W. (1974): The Ruffed Grouse. – New York State Cons. Department.

COOPER, C.; BENDELL, J. F. (1981): The rearing and survival of Blue grouse in captivity. Proceedings of the Second International Symposium on Grouse. 233–246, World Pheasant Association – Exing, Suffolk, U. K.

DEMENT'EV, G. P., et al. (1967): Birds of the Soviet Union. Volume 4. Israel Program for Scientific Translations, Jerusalem.

DONAUROV, S. S. (1947): Das Haselhuhn im Pečora-Ilyč-Naturschutzgebiet. Trudy Pečora-Ilyčskogo Gosudarstvennogo Zapovednika, 4, 1: 77–122 (russisch).

ELLISON, L. N. (1974): Population characteristics of alaskan Spruce Grouse. – Journal of Wildlife Management 38 (3): 383–395.

FAY, L. D. (1963): Recent success in raising ruffed grouse in captivity. Journal of Wildlife Management 27: 642–647.

GLUTZ VON BLOTZHEIM, U. N.; BAUER, K. M.; BEZZEL, E. (1973): Handbuch der Vögel Mitteleuropas, Band 5, Frankfurt am Main.

GULLION, G. W. (1967): Selection and use of drumming sites by male ruffed grouse. – The Auk 84: 87–122.

HAARSTICK, K. H. (1979): Erfahrungen bei der Haltung und Aufzucht von Auerwild im Staatl. Forstamt Lonau/Harz. Zeitschrift für Jagdwissenschaft 25: 167–177.

HAARSTICK, K. H. (1984): Die Wiedereinbürgerung des Auerhuhns im Harz von 1975 bis 1983 – ein Versuch. Niedersächsischer Jäger 29: 919–925.

HANSEN, N. (1961): Raising blue grouse. Game Bird Breeders, Pheasant Fanciers and Aviculturalists' Gazette 10: 49–54.

HICKMAN, I. (1978): Raising praire chickens. – American Pheasant and Waterfowl Society Magazine 78 – 3: 16–18.

HILBRICH, P. (1978): Krankheiten des Geflügels. – Verlag Hermann Kuhn GmbH & Co. KG, Villingen-Schwenningen.

HJORTH, I. (1970): Reproductive behaviour in Tetraonidae. – Viltrevy, Volume 7. – Svenska Jägareforbundet, Uppsala.

HÖGLUND, N. H. (1952): On Sex-distinguishing Characters in Capercaillie Chicks. – Viltrevy **1**: 150–157.

HÖHN, E. O. (1980): Die Schneehühner. – Neue Brehm-Bücherei 408. Ziemsen-Verlag, Wittenberg Lutherstadt.

JOHNSGARD, P. A. (1973): Grouse and Quails of North America. University of Nebraska Lincoln.

JONES, R. (1964): The specific distinctness of the Greater and Lesser Prairie-Chickens. – The Auk **81**: 65–73.

KALCHREUTER, H.; WAGNER, E. (1981): Preliminary Results of Reintroduction Programmes of Black grouse and Capercaillie in Southern Germany. Proceedings of the Second International Symposium on Grouse, 202–203. World Pheasant Association – Exing, Suffolk, U. K.

KEALY, R. D. (1970): Storage and incubation of game bird eggs. Modern Game Breeding **6**: 19–21.

KRONBERGER, H. (1974): Haltung von Vögeln – Krankheiten der Vögel. Gustav Fischer Verlag, Stuttgart.

LACHER, J. R.; LACHER, D. D. (1965): Blue Grouse in Captivity. Journal of Wildlife Management **29**: 404–405.

LANCE, A. N.; ZWICKEL, F. C.; GORNALL, F. A.; BENDELL, J. F. (1970): Diet and mortality of young blue grouse raised in captivity. Journal of Wildlife Management **34**: 653–655.

LATHINEN, J. (1969): Über die Aufzucht von Tetraoniden in Gefangenschaft in Mittelfinnland. – Suomen Riista **21**: 140–149.

LEMBURG, W. W. (1962): Raising sharp-tailed grouse. Game Bird Breeders, Pheasant Fanciers and Aviculturalists' Gazette **17**: 179–203.

LINDEN, H. (1981): Growth Rates and early energy requirements of captive juvenile Capercaillie, Tetrao urogallus. – Finnish Game Research **39**: 53–67.

LINDNER, A. (1977): Die Waldhühner. – Verlag Paul Parey, Hamburg und Berlin.

MCDONALD, S. D. (1970): The breeding behavior of the rock ptarmigan. Living Bird **9**: 195–238.

MCEWEN, L. C.; KNAPP, D. B.; HILLIARD, E. A. (1969): Propagation of prairie grouse in captivity. Journal of Wildlife Management **33**: 276–283.

MOSS, R. (1972): Effects of Captivity on Gut Length in Red Grouse. – Journal of Wildlife Management **36**: 99–105.

MOSS, R. (1969): Rearing red grouse and ptarmigan in captivity. Avicultural Magazine **75**, 256–261.

MÜLLER, F. (1978): Rauhfußhühner als Biotop-Indikatoren. Jagd + Hege 6. – Jagd + Hege – Verlags AG, St. Gallen.

MÜLLER, F. (1980): Wildbiologische Information für den Jäger, Band 3. Jagd + Hege – Verlag Ferdinand Enke, Stuttgart.

NAPPÉE, C. (1981): Capercaillie and Black Grouse Breeding in the Parc National Des Cevennes and first release results. Proceedings of the Second International Symposium on Grouse: 218–228. – World Pheasant Association – Exing, Suffolk, U. K.

NIETHAMMER, G. (1983): Die Einbürgerung von Säugetieren und Vögeln in Europa. Verlag Paul Parey, Hamburg und Berlin.

PAULI, H. R. (1978): Zur Bedeutung von Nährstoffgehalt und Verdaulichkeit der wichtigsten Nährstoffpflanzen des Birkhuhnes. – Der ornithologische Beobachter **75**: 57–84.

PENDERGAST, B. A.; BOAG, D. A. (1971): Maintenance and breeding of spruce grouse in captivity. – Journal of Wildlife Management **35**: 177–179.

POTAPOV, R. L. (1978): Caucasian Black Grouse – endemic in Caucasian Mountain (russisch). Priroda **3**: 118–123.

RISSANEN, J. S. (1956): Bemerkungen zur Aufzucht des Schwarzen Rebhuhns und des großen Auerhuhns in Gefangenschaft. – Suomen Riista **10**: 156–165.

SCHERZINGER, W. (1981): Stimminventar und Fortpflanzungsverhalten des Haselhuhns (Bonasa bonasia). – Der Ornithologische Beobachter **78**: 57–86.

SCHERZINGER, W. (1981): Chancen der Wiedereinbürgerung von Waldhühnern in Deutschland. Natur und Landschaft **56**, 4: 131–132.

SCHERZINGER, W. (1982): Trials with natural broods of grouse. – Proceedings of the Second International Symposium on Grouse: 199–201. – World Pheasant Association – Exing, Suffolk, U. K.

SCHLIESSER, T.; STRAUCH, D. (1981): Desinfektion in Tierhaltung, Fleisch- und Milchwirtschaft. – Verlag Ferdinand Enke, Stuttgart.

SHOEMAKER, H. H. (1968): Rearing of young prairie chicken in captivity. – Illinois Wildlife, **16**, 1–4.

STIRLING, J.; BENDELL, J. F. (1970): The reproductive behavior of blue grouse. – Syesis **3**: 161–171.

STRESEMANN, E.; MEISE, W.; SCHÖNWETTER, M. (1938): Tetrastes sewerzowi Przewalski. – Journal für Ornithologie **86**: 208–209.

Siivonen, L. (1960): Erfahrungen über die künstliche Aufzucht von Birkwild in Finnland. – Forst und Jagd **10**: 115–117.

Steinmetz, H. (1936/1937): Haltung und Pflege von Auer-, Birk- und Schneehühnern in Gefangenschaft. – Der Deutsche Jäger **58**: 596.

Tschirch, W. (1980): Krankheiten der adulten und juvenilen Auer- und Birkhühner im Wildforschungsgebiet Niederspree. – Beiträge zur Jagd- und Wildforschung **11**: 379–384.

Thaler, E. (1983): Beobachtung zur Brutbiologie des Alpenschneehuhns (Lagopus mutus helveticus) im Alpenzoo Innsbruck. – Der Zoologische Garten N. F. **53**: 102–124.

Wagner, E. (1984): Successful clutches and adoption of chicks in the programme of introducing Capercaillie in the Black Forest. – Proceedings of the Third International Symposium on Grouse – York, England.

Yamashina, Y. (1935): The habits of Falcipennis falcipennis and an experience of the species in captivity (japanisch). Tori **9**: 13–18.

Zwickel, F. C. (1965): Early mortality and the numbers of blue grouse. Ph. D. Thesis. Univ. British Columbia, Vancouver, 153 pp.

Zwickel, F. C.; Bendell, J. F. (1967): Early mortality and the regulation of numbers in blue grouse. Canadian Journal of Zoology **45**: 817–851.

Stichwortverzeichnis

A
Alpenschneehuhn 11, 51, 108, 110
Ameisen 111, 135
Ammenbrut 105
Arzneimittel 129
Arzneimittelverabreichung 118
Aspe 19, 33, 38
Aspergillose 123
Auerhuhn 11, 16 ff, 92, 98, 99, 108, 110, 132 ff, 135, 144 145
Aufzucht 106 ff
Aufzuchtkasten 107, 108
Ausbürgerung 132 ff
Ausbürgerungsgehege 139 ff
Ausfuhr 113

B
Bakterien 104, 113, 115, 117, 119, 121, 122
Balzplatz 18, 27, 64, 75
Balzstrophe 18, 44
Beifußhuhn 11, 66 ff
Begasung der Eier 104
Betonboden 93, 94
Biotoppflege 137
Biotopvoliere 96
Birke 27, 32, 33, 43, 47, 50, 52, 61, 70, 71, 88
Birkhuhn 11, 25 ff, 92, 98, 108, 112, 132 ff, 135, 144, 145
Blinddarm 11, 98
Blinddarmlosung 119
Blue grouse siehe Felsengebirgshuhn
Boden 94
Bretterboden 95
Brutapparat 104, 105
Brutlosung 117

D
Dach 95
Desinfektion 114
Durchfall 108, 109, 113, 114, 117, 119

E
Ei 24, 28, 32, 35, 38, 42, 46, 50, 56, 64, 69, 73, 76, 78, 84, 89, 104, 111, 122
Einfuhr 113
Ektoparasiten 112, 113, 126
Erle 27, 32, 61, 136

F
Federfressen 126
Federlinge 113, 126
Felsengebirgshuhn 62 ff
Fichte 32, 63, 101, 138
Fichtenwaldhuhn 41, 79 ff, 98, 108
Formalin 104
Freigehege 97
Fuchs 141, 143, 145
Fütterung 97, 141
Futter 99

G
Gehege 92 ff
Gehegetypen 96
Getreide 99, 140, 141
Gewichtskontrolle 118
Gicht 124
Gitterboden 78, 95, 97, 106, 107
Grenzlinien 135 f
Grit, s. Magensteine
Grünfutter 100

H
Habicht 23, 139, 141, 143, 145
Hafer 27, 76
Haselhuhn 9, 30 ff, 98, 108, 112, 132, 136, 145
Haselnuß 32, 71
Heidekraut 58
Heidelbeere 19, 27, 32, 33, 52, 58
Heimchen 111, 139
Herbstbalz 117
Himbeere 19
Huderkasten 96
Hygiene 114

I
Imponieren 103
Insektenfütterung 112

K
Kalkbeine 113, 126
Kaukasisches Birkhuhn 47 ff
Kehlfleck 33, 34
Kiefer 19, 27, 64, 83, 138
Kiesboden 94
Knochenbrüche 127
Kokzidiose 92, 114, 115, 120
Koliinfektion 103
Kopfverletzung 113, 129
Kopulation 88, 103
Kotuntersuchung 116
Kragenhuhn 11, 85 ff, 98, 108, 117
Kropf 11, 19, 33, 128
Kundgabe 103
Kunstbrut 105
Körperbau 11
Kükenstarter 101

L
Lebensräume 135
Luftfeuchtigkeit, relative 104, 105, 106
Luftröhrenwürmer 115, 124
Luftsäcke 12, 13, 69, 76, 77
Lärche 19, 27, 42, 43, 44, 83, 140

M
Magensteine 18, 33, 102
Marder 23, 139, 143
Maschinenbrut 105
Mehlwürmer 100, 111, 112, 127, 139
Mineralstoffmischung 101
Moor 12, 57, 138
Moorschneehuhn 54 ff, 98, 108

N
Naturboden 94
Naturbrut 104
Naturnahrung 100
Natürliche Aufzucht 108, 110, 112, 145
Nest 12, 100
Nestflüchter 12
Nährstoffgehalt 99

P
Pappeln 70, 71, 86
Parasiten 113, 119
Pellets 100
Perosis 101, 108, 125
Pestizide 137 f
Preiselbeere 19, 27, 33, 52
Präriehuhn 11, 74 ff, 108
Putenstarter 101, 111, 139

Q
Quarantäne 113

R
Rachitis 125
Resistenztest 117
Rosen 12, 77, 89

S
Salmonellose 115, 116, 122
Sandbad 112
Sandboden 94
Sauerampfer 27, 111
Schlundverstopfung 128
Schnabel 11
Schneehühner 11, 54, 92, 98, 112
Schnittlauch 111
Schnupfen 123
Schottisches Moorschneehuhn 57 ff, 98
Schwarzbrusthaselhuhn 38, 39
Schwarzkopfkrankheit 92, 113, 115, 121

Sender 133, 134
Sichelhuhn 40 ff
Spissen 32
Spitzschwanzhuhn 11, 70 ff
Spreizfüße 128
Spurenelemente 101
Standardgehege 98
Steinauerhuhn 43 ff

T
Telemetrie 133 f
Temperatur 104, 105, 106
Trommelflug 81
Trommeln 86, 87

U
Ungeziefer 116
Unglücksfälle 128
Untugenden 107, 126

V
Viren 104, 115, 119
Vitamine 101, 125

W
Wacholder 19, 27, 50, 83
Wachtelkrankheit 122
Weide 27, 33, 44, 50, 54, 71, 136
Weißschwanzschneehuhn 59 ff
Wildschutzgebiet 138
Wärmequelle 107

Z
Zehenpicken 126
Zehenstifte 11
Zucht 103
Zuchtgehege 22
Zwischenwände 22, 94

Danksagung

Neben den eigenen Erfahrungen haben mir meine Freunde wertvolle Hinweise für dieses Buch gegeben. Nur so war es möglich, das verhältnismäßig neue Gebiet der Haltung und Zucht von Rauhfußhühnern zu bearbeiten.

Vor allem danke ich Dr. Tim LOVEL für die Idee, dieses Buch zu schreiben. Durch Vermittlung von Kontakten zu verschiedenen Fachleuten in aller Welt hat er mir eine beachtliche Starthilfe gegeben. Prof. Paul A. JOHNSGARD und Dr. Clait BRAUN ermöglichten mir unvergessene Erlebnisse auf den Balzplätzen einiger amerikanischer Rauhfußhühner. Für unveröffentlichte Literatur danke ich besonders Dr. E. THALER vom Alpenzoo Innsbruck, Dr. W. SCHERZINGER und Dr. SODEIKAT, für die Durchsicht des Manuskripts Dr. H.-H. BERGMANN, Prof. J. F. BENDELL und von einzelnen Teilen Dr. F. GRIMM und Dr. W. SCHERZINGER.

Ein ganz besonderer Dank gebührt meinem Freund Dr. F. MÜLLER für die vielen Zeichnungen, die durch seine Beobachtungsgabe, sein künstlerisches Talent und auch von seiner Begeisterung für Rauhfußhühner geprägt sind.

Nicht zuletzt danke ich meiner Frau für ihr großes Interesse an meiner Arbeit und ihre aktive Mithilfe. Im Mittelpunkt eines Aufzuchtsommers stehen die kleinen und großen Küken; das Familienleben muß sich ihnen anpassen.

Weitere Fachliteratur vom Verlag M. & H. Schaper

Ebert:
Vogelkrankheiten – Zier- und Wildvögel – Behandlung, Haltung, Pflege

Als langjährige Mitarbeiterin der Vogelklinik der Tierärztlichen Hochschule Hannover und jetzige Leiterin einer Vogelpraxis hat die Autorin eine umfassende Informationsquelle sowie praxisnahes Nachschlagewerk zu den Krankheitsfragen unserer gefiederten Hausgenossen geschaffen.

Dabei geht sie nicht nur auf Kanarienvögel und andere fremdländische Körnerfresser ein, sondern behandelt ebenso ausführlich Weichfresser, Greifvögel, Eulen und andere Wild- und Zoovögel.

1984, 3., vollständig überarbeitete Auflage, 376 Seiten, zahlreiche farbige Abbildungen und Zeichnungen, Kunstledereinband

DM 128,–

Kaal:
Geschlechtsmerkmale bei Vögeln

Das Werk des holländischen Tierarztes und Vogelspezialisten gibt einen umfassenden Überblick über die zur Geschlechtsbestimmung wichtigen Erkennungsmerkmale.

Neben einer Beschreibung der allgemeinen Anatomie der Geschlechtsorgane und der verschiedenen Bestimmungsmethoden werden die Geschlechtsmerkmale der einzelnen Vogelarten dargestellt.

Hierbei finden nicht nur Ziervögel ausführlich Berücksichtigung, sondern auch Wild- und Zoovögel. Durchgehend farbige Abbildungen und zahlreiche Zeichnungen veranschaulichen die Darstellung.

1982, 120 Seiten, zahlreiche farbige Abbildungen und Zeichnungen, Pp.

DM 32,–

Fischer: Papageien und Sittiche –
eine kurzgefaßte Sachkunde für Händler und Züchter

Fachwissen in gestraffter, informativer Form über Zuchtgenehmigung, Biologie, Benennung und Unterscheidung der wichtigsten Arten und ihrer Herkunftsländer, Aufzucht, Haltung, Fütterung, Hygiene, Krankheiten und Tierschutz. Außerdem die wichtigsten Gesetze, Verordnungen und Erlasse zum Schutze gegen die Psittakose und Ornithose.

1984, 3., überarbeitete Auflage, 64 Seiten, 12 Farbtafeln, kt.

DM 14,–

Siegmann, O., unter Mitarbeit von Hinz, K.-H. / Kaleta, F. K. / Kösters, J. / Lüders, H. / Monreal, G.

Kompendium der Geflügelkrankheiten

Diese seit langem bewährte Arbeitshilfe zum Thema „Geflügelkrankheiten" liegt nun schon in der 4., völlig neu überarbeiteten Auflage vor.

Neben der umfangreichen Propädeutik wurde die Zahl der kurzgefaßten Krankheitsbilder besonders im Bereich der nicht infektiösen Krankheiten stark erweitert. Gleichzeitig fanden dabei die Gesichtspunkte des neuen Geflügelfleischhygienegesetzes Berücksichtigung.

1983, 4., vollständig neu bearbeitete Auflage, 224 Seiten, kt.

DM 38,–

Die große farbige Fachzeitschrift!
Die Voliere

Die spezielle Zeitschrift für
Vogel-Züchter, -Halter und -Liebhaber

- aktuell und informativ
- leser- und praxisnah
- fachlich und speziell

Ein gutes Beispiel,
Fachwissen verständlich zu vermitteln

Erscheinungsweise: 8mal jährlich (Februar, März, Mai, Juni, August, September, November, Dezember).

Schwerpunkthefte: 1984: Heft 3: Käfig- und Volierenbau; Unser Garten. Heft 6: Vogelkrankheiten und gesunde Ernährung.

1985: Heft 3: Fortpflanzungsbiologie – Gefangenschaftsvermehrung. Heft 6: Finken – Biologie und Haltung.

Bezugspreis: 59,– DM zzgl. Versandspesen. Die Schwerpunkthefte sind im Abonnementspreis enthalten. Einzelpreis: 14,– DM.

Die VOLIERE stellt Vogelarten in Wort und Farbbildern vor.

Sie berichtet über:

- Erfahrungen bei der Haltung exotischer und einheimischer Vögel
- Zuchterfolge
- Vogelkrankheiten und gesunde Ernährung
- Käfig- und Volierenbau

Außerdem enthält jede Ausgabe ständige Rubriken, wie z. B.:

- Das Vogelporträt zum Titelbild
- Der Vogel in seiner Umwelt
- Seltene Importe

Darüber hinaus bietet DIE VOLIERE Mitteilungen über Termine von Tagungen und Ausstellungen, nicht zu vergessen den ausführlichen Kleinanzeigenteil, der für erfahrene Züchter von hohem Wert ist.

Schwerpunkthefte unterrichten gezielt und umfassend über die tägliche Praxis der Vogelhaltung, so daß diese Ausgaben ein unentbehrliches Nachschlagewerk darstellen.

Fordern Sie unverbindlich ein kostenloses Probeheft an!

Verlag M. & H. Schaper · Postfach 81 06 69 · D-3000 Hannover 81